JN277561

# ワーキングメモリと教育

湯澤正通・湯澤美紀 編著

北大路書房

# まえがき

「教育に研究はいかなる貢献をしうるのか」

　本書では，「ワーキングメモリ」をキーワードにしながら，その問に答えていきます。

　ワーキングメモリは，情報の一時的な保持と処理を担う脳の機能の一つであり，人間の学習や思考を支える重要な認知基盤です。心理学の領域においてこれまで過去40年にわたり，ホットなトピックであり続け，膨大な基礎研究が積まれてきました。

　近年，ワーキングメモリの概念は，研究の枠を飛び越え，教育の領域へと広まりつつあります。国内においては，WISC-Ⅳにワーキングメモリ指標が導入されたことや，LD学会や教育心理学会等で，学習とワーキングメモリに関連するシンポジウムが開かれるようになったことなどが一つの契機となりました。

　こうした流れを受け，編著者らはこれまで翻訳・執筆を通して，教育実践向けの実用書として，『ワーキングメモリと学習指導：教師のための実践ガイド』『ワーキングメモリと発達障害：教師のための実践ガイド2』『ワーキングメモリと特別な支援：一人ひとりの学習のニーズに応える』（いずれも北大路書房）を上梓してきました。多くの反響をいただき，教育現場に携わる専門家のみなさまが，ワーキングメモリの理論を日々の実践に役立ててくださっているといった手応えを感じています。

　一方で，研究領域においても，ワーキングメモリについての知見は積み重ねられており，「教育」の観点から整理した専門書の必要性を感じていました。教育領域において，ワーキングメモリに関する基礎研究・実践研究が充実してきたこと，実行機能というより広範な視点からワーキングメモリの役割が整理されつつあること，ワーキングメモリの脳内局在が明らかになってきたこと，アセスメントの充実などがその大きな理由です。そして何より，編著者自身，世界の最先端の研究動向を，ワーキングメモリ研究の領域で国際的にご活躍されている先生方

## まえがき

から，直接，学びたいという思いもありました。

そして，今，その願いがかない，編著者自身が求めていた本が出来上がりました。

本書は，これからワーキングメモリの研究を始めようとする若き研究者や，すでに第一線でご活躍されている研究者，ワーキングメモリをアセスメント利用されながら，子どもの支援にあたられている専門家のみなさま，そして，教職大学院等で学ばれている現職の先生方などに向けて，ワーキングメモリ研究の最前線をお伝えします。

本書は，「理論・アセスメント編」と「教育・実践編」の2部から構成されています。Ⅰ部では，実行機能の研究を世界的に牽引されているコロラド大学ボールダー校三宅晶先生，ワーキングメモリ理論の構築においてBaddeley先生との国際的な共同研究も多く，常に，編著者らに貴重な示唆を与えてくださっている京都大学の齊藤智先生，脳科学の権威であり，日本ワーキングメモリ学会の理事長として国内の研究交流の機会を広く与えてくださっている京都大学の苧坂直行先生，ワーキングメモリのアセスメント研究に明るい長崎県立大学大塚一徳先生がご担当くださいました。Ⅱ部では，ワーキングメモリの日本における教育実践について研究を進めている編著者と，長年，個別指導の文脈からワーキングメモリの理論を実践へ応用されてきた広島女学院大学の河村暁先生が担当いたしました。

本書の出版は，ワーキングメモリの研究のさらなる発展とともに，日本の教育力の向上に寄与することを確信しています。本書の執筆者と本書を手に取ってくださった読者のみなさまに共通する願いは，ワーキングメモリに問題を抱え，一日中，浮かない顔をしている子どもたちに，学ぶことの喜びの時がもたらされることだと思います。その願いが，日本のどこかで結実していきますようにとお祈りします。

最後になりましたが，本書の企画を理解してくださり，いつも穏やかな笑顔で，執筆を励ましてくださった北大路書房の薄木敏之さんと若森乾也さんに感謝いたします。

編著者

# 目　次

まえがき

## 第Ⅰ部　理論・アセスメント編

### 第1章　ワーキングメモリ理論とその教育的応用　3
第1節　はじめに　3
第2節　認知心理学におけるワーキングメモリの理論　4
　1. Baddeleyの複数成分モデル　4
　2. Engleらの注意制御モデル　7
　3. Barrouilletらの時分割型リソース共有モデル　9
　4. モデルの共通点と差異　12
第3節　ワーキングメモリ理論の応用　14
　1. ワーキングメモリと課題無関連思考　14
　2. ワーキングメモリとステレオタイプ脅威　17
第4節　認知負荷理論の教育への応用　20
　1. 認知負荷理論とは　20
　2. 認知負荷理論のマルチメディア研究への応用　22
　3. 認知負荷理論の動向と評価　23
第5節　まとめ　24

### 第2章　実行機能の概念と最近の研究動向　27
第1節　はじめに　27
第2節　実行機能とその関連概念の関係　28
　1. 実行機能の概念　28
　2. 実行機能とワーキングメモリの関係　30
第3節　実行機能の測定とその問題点　32
第4節　実行機能の個人差　34
　1. 個人差から見た実行機能の単一性と多様性　34
　2. 実行機能の発達的萌芽　36
　3. 遺伝的要因の影響　37
　4. 日常生活における実行機能の影響　37
第5節　実行機能とワーキングメモリのトレーニング研究　38
　1. トレーニング研究の方法論的背景　39

2. 実験室における直接的トレーニング　40
　　3. 教育現場での包括的トレーニング　43
　第6節　今後の課題　44

## 第3章　ワーキングメモリの脳内メカニズム　47
　第1節　脳の地図　47
　第2節　脳とワーキングメモリ　50
　　1. 音韻ループ（PL）　52
　　2. 視空間スケッチパッド（VSSP）　53
　第3節　ワーキングメモリと課題の負荷　54
　第4節　中央実行系　56
　第5節　二重課題　56
　第6節　n-back 課題　58

## 第4章　ワーキングメモリのアセスメント　59
　第1節　ワーキングメモリの4つの側面　59
　　1. ワーキングメモリスパン課題　59
　　2. ワーキングメモリの4つの側面　61
　第2節　ワーキングメモリとアセスメント課題　63
　　1. 子ども用ワーキングメモリテスト　63
　　2. 自動化ワーキングメモリアセスメント　66
　第3節　ワーキングメモリと知能検査　72
　　1. ワーキングメモリと流動性知能　72
　　2. ワーキングメモリとIQ　73
　　3. ワーキングメモリと知能検査　74
　第4節　知能検査によるワーキングメモリのアセスメントおよびその限界と活用の可能性　75
　　1. 知能検査によるワーキングメモリのアセスメント　75
　　2. WISC-Ⅳによるワーキングメモリのアセスメントの限界と活用　76


# 第Ⅱ部　教育・支援編

## 第5章　学習を支えるワーキングメモリ　81
　第1節　はじめに　81
　第2節　Baddeley & Hitch（1974）のワーキングメモリモデル　82
　第3節　ワーキングメモリと学習　83

## 第4節　知的障害　85
1. ダウン症　85
2. ウィリアムズ症候群　88

## 第5節　発達障害　89
1. 特異性言語障害　89
2. 注意欠如・多動性障害　91

## 第6節　適切な支援に向けて　93
1. 方略の使用　93
2. 指導法の改善　94
3. 自己理解と自己制御学習　96

# 第6章　ワーキングメモリと国語の学習　99

## 第1節　ワーキングメモリと語彙獲得　99
1. 言葉の獲得と言語的短期記憶　99
2. 言語的短期記憶と音韻認識　100
3. 言語的短期記憶における音声の保持および音韻知識とプロソディの役割　101

## 第2節　ワーキングメモリと初期の読み　103
1. 言語的短期記憶と初期の読み　103
2. 文章理解と文字の複合化　104
3. ワーキングメモリとリスニング理解の発達　105

## 第3節　ワーキングメモリと読みの熟達　107
1. 状況モデルの構成におけるワーキングメモリの役割　107
2. 文章の情報処理プロセスとワーキングメモリによる制約　109
3. マルチメディアによる文章理解の促進　111

## 第4節　外国語の音韻学習　112
1. 言語的短期記憶と外国語の音韻学習　112
2. 日本語母語幼児と中国語母語幼児における英語音韻習得能力　112
3. 日本語の韻律が英語音声の分節化に及ぼす影響　114

# 第7章　ワーキングメモリと算数の学習　117

## 第1節　算数領域における概念とスキルの発達　117
1. 算数学習の基盤としてのインフォーマルな数量概念　117
2. 乳幼児期のインフォーマルな数量概念の発達　117
3. 計数の方略の発達と計算スキルの熟達化　119

## 第2節　ワーキングメモリと基礎的な算数の学習　121
1. 二重課題による計算とワーキングメモリとの関連性の検討　121

目　次

　　2. 計算スキル，算数学力，ワーキングメモリとの関連　123
　　3. 算数の学習困難とワーキングメモリ　124
　第3節　ワーキングメモリと数学的問題解決　127
　　1. 数学的問題解決のプロセス　127
　　2. 数学的問題解決のプロセスとワーキングメモリ　128
　　3. 数学的問題解決の支援とワーキングメモリ　130

# 第8章　子どもの認知的特性をふまえた支援技術　133
　第1節　特別な学習支援を必要とする子どもたち　133
　第2節　支援アプローチに基づく支援技術の分類　134
　第3節　ワーキングメモリの困難に配慮した特別な支援　135
　　1. 語彙量の少ない子どもへの語彙学習支援　135
　　2. 読み困難のある子どもへの読み学習支援　137
　　3. 書き困難のある子どもへの書き学習支援　141
　　4. 読解困難のある子どもへの読解学習支援　145
　第4節　ワーキングメモリの困難を支援する技術科学とその必要性　147

# 第9章　ワーキングメモリと授業研究　151
　第1節　ワーキングメモリの小さい子どもの授業態度　151
　　1. ワーキングメモリと学習との関連　151
　　2. ワーキングメモリの小さい子どもの授業態度　151
　　3. ワーキングメモリの小さい子どもの授業態度と環境要因　152
　第2節　クラスでワーキングメモリの小さい子どもに対する教師の支援　155
　　1. ワーキングメモリの小さい子どもに対する授業場面での支援　155
　　2. 授業への参加から学習へ　157
　　3. ワーキングメモリ理論に基づいた授業のユニバーサルデザイン　158
　第3節　ワーキングメモリ理論に基づいた授業研究　160
　　1. 授業研究の2つのタイプ　160
　　2. ワーキングメモリの小さい子どもの挙手をうながす授業方略　161
　　3. ワーキングメモリの小さい子どもが参加しやすい授業　163
　　4. 支援方略がワーキングメモリの小さい子どもの授業態度へ及ぼす影響　167
　　5. ワーキングメモリ理論に基づいた授業研究の課題　170

引用文献　171
人名索引　194
事項索引　199

# 第 I 部

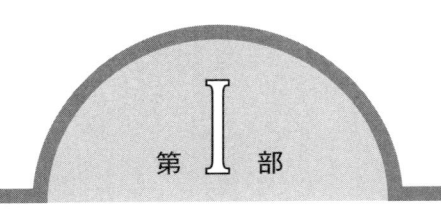

# 理論・アセスメント 編

　理論・アセスメントをテーマとします。まず，第1章では，ワーキングメモリの理論的変遷を整理します。第2章では，実行機能の概念の整理と実行機能におけるワーキングメモリの位置づけを議論します。第3章では，ワーキングメモリの脳内局在を明らかにし，第4章では，ワーキングメモリをいかにアセスメントできるかといった点を概説します。

# 第1章 ワーキングメモリ理論とその教育的応用

## 第1節 はじめに

　小学校での算数の授業場面を思い出してみよう。

> 小数のかけ算の練習のため，計算ドリルに取り組んでいる。ドリルの24ページと25ページをすませたら，ノートを先生に提出するように指示があった。ドリルを終えた友だちは新しいプリントをもらっている。

　ありふれた活動だが，今何をしなければならないのか（計算ドリル），次に何をするのか（ノートの提出）を意識しながら目の前のかけ算を行う。また，教室内の友だちの活動（プリントをもらう）も気になるかもしれない。

　このような場面で重要な役割を担うのが，ワーキングメモリ（working memory; 作動記憶）である。ワーキングメモリとは，さまざまな課題の遂行中に一時的に必要となる記憶──特に，そうした記憶の働き（機能）や仕組み（メカニズム），そしてそれらを支えている構造（システム）──を指す（Baddeley, 2012; 三宅・齊藤, 2001; Miyake & Shah, 1999）。上記の例の場合，今何をすべきか，という課題目標（task goal）と，次に何をするのかというプランを，これらの活動が終了するまで憶えておく必要がある。しかし，こうした一時的な記憶は，外部からの妨害刺激によって妨げられるため，そうした干渉に打ち勝って保持される必要がある。さらに課題目標とプランを保持しながら従事しなければならないかけ算の遂行にも，一時的な記憶が必要である。そういった意味で，ワーキングメモリは，学習や教育の場面をはじめとする人間の複雑な認知活動において，非常に重要な役割をはたしている。

　この章では，ワーキングメモリの最近の理論と研究を解説する。まず第2節では，ワーキングメモリの3つの理論的モデルを紹介し，第3節では，最近のワー

キングメモリの応用研究成果の中から，特に教育活動に影響を与えると考えられる現象を紹介する。第4節では，認知心理学で提唱されたワーキングメモリの概念を，教育場面に応用できるようにするために，教育心理学の領域で開発され，発展を遂げてきた認知負荷理論（cognitive load theory）について解説する。最後に，第5節において，ワーキングメモリの理論的研究と実践研究の今後について述べる。

## 第2節
## 認知心理学におけるワーキングメモリの理論

ワーキングメモリには多数のモデルが存在するが（Miyake & Shah, 1999），ここでは，最も広く知られているBaddeleyの複数成分（multicomponent）モデルとEngleらの注意制御（controlled attention）モデルを，最近の理論的展開に重点を置いて概観する。さらに，認知負荷という概念を精緻化し，近年新たな展開をみせている時分割型リソース共有（time-based resource sharing）モデルを紹介する。

### 1. Baddeleyの複数成分モデル

このワーキングメモリのモデルは，これまでに改訂をくり返してきたが，2000年に提案されたモデル以降，中央実行系（central executive）と3つの情報保持システムから成る4要素構造を基本としている（図1-1a, bを参照）。

中央実行系は，ワーキングメモリとかかわる情報の制御を担うシステムとして位置づけられている（三宅・齊藤，2001）。Baddeley（2007）によれば，ワーキングメモリにおける中央実行系の主な役割は，注意の焦点化，注意の切り換え，そして注意の分割の3つであるとされている。

3つの情報保持システムのうち，音韻ループ（phonological loop）と視空間スケッチパッド（visuospatial sketchpad）は，領域固有（domain-specific）の情報保持を担うとされ，初期のモデルにも組み込まれていた（Baddeley, 1986）。音韻ループは，言語的・音韻的な情報を保持する下位システムであり，音韻ストア（phonological store）と構音コントロール過程（articulatory control process）という2つの構成要素から成る。前者は言語知覚過程を支える音韻表象のメカニズムと，後者は言語産出過程を支える構音的メカニズムとそれぞれオーバーラップしていると考えられている。この音韻ループは，言語的な情報を短時間保持して

第2節　認知心理学におけるワーキングメモリの理論

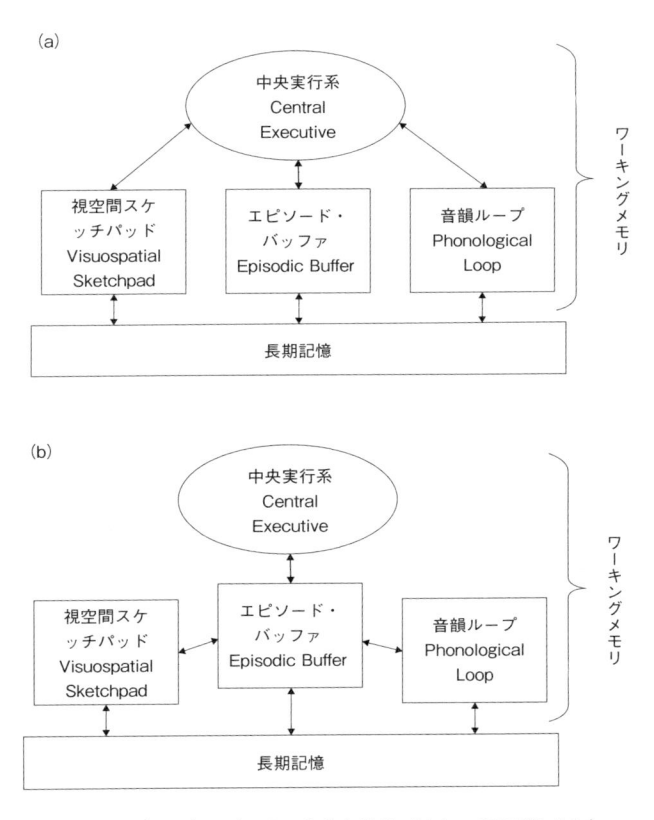

○図1-1　エピソード・バッファを含んだBaddeleyのモデル (a) と
　　　　 その改訂版 (b)　(Baddeley, 2000, 2011)

おくだけでなく，新しい音韻知識の長期的習得も支え（Baddeley et al., 1998），また，非言語的な音楽材料の保持にも部分的に寄与していることが知られている（Williamson et al., 2010）。視空間スケッチパッドは，視空間的な情報を保持する下位システムであり，視覚的オブジェクト，空間位置，そして運動や筋運動感覚的コードについて比較的独立して機能する構成要素から成る（Baddeley, 2007）。

　しかしながら，音韻ループと視空間スケッチパッドだけでは，いくつかの現象が説明できないことが指摘されており，そのため，Baddeley (2000) は，これらの保持システムに加え，複数の情報源からの情報を統合した表象を保持するための，ワーキングメモリ第4の構成要素，エピソード・バッファ（episodic buffer）を提案した（図 1-1a）。たとえば，ランダムな順序で提示される単語のリストのスパン課題よりも，1つの文となるように配置された単語のリストの方が，再生される単語数が遥かに多いことが知られているが（Baddeley et al., 2009），この文スパンの効果は，長期記憶に蓄えられた言語的知識と提示されたリストが統合されることによって生起する。当初，このような長期記憶とワーキングメモリの情報の統合は，中央実行系によって担われると想定されていたが，こうしたスパン課題の遂行と同時に，選択反応課題や n-back 課題を二重課題として課しても，文スパンの効果は消失しなかったことから，こうした情報統合には，中央実行系の働きが直接的にかかわっているわけではないと考えられた（Baddeley et al., 2009）。したがって，中央実行系とは別に統合情報の保持を担う仕組みが必要であると考えられたのである。

モデルの最近の改訂（図 1-1b）では，中央実行系と音韻ループおよび視空間スケッチパッドへの直接のリンクが削除された（Baddeley et al., 2011）。音韻ループにしても視空間スケッチパッドにしても，それぞれが比較的独立して領域固有の情報保持に関与するが，意識的なアクセスはエピソード・バッファを介してのみ可能であると想定されている。また，エピソード・バッファは，多種多様な情報源から構成されるエピソードを保持するため，ここには，視空間的な情報や言語的な情報だけでなく，嗅覚や味覚からの情報も統合されている可能性も指摘されている（Baddeley et al., 2011）。

Baddeley のワーキングメモリモデルは，エピソード・バッファを組み込んだことによって，これまで説明が不可能であった種々の現象（たとえば，ワーキングメモリにおける意味的情報の保持や，前述の文スパンの効果など）を説明できるようになった（詳しくは Baddeley, 2007 を参照）。特に，さまざまな次元で起こる長期記憶とワーキングメモリの相互作用が，モデルのなかに位置づけられたことの意義は大きい。しかし，多くの現象は「説明可能となった」というのみであり，詳細な理論化についてはまだ道半ばである。また，Baddeley 自身が述べている通り（Baddeley et al., 2011），中央実行系と3つの保持システムの関係については，現時点では思弁的な見解にとどまったままである。たとえば，中央実行系による音韻ループの直接的な制御が想定されていない新しいモデルでは，音韻ループによる構音的リハーサルの方略的な使用がどのようにして実現されるのかなど，不明確な点も多い。Baddeley（2012）が指摘する通り，多くの解決すべき問題が残されており，今後さらなる実証的な検討が必要である。

## 2. Engle らの注意制御モデル

注意制御（controlled attention）とは，内的・外的な妨害や干渉にとらわれず，必要な情報へ注意を方向づけ持続させる働きである。ワーキングメモリ機能の実現のためには，情報を保持するという短期記憶の働きに加え，進行中の処理や課題とは関連のない妨害刺激からその保持機能を保護するための注意制御が必要であると考えられる。Engle らは，ワーキングメモリ容量を「短期記憶容量＋注意制御能力」としてとらえ，その個人差がどのようにしてさまざまな認知課題（たとえば，流動性知能課題）における個人差を説明できるのかを検討してきた（Engle et al., 1999a）。図 1-2a は Engle et al.（1999b）が行った共分散構造分析の結果の概略である。この図が示すように，ワーキングメモリ因子と短期記憶因子に共通する保持機能因子は，流動性知能課題の成績を予測し，また，保持機能因子の影響を統制した後にも，ワーキングメモリ因子は単独で流動性知能の成績を予測した。しかしながら，短期記憶因子は，保持機能因子を統制した場合，単独では流動性知能の成績を有意には予測しなかった。この結果は，「ワーキングメモリ容量＝短期記憶容量＋注意制御能力」という仮説を支持しており，Engle et al. は，この理論的見地に立ち，さまざまな注意制御課題とワーキングメモリの関係を検討してきた（詳しくは，齊藤，2011）。

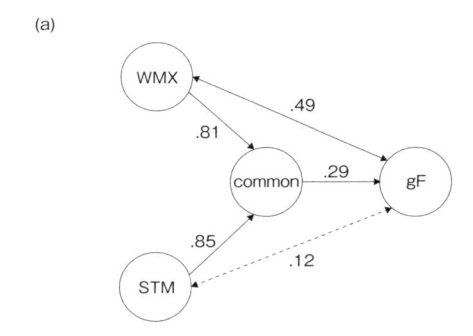

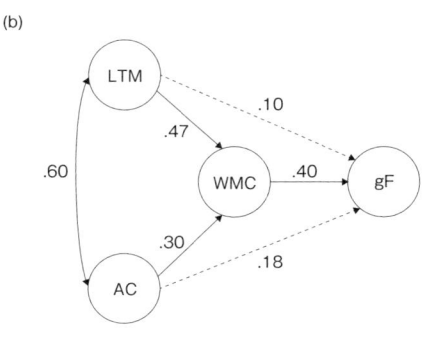

**◐図 1-2　Engle らが行った共分散構造分析の結果**
（Engle et al., 1996b）

(a) ワーキングメモリ容量（WMC），短期記憶容量（STM），保持機能（図中では common と表現されており，WMC と STM から抽出された潜在変数），および流動性知能（gF）の関係（Engle et al., 1999b）。(b) 長期記憶（LTM），注意制御能力（AC），および流動性知能（gF）の関係（Unsworth & Spillers, 2010）。なお，LTM は原典では SM（secondary memory）だが，仮説構成概念としての長期貯蔵庫（long-term store）の意味なので，ここでは長期記憶とした。実線は有意な標準パス係数，点線は非有意。

注意制御モデルは，最近の理論的・実証的検討によって新たな展開を見せている。すなわち，ワーキングメモリスパン課題の遂行成績によって査定されるワーキングメモリ容量は，長期記憶からの情報検索能力によって部分的に支えられているという考え方の提唱である。以前の理論（図1-2a）では，ワーキングメモリスパン課題において再生された記銘項目は，注意制御機能によって，すべてワーキングメモリ内でのアクティブな保持に成功したものという仮定がなされていた。しかしながら，Unsworth & Engle（2007a）によれば，記銘項目の保持は処理課題によって妨害を受け，注意制御が及ばなかったためにいったん短期記憶から忘却された項目でも，再生時に時間文脈的手がかり（temporal-contextual cues）を用いた検索によって，再生に成功する場合もあるという仮説を追加した。つまり，「ワーキングメモリ容量＝注意制御能力＋長期記憶からの検索能力」からなるという理論である。さらに，Unsworth & Engle（2007b）は，注意制御能力だけでなく，この長期記憶検索能力もさまざまな認知課題の遂行に必要であり，ワーキングメモリスパン課題の成績と他の認知課題の成績の相関を媒介している可能性を指摘している。ただし，注意制御能力と長期記憶検索能力は，完全に独立した能力ではなく，効果的な長期記憶検索には，注意機能が必要であると想定されている（ワーキングメモリスパン課題における，検索時の注意機能の関与の実験的検証は，Healey & Miyake, 2009を参照）。

Unsworth & Spillers（2010）は，この新しい理論の検証を試みている。彼らは，アンチサッケード課題（antisaccade task）などを含む4つの注意制御課題，演算スパンなどの3つのワーキングメモリ課題，連続妨害法（齊藤，2005，を参照）や言語流暢性課題を含む5つの長期記憶課題，そしてレーブン・マトリックス課題を含む3つの流動性知能課題を実施した。

図1-2bはUnsworth & Spillers（2010）の共分散構造分析の結果の概略である。注意の焦点化やその持続を含む注意制御因子と長期記憶因子は，かなり高い相関（.60）を示しながらも，それぞれ，ワーキングメモリ容量因子の説明に貢献している。また，注意制御因子も長期記憶因子も，ワーキングメモリ容量因子を媒介して流動性知能因子を説明している。ここには短期記憶容量因子は含まれていないが，それは，短期記憶課題の遂行には，（程度の違いこそあれ）ワーキングメモリ課題と同様に，注意制御と長期記憶がかかわっているという考えに基づいている（Unsworth & Spillers, 2010）。Engle et al.（1999b）のモデルが提案された当時には，短期記憶とワーキングメモリをある程度独立したものとしてとらえる傾向が強かったが，実験的検討の結果，近年では，これら2つの概念を連続的な

関係にあると考えることが多い（たとえば，Unsworth & Engle, 2007b）。そのため，このモデルではあえて短期記憶を独立して取りあげていないのである。

注意制御を中心的概念として構築された Engle のグループのワーキングメモリモデルは，「ワーキングメモリ容量＝短期記憶容量＋注意制御能力」（図1-2a）と仮定するモデルから（Engle et al., 1999b），「ワーキングメモリ容量＝長期記憶からの検索能力＋注意制御能力」（図1-2b）とするモデルに変化してきた（Unsworth & Spillers, 2010）。さらに，次節で紹介する課題無関連思考など，日常的な問題も標的とした広範なモデルへと進化しつつある（たとえば，Unsworth et al., 2012）。こうした変遷は，ワーキングメモリを，より一般的な記憶，ならびに認知活動のなかで位置づけていくことを可能にしているという点で有望な進展である考えられる。しかしながら，新しいモデルでは，長期記憶検索の際に能動的探索（active search）がワーキングメモリ容量と関係しているとしているが，長期記憶の構造や領域固有の知識などの個人差の影響についてはまだ検討されていない。この点が今後の課題となるだろう。

## 3. Barrouillet らの時分割型リソース共有モデル

ワーキングメモリの時分割型リソース共有モデル（time-based resource sharing model: 以下，TBRS モデル）は，もともと，ワーキングメモリスパン課題のパフォーマンスを説明するために提案されたものである。その基本的仮定は以下の 3 つに要約される（Barrouillet & Camos, 2012）。

①ワーキングメモリにおける処理と保持は，注意という単一の限界容量によって支えられている。
②ワーキングメモリ内で注意を向けられなかった記憶痕跡は，すぐに時間的減衰（temporal decay）にさらされる。
③注意を必要とする制御的な認知活動は，そのボトルネック的制約のため，1 度に 1 つずつしか取り扱われない。そのため，ワーキングメモリの働きは系列的性質をもち，処理活動と保持活動は同時ではなく，交互にしか実現され得ない。

これらの仮定に基づき，TBRS モデルでは，ワーキングメモリスパン課題の遂行を次のように説明する。記銘項目は提示と同時に符号化されるが，その後，処理活動が行われている間は注意を向けられず，時間的減衰にさらされる。しかし，それらの記銘項目は，完全に忘却されてしまう前に注意を向けることで再活性化する。これを再鮮化（refreshing）とよぶが，これは一般にリハーサルとよばれ

ている構音メカニズムを用いた情報の保持活動とは異なり，必ずしも情報の音韻的な側面だけでなく，記銘項目に注意を向けて再活性化する過程を指す（Camos et al., 2009）。この再鮮化は，スパン課題の処理段階の間にも，実際の処理活動に注意をとられていない時に可能で，処理段階の期間のどの程度の割合を再鮮化に利用できるかが記憶成績を規定する。つまり，スパン課題における記憶成績は，処理段階全体の時間のうち，どれだけの時間，処理に注意をとられるのかによって決定される。Barrouillet et al.（2011）は，各処理の所要時間を推定することで，単位時間あたりに注意を奪われる割合を見積もり，この割合を認知負荷（cognitive load）として定義した（図 1-3 を参照）。

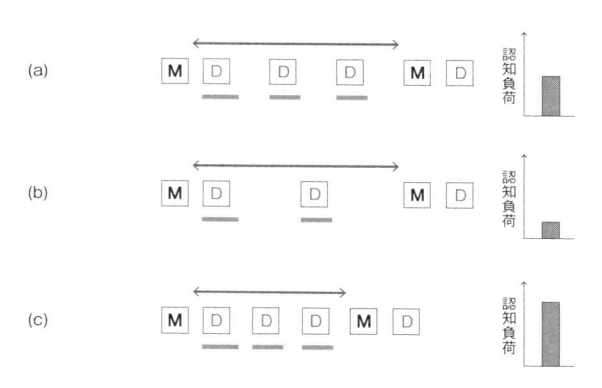

**◎図 1-3　ワーキングメモリスパン課題における項目間インターバルの長さと処理活動の長さの関係**（Barrouillet & Camos, 2012 を改変）

M は記憶項目（memory item），D は妨害（distractor）活動。右端の認知負荷は，項目間インターバルの全体の長さ（$T_{total}$）のうち妨害活動（$T_{distractor}$）が占める割合である。すなわち，認知負荷 = $T_{distractor} / T_{total}$ となる。

図 1-3a と比べ，図 1-3b では，処理課題が時間的に余裕のある状態で遂行される（単位時間の処理の数が少なくてすむ）。すなわち認知負荷が低く，処理課題の間に頻繁に再鮮化を行うことが可能であり，記銘項目は忘却されることなく保持される。一方，図 1-3c のように，処理課題が頻繁に注意を必要とするものであれば，処理段階全体の時間的長さは短くても，図 1-3a と比べ記憶負荷は高く，記憶成績は低下すると予測される（Barrouillet et al., 2011）。

Barrouillet et al.（2004）は，きわめて単純な処理課題を用いることで，上記の仮説を検証している。ワーキングメモリスパン課題における処理課題を数字の

音読とし，一定の時間あたりに提示される数字の数を操作した。具体的には，記銘項目と記銘項目の間の処理段階の時間（6秒，8秒，10秒）と，そこに提示される数字の個数（4個，8個，12個）を独立に操作した。その結果，スパン成績は，数字の個数でも，処理段階の時間的長さでもなく，数字の個数と時間の比と直線的な関係があることが示された。

　Barrouillet et al.（2011）は，さらに，異なる処理課題から成るスパン課題を用い，処理課題の処理時間を推定することで認知負荷を見積もった。記銘項目間に挿入される処理課題として，記憶更新課題や抑制課題（ストループ課題），反応選択課題，数字検索課題を用いた。さらに各課題に，処理時間の異なる3つの条件を設定し，それぞれの課題・条件に対する反応時間から認知負荷を算出した。図 1-4 中の x 軸は，認知負荷であり，スパン成績と直線的な関係があることがわかる。

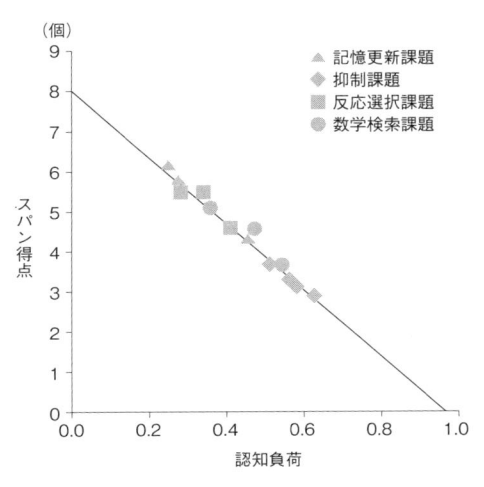

**○図 1-4　認知負荷と種々のスパン課題の成績との関係**
（Barrouillet et al., 2011）

記憶更新課題，抑制課題，反応選択課題，数字検索課題は，それぞれのワーキングメモリスパン課題中の処理課題であり，記銘項目の提示インターバルの間に遂行を求められる。各課題とも処理時間の異なる，3つのバリエーションが設定されていた。

　Barrouillet らのモデルは，認知負荷を明確に定義し，実測できる行動指標からその値を推定することを可能にしている点で優れている。ただし，スパン課題成

績の予測に重点を置いているため，このモデルで説明できる認知現象は限られている。読解や学習などの現実の場面では，厳密に処理量や提示のタイミングを操作することが容易ではなく，認知負荷を操作的に定義することが困難となる。今後，そうした問題をどのように克服し，より一般的なモデル構築を行うのかが注目される。

## 4．モデルの共通点と差異

この節で紹介した3つのモデルは，それぞれ方法論や理論の力点が異なるものであるが，共通点も多い。ここでは4つの観点から3つのモデルの関係をまとめておく。

### （1）領域普遍的制御機能の単一性

領域に普遍的（domain-general）な注意の制御を重視する傾向は，前述の3つのモデルのすべてにみられるが，そうした制御機能が単一のものであるのか，それとも複数の機能の集合体であるのかという点では考え方が異なる。Baddeley（2007）は，中央実行系を，複数の分離可能な機能の集合体であると仮定している。Engleらは，注意制御能力そのものは単一的であるとしながらも，前述のように，注意制御能力が，記憶項目のアクティブな保持と長期記憶からの検索過程の両方に関与していると考えている(Unsworth & Engle, 2007a)。これに対して，BarrouilletらのTBRSモデルでは，完全に単一の注意リソースが情報の保持と処理の間で競合を起こし，そのバランスによってワーキングメモリ課題の成績が規定されると仮定されている（Barrouillet & Camos, 2012）。

### （2）保持情報の領域固有性

保持システムの領域固有性（domain-specificity）は，Baddeleyのモデルの顕著な特徴の1つである。Engleは基本的には領域固有の保持システムを想定していないが，音韻ループのように言語的リハーサルに特化したシステムの存在は受け入れている（Engle et al., 1999a）。これに対して，Barrouilletらは，少なくとも彼らの理論的枠組みのなかでは，領域固有の保持を否定している（Barrouillet et al., 2011）。

ただし，上述の領域普遍的制御機能における差異にもいえることだが，こうした理論的立場の違いは，用いられる課題や概念の力点に違いにあるように思われる（Baddeley, 2012を参照）。ワーキングメモリ概念の中心を領域普遍的な注意

制御に置いた場合，保持情報の領域固有性は付随的な現象にしか見えない。一方で，ワーキングメモリの記憶機能を重視した場合，これまでに多数報告されている視空間情報の保持機能と言語情報の保持機能の乖離を無視することはできないだろう。

### (3) ワーキングメモリと短期記憶の関係

Baddeley（2010）は，「短期記憶」には，実験パラダイムとしての短期記憶課題としての意味と，仮説構成概念としての短期貯蔵庫の意味があるとし，これらを区別することの重要性を強調している。三宅・齊藤（2001）が論じたように，短期記憶課題にもワーキングメモリ課題にも，その遂行には，短期記憶（短期貯蔵庫）とそれを制御するシステムがかかわっていると仮定されていて（Atkinson & Shiffrin, 1968），短期記憶とワーキングメモリの違いは，主に制御システムの関与の仕方の違いにある。この点で，Baddeleyの基本的な考え方は，短期記憶容量とワーキングメモリ容量を明確に異なる概念として理論化しながらも，近年これらの連続性を主張するようになった注意制御モデル（Unsworth & Spillers, 2010）と整合性がある。また，Barrouillet et al.（2011）は，認知負荷によるスパン成績の予測は，認知負荷0の場合が短期記憶課題の状況であることを明記し，そのことで，短期記憶とワーキングメモリを連続した概念としてとらえることを可能にしている。

### (4) ワーキングメモリと長期記憶の関係

Baddeley et al.（2011）のモデルでは，音韻ループと視空間スケッチパッドが，それぞれの領域に固有の長期的知識（音韻知識や視覚的意味論）の影響を受け，また領域固有の知識の蓄積に貢献することを前提としている（図1-1）。また，エピソード・バッファは，長期記憶を含めたさまざまな情報源からの表象を統合し束ねて保持する機能をもつだけでなく，長期的知識を利用した統合情報の保持を担っていると考えられている（Baddeley et al., 2009）。Engleらは，長期記憶からの検索能力がワーキングメモリ容量を制約していることを明確に述べているが（Unsworth & Spillers, 2010），BarrouilletらのTBRSモデルにおいては，長期記憶との関連についてはほとんど言及されていない。

本節では取り上げなかったが，ワーキングメモリと長期記憶の関係についてよく知られたモデルは，知識がつくり上げる領域固有の検索構造がワーキングメモリの働きに影響することに着目している長期ワーキングメモリ（long-term working memory）のモデルである。このモデルは，ある領域の熟達者の優れた記憶能力を検討した Chase & Ericsson（1982）に基づいている。Ericsson ら（Ericsson & Delaney, 1999; Ericsson & Kintsch, 1995）によれば，熟達者の優れた記憶能力は，長期記憶から必要情報を効率よく引き出せるような検索構造（retrieval structures）をつくり上げる能力を反映している。熟達者たちは，熟達した分野での豊かな知識と技能をもとに，呈示された情報を，例えば，意味的な符号化によるチャンクを階層的にまとめ，長期記憶に蓄えている。その場合，（短期）ワーキングメモリに保持されているのは，検索手がかり（retrieval cues）である。学習場面でのワーキングメモリと長期記憶の相互作用には，領域固有の知識をどれだけ効率よく検索できるのかが重要であるが，こうした長期的知識の運用過程は，後で述べる認知負荷理論にとって基盤となるものである。しかしながら，Baddeley のモデルも，Engle らのモデルも，長期的知識の個人差については検討の段階にはない。

## 第3節
## ワーキングメモリ理論の応用

　前述の通り，ワーキングメモリの理論は，初期のものから大きく発展し，精緻なものとなってきている。こうした動向と平行して，その理論を実際の社会的問題の理解と解決に利用するための応用研究が数多くなされるようになってきている。この節では，そのような研究のなかから，特に教育の問題とかかわりがあり，最近さかんに研究されている2つのトピックを取り上げる。

### 1. ワーキングメモリと課題無関連思考

　学校の授業への参加などの学習場面では，当該の課題に対して持続的に注意を向けておく必要がある。今遂行している課題以外のことへ思考が逸れ，教師の話を集中して聞く事ができなかったり，学習活動中にその課題に集中できないと，高い学業成績や課題成績は望めない（図1-5）。こうした思考の逸脱現象は，課題無関連思考（task-unrelated thought [TUT]，あるいは，マインド・ワンダリング，mind-wandering）とよばれ，ワーキングメモリとの関係で研究が進められるようになってきている（最近の動向は，Frontiers in Perceptual Science, 2013 に掲載されたマインド・ワンダリングに関する特集論文を参照）。

　Kane et al.（2007）は，日常生活で観察される課題無関連思考の生起とワー

第3節　ワーキングメモリ理論の応用

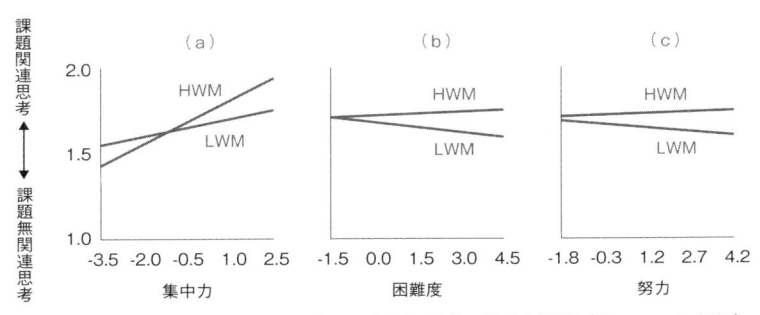

**図 1-5　課題無関連思考の生起と自己評定認知要求の程度の関係**（Kane et al., 2007）
図中，y 軸は，課題無関連思考の生起の程度。x 軸は，自己評定による認知要求の程度で，数値が大きいほど，集中力を必要とし（パネル a），課題が難しい（パネル b），努力を必要とする（パネル c）ことを意味する。HWM は，ワーキングメモリ課題における高得点者，LWM は低得点者。

キングメモリ容量の密接な関係を，経験サンプリング法（experience-sampling method）を用いて示した。この研究の大学生実験参加者は，小型情報端末を1週間携帯し，この端末から1日8回，ランダムな時間帯に開始される質問に回答した。毎回，最初の質問は，その時従事していた課題とは無関連のことを考えていたかどうかであり，大学生では，およそ3回に1度は課題無関連思考が起こっていることがわかった。実験参加者は，引き続き，回答時の状態や取り組んでいた課題について等の質問に回答した。こうして調べられた進行中の課題の性質とワーキングメモリ容量の個人差が，課題無関連思考の生起回数と関係していることがわかった。すなわち，図1-5が示すように，進行中の課題に対して，集中しようという程度（concentration）が高かったり，その課題が難しい（challenging）とか，努力を必要とする（effortful）ものであればあるほど，課題無関連思考の生起頻度には，ワーキングメモリスパンの高得点者と低得点者の間の差が大きくみられた。

　この研究で検討された日常生活における課題無関連思考は，選択反応課題のような比較的単純な実験室実験の遂行中にも起こり，その生起頻度の個人差は，日常生活における課題無関連思考の出現頻度と正の相関を示し，課題無関連思考を起こしやすい個人の傾向には安定性があることが示されている（McVay et al., 2009）。また，ある課題において観察された個人の課題無関連思考の生起率は，別の課題における生起率を予測できることも知られており（Mrazek et al., 2012），実験室でのビジランス課題の遂行中に課題無関連思考を高頻度で示した個人は，日常生活におけるアセスメントにおいても同様に多くの課題無関連思考

を報告することが認められている（McVay et al., 2009）。

さらに，最近の研究では，よく知られているワーキングメモリ容量と読み理解の関係が，部分的に課題無関連思考によって媒介されている可能性があることが示されている（McVay & Kane, 2012）。McVay & Kane（2012）は，3つのワーキングメモリ課題，7つの読み理解課題，そして3つの注意制御課題を大学生の被験者に課した。さらにいくつかの読み課題と注意制御課題の遂行中に，先の経験サンプリング法と類似の方法で，課題無関連思考の生起を調べた。その結果（図1-6を参照），潜在変数のレベルで，ワーキングメモリの成績は，読み理解成績とともに，課題無関連思考の生起を予測した。ワーキングメモリ課題の得点が高いほど，読み理解の成績が良く，課題無関連思考の生起頻度が低い。重要なのは，図1-6に示されているように，課題無関連思考の生起度合いを媒介変数としてモデルに含めると，ワーキングメモリ成績と読み理解の相関が，有意に小さくなるという点である。この結果は，ワーキングメモリ容量が思考を制御する能力とかかわっていると考える，Engleらの注意制御モデルの基本的仮定と整合し，さらに，ワーキングメモリ容量が課題無関連思考の生起に影響を与え，そのことで読み成績が低下する可能性を示している（Kane & McVay, 2012）。

課題無関連思考の影響は，前述のような実験室場面だけでなく，教育場面においても指摘されている（Smallwood et al., 2007; Szpunar et al., 2013bの展望論文

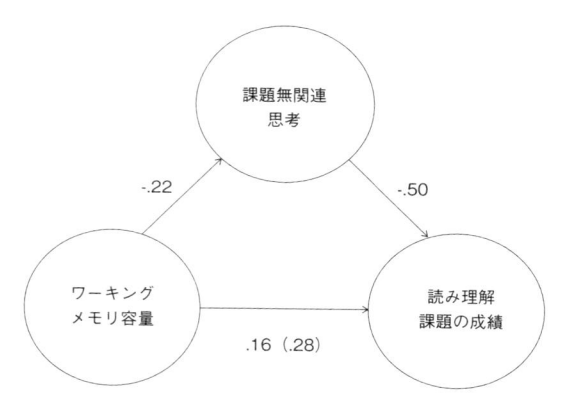

**○図1-6　ワーキングメモリ容量と読み理解、課題無関連思考の関係**（McVay & Kane, 2012を改変）

ワーキングメモリ容量から読み理解へのパスは，課題無関連思考を含めない場合に中程度の関連を示しているが（カッコ内の.28），課題無関連思考を媒介変数とした場合に低下する（.16）。

を参照)。たとえば，Risko et al.（2012）は，ビデオ提示された大学の講義に通常の授業のように参加することを大学生に求め，この授業中に，課題無関連思考を査定するためのプローブを提示した。その結果，プローブ提示の40％に対して，課題無関連思考を経験しているという反応が得られた。そして，課題無関連思考の生起頻度は授業の後半で多くなり，それに伴って講義内容についての記憶成績は低下した。また，課題無関連思考を多く報告した個人は講義内容についての記憶得点が低かった。さらに，Szpunar et al.（2013a）は，ビデオ提示の授業の途中で数回，内容理解チェックの質問をすることで，課題無関連思考が減り，授業内容の保持が促進されることを示している。

教育場面における課題無関連思考の影響は甚大であると考えられるが，その実践的研究は開始されたばかりである。今後，理論的基盤をふまえ発展していくことが期待される（Szpunar et al., 2013b）。

## 2. ワーキングメモリとステレオタイプ脅威

教育場面においてワーキングメモリが強力な影響をもつと考えられる現象のもう1つに，ステレオタイプ脅威（stereotype threat）があげられる。ステレオタイプ脅威とは，自分にかかわるネガティブなステレオタイプが顕在化する課題状況において，その課題におけるパフォーマンスが低下する現象をさし，さまざまな社会的グループに関連して報告されている（たとえば，Wheeler & Petty, 2001）。特に，その課題成績の低下は，その課題状況におけるワーキングメモリ容量の低下に基づくと考えられている（Schmader & Johns, 2003）。

たとえば，演算スパン課題の成績は，「この課題はワーキングメモリ容量を測定している」と教示された場合には男女の間に差がみられないが，「この課題は数学的能力を測定しており，この能力が理数系科目の成績の男女差を引き起こしている」という教示によってステレオタイプを実験的に惹起すると，女性の実験参加者においてのみ，成績の低下がみられた（Schmader & Johns, 2003）。また，ワーキングメモリスパン課題に演算が含まれていなくても，後で数学のテストが実施されることを教示し，男性のグループのなかで唯一の女性として課題に従事すると，そのような教示を与えられず，同性だけのグループのなかで課題に従事した女性よりもスパン成績が低下する。さらに，数学課題におけるステレオタイプ脅威の影響は，主としてワーキングメモリの言語的側面への負荷によって引き起こされること，また，そうしたステレオタイプ脅威の影響は，いったん引き起こされると次の課題まで持続し，数学とは無関係な後続する課題の成績も低下さ

せることが報告されている（Beilock et al., 2007）。以上のような研究成果をふまえて，アメリカの大学等で一般にみられる理数系科目の成績の男女差が，図1-7に示されているような仕組みによって引き起こされていると考えられている（Schmader et al., 2008）。

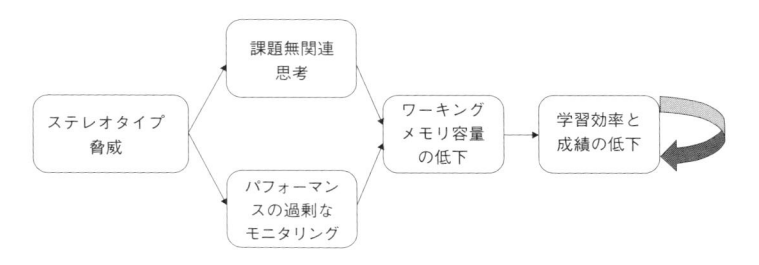

**○図1-7　ステレオタイプ脅威と学習成績の関係**（Schmader et al., 2008 を改変）
ステレオタイプ脅威によって引き起こされる課題無関連思考と自身のパフォーマンスの過剰なモニタリングによって，当該の学習課題に利用できるワーキングメモリ容量が低下する。こうしたことが学期中に繰り返されることによって，学習成績が低下する。

　理数系科目成績の男女差が，こうしたメカニズムによって引き起こされているとすると，ステレオタイプ脅威の影響を低減することで，成績の不均衡をなくすことができるかもしれない。そこで Miyake et al. (2010) は，大学の科学教育における男女間の学習到達度の差を低減するために，実際の大学基礎レベルコースの物理学の授業において，自己価値肯定法（values affirmation）を用いた介入実験を行った。自己価値肯定法は，自分自身の価値を再考することでさまざまな心理的脅威を和らげることができる方法として知られている（詳しくは，Cohen & Sherman, 2014; Sherman & Cohen, 2006 の展望論文を参照）。つまり，図1-7の「課題無関連思考」と「過剰なモニタリング」を防止し，ワーキングメモリ容量の低下を防ぐため，ステレオタイプ脅威の影響を弱めることができると考えられている。この方法は，10-15分間，授業の内容とは関係はないが個人的に重要な価値あるものについて考え紙に書くだけの簡単な作業だが，人種的マイノリティの学生の成績を向上させ，人種間の成績不均衡を解消する効果があることがすでに報告されている（Cohen et al., 2006, 2009）。

　Miyake et al. (2010) の実験では，実験群の学生は，授業の前にリストの中から自分にとって最も価値あるもの（たとえば，友人や家族との関係等）を選び，なぜそれが自分にとって重要なのかについての文章を作成した。統制群の学生は，

第 3 節　ワーキングメモリ理論の応用

リストの中から自分にとっても最も価値がないと思われるものを選び，これがなぜ他の人にとって重要なのかについて文章を作成した。この実験的介入は，15週間の授業の第 1 週目と一回目の中間試験直前の第 4 週目に，それぞれ 15 分間行われた。その結果，中間・期末試験の平均得点（図 1-8a）においても，全国統一試験（物理学）の成績（図 1-8b）においても，実験群の女性の成績が統制群の女性の成績よりも向上しており，実験群における男女差は低減されることが示された。また，自己価値肯定法の効果は，ステレオタイプ的な信念をもっている女性で大きくみられたこと，また，そのような信念をもたない女性では効果がみられなかったことからも，Schmader（2010; Schmader et al., 2008）の示す理論的枠組みが傍証されているといえよう。

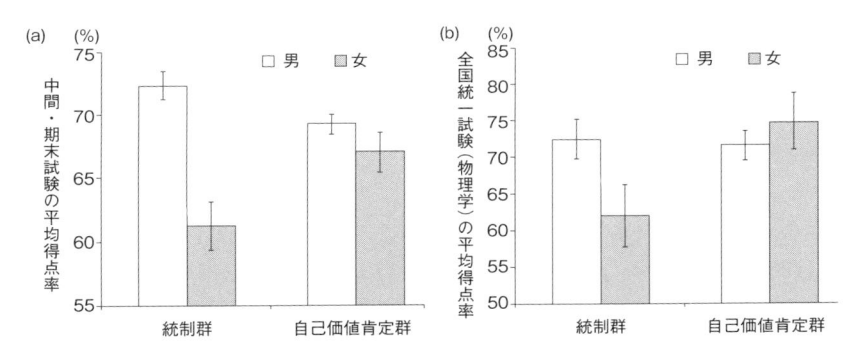

◐ 図 1-8　男女別，条件別（自己価値肯定群 vs. 統制群）にみた物理学の試験結果（Miyake et al., 2010）
パネル a は学期中の中間試験と最終試験の平均得点，パネル b は標準化された全国試験の結果。

Miyake et al.（2010）の研究は，大規模な講義授業で行われた介入実験であるため，学生一人ひとりのワーキングメモリ容量の測定はできなかった。そのため，自己価値肯定法が，「課題無関連思考」と「過剰なモニタリング」を防止し，ワーキングメモリ容量の低下を防ぐ働きがあることを直接的には示していない。しかしながら，その結果は，ステレオタイプ脅威が教育場面で甚大な影響をもつことを示すとともに，ワーキングメモリ理論に基づいた介入によって，そうした影響を低減させることが可能であることを示唆している。

第1章　ワーキングメモリ理論とその教育的応用

第 $4$ 節
## 認知負荷理論の教育への応用

　ここまで，認知心理学の領域で検討されてきた理論とその応用研究を紹介してきた。こうした研究とは別に，教育心理学の分野においては，主として教育実践の観点からワーキングメモリ理論ときわめて親和性の高い研究が行われ，独自の理論が構築されてきている。ここでは，そうした理論の1つである認知負荷理論（cognitive load theory）を紹介し，ワーキングメモリ理論と教育実践の関係を考えていく。

### 1．認知負荷理論とは

　認知負荷理論は，Sweller（1988）によって提唱された，記憶研究からの知見に基づいた教授理論である。この理論の中核をなす仮定は，学習時・問題解決時に学習者に対して課されるワーキングメモリへの負荷，すなわち，認知負荷の大きさが，学習活動に影響を与えるというものである（なお，ここでいう認知負荷は，TBRSモデルが定義するものとは異なり，主として主観的評定によって測定される構成概念である）。提唱当時から，認知負荷理論は改良され続けており，最近では，特にワーキングメモリと長期記憶の相互作用を担う認知過程を重視している（Ayres & Paas, 2012）。

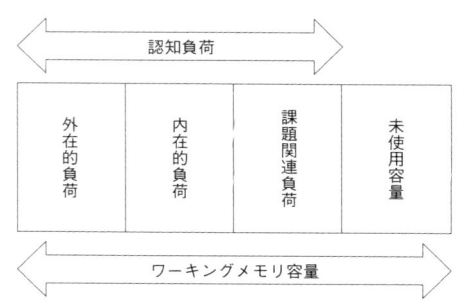

◐ 図1-9　認知負荷理論における認知負荷とワーキングメモリ容量の関係（Moreno & Park, 2010を改変）

　認知負荷理論は現在，3つのタイプの認知負荷を想定している（Moreno & Park, 2010: 図1-9を参照）。外在的負荷（extraneous load），内在的負荷（intrinsic load），および課題関連負荷（germane load）は，この順序でこの理論に追加され，初期からの蓄積のある外在的負荷に関する研究が最も数が多い。外在的負荷とは，不適切な教授デザインや教材の構造によって生じる認知負荷であり，それが外的な教授環境に起因するため，その環境を適切に修正することで減ずることができる。内在的負荷とは，たとえば，一度に処理すべき要素の数が多いなど，課題に必要となる内的処理から発生する負荷であり，熟達化による処理の自動化などによって減ずることができる。一方，課題関連負荷とは，当該の課題に利用されるリソースのことであり，この負荷は課題遂行にとって必要なものである。これら3つの負荷の合計が認知負荷の総計となる（図1-9）。外在的負荷や内在的負荷が高まって，この認知負荷の総計がワーキングメモリ容量を超えてしまうと，学習に必要な処理に利用されるべき課題関連負荷をカバーすることができず，学習効率が低下すると予測される。

　認知負荷理論に基づく研究は，この章の第2節で紹介したワーキングメモリの理論的研究とは比較的独立して発展し，1980年代後半から，具体的な学習場面（数学の問題解決に必要なスキーマの獲得等）におけるさまざまな認知負荷効果を報告してきた（Sweller, 1988）。そうした効果のなかでも，特に外在的負荷との関連で報告されてきたもののなかには，先に紹介したワーキングメモリの理論的研究との整合性が高いものがある（表1-1を参照）。

◐表1-1　認知負荷の効果（Moreno & Park, 2010から抜粋）

| 効果の名称 | 効果の内容 |
| --- | --- |
| 注意離断<br>(split-attention) | 相互に関連し統合されるべき情報を，空間的あるいは時間的に分断して提示した場合，複数の情報を統合するために余分な認知負荷がかかるため，学習に利用できるワーキングメモリ容量が減少する。 |
| モダリティ<br>(modality) | 相互に関連する複数の情報を同時に提示する場合には，単一のモダリティ（たとえば，画像提示と文字提示）を用いるよりも，2つのモダリティ（たとえば，画像提示と音声提示）を用いる方が，ワーキングメモリの独立した2つのサブシステムを使用できるため，学習に利用できるワーキングメモリ容量が増大する。 |
| 冗長性<br>(redundancy) | 類似した処理を必要とする情報内容（たとえば，同じ内容のテキスト）を2つの情報源から同時に冗長に提示すると（たとえば，文字提示と聴覚提示），ワーキングメモリに過剰に負荷がかかり，2つの情報源を時間的にずらして提示する場合と比べて不十分な処理しかなされない。 |
| 熟達化交互作用<br>(expertise reversal) | 熟達化は，領域固有の知識を増加し，領域固有の処理を促進する。これは上記の効果と交互作用を示す。たとえば，初心者に2つの相互に関連する情報（グラフとテキスト情報）を別々に提示すると，テキスト情報をグラフに統合して提示する場合よりも学習が不十分となる（注意離断効果）。一方，熟達者では，テキスト情報が冗長となるため，むしろグラフとテキストが分離してるか，テキストが提示されない場合に学習成績がよい。 |

注意離断効果（split-attention effect; Chandler & Sweller, 1991）と冗長性効果（redundancy effect; Kalyuga et al., 2004）は，本章で紹介した3つのワーキングメモリのモデルすべてに想定されている，領域普遍的な制御機能と類似した認知負荷によって説明できる。また，モダリティ効果（modality effect）は，視空間情報と聴覚言語情報が別々に処理されているというBaddeley（2007）の複数成分モデル的な考え方に基づいている（Low & Sweller, 2005）。

熟達化交互作用効果（expertise reversal effect）とは，注意離断効果やモダリティ効果，冗長性効果が，熟達の程度と交互作用を起こすことを指す（Sweller, 2010）。熟達化は，領域固有の知識が増加することで，課題に内在する処理を効率化する。その仮定は，Ericsson & Kintsch（1995）の長期ワーキングメモリモデルときわめて類似した考え方に基づいているし，新規な情報を長期記憶の情報と統合して一時的に保持するというBaddeley（2007）のエピソードバッファの概念とも親和性が高い。

## 2. 認知負荷理論のマルチメディア研究への応用

上記のいくつかの効果は，最近，頻繁に使用されるようになってきた動画を含むマルチメディア教材を用いた研究において特に重視され，また，そうした教材を用いることで新たな問題が浮き彫りになりつつある。たとえば，学習を支援する場合に動画提示が静止画提示に比べて優れているのかどうか（つまり学習支援の教材として有効なのかどうか）については，研究結果に一貫性がみられず，明確な結論が得られていない（たとえば，Wong et al., 2012）。その原因の1つとして考えられるのが，動画提示のダイナミクスである。動画の場合，画面上の多くの情報のどこに焦点化すべきなのかは，時間枠によって変化していくため，学習者は注意を時間的，空間的に分散させなければならず（注意離断効果），認知負荷が増加するのである。

この問題にアプローチするため，Skuballa et al.（2012）は，2つの実験条件下で，大学生の被験者に太陽光発電所についての動画を視聴してもらい，その後にその内容について事後テストを課した。教示条件では，動画提示の前に明確な教示を与え，「動画は複数のサブトピックスから構成されているので，ナレーションに従ってその都度適切な情報に注意すること」や「同時に多くのことが進行するので，無関連な側面は無視すること」などを伝えた。スポットライト条件では，上記のような教示は与えず，ナレーションが焦点を当てている視覚情報のみを鮮明な画像とし，それ以外の部分を不鮮明化することで，余分な情報へ注意をとられ

ることがないように画像情報そのものを操作した。

　教示条件では，ワーキングメモリ課題で高得点をおさめた大学生の方が，そうでない学生より事後テストでの成績が優れていた。しかし，興味深いことに，スポットライト条件では，ワーキングメモリ課題で得点の低かった学生の事後テストでの成績は大きく向上した。つまり注意の制御をスポットライトによって補助することで，学習が促進したのである。

　この結果は，次のように説明できる。ワーキングメモリ容量が大きければ，図1-9のように，未利用容量が存在し，課題遂行中にすべての負荷に対応できる。逆に，容量が小さい場合には，認知負荷の総計がワーキングメモリ容量を超えてしまい，課題遂行に支障をきたす。そのため，教示条件では，ワーキングメモリ高得点者の方が有利であった。しかし，注意離断効果によって大きかった外在的負荷が，スポットライト効果によって低減すると，容量が小さくても全体の認知負荷をカバーできるため，ワーキングメモリ低得点者の成績が向上すると考えられる。一方で，ワーキングメモリ高得点者では，このスポットライト条件における成績は教示条件のものよりも低かったが，それは，ワーキングメモリ高得点者にとっては，スポットライトは逆に，情報の冗長性を高める悪影響があったからと解釈することができる（表1-1参照）。

　この研究は，認知負荷の適切な低減方法が，個人のワーキングメモリ容量によって異なることを示している。さらに，このワーキングメモリ容量の個人差が，先にふれた，この領域での過去の研究結果の一貫性のなさの要因になっている可能性も示している。

## 3．認知負荷理論の動向と評価

　認知負荷理論は，数学の問題の解決や電気工学知識の獲得などを目的とした初期の理論から，広くマルチメディア学習をカバーする記憶学習理論へと展開した（Ayres & Paas, 2012）。そうした流れのなかで新たな研究が生まれ，たとえば，Applied Cognitive Psychology（2012）や Educational Psychology Review（2010）といった学術雑誌によって認知負荷理論の特集号が編まれている。近年は，その基本的なアーキテクチャを進化論的観点から考察し，より広範な認知理論へと発展しつつある（Paas & Sweller, 2012; Sweller, 2011）。このように守備範囲を広げることで，認知負荷理論は，教授学習活動のみならず，人間の認知研究全般に影響を与えるようになってきたが，いくつかの問題点も残っている。

　まず，認知負荷そのものの定義がそれほど明確ではなく，主に主観的な評定に

よる点は，(実用的には優れているが)詳細な理論化にあたっては問題となる。また，本章では，ワーキングメモリの基礎理論との関連について述べたが，認知負荷理論に関する文献には，そうした視点が必ずしも明確ではなく，今後，ワーキングメモリ基礎理論との融合が進んでいくことが望まれる。

　また，認知負荷理論においては，学習中の認知負荷の低減が効果的な学習に重要との前提に基づいているが，教育実践から見た場合，認知負荷の低減が必ずしも最も効果的とは限らないという可能性も指摘されている。たとえば，問題解決や仮説検証を行う授業実践のように，むしろ認知負荷を増加させるタイプのものが優れた評価を得ている場合もある（Domin, 2007; Hodson, 1996）。さらに，記憶課題の場合には，符号化時の課題が困難であるほど記憶成績が向上するということも知られている（たとえば，McDaniel et al., 1986）。また，読み課題の場合には，特に当該のテキストについて知識をもっている読み手では，推論を必要とするような（すなわち認知負荷の高い）テキストを用いた方が，そうした推論を必要としないテキストよりも，読後の理解度が高いことが知られている（McNamara et al., 1996）。前述の個人差の影響とともに（Skuballa et al., 2012），今後どのような条件で，認知負荷理論が効果的に適応できるのかについての検討が不可欠であると思われる。

## 第5節
## まとめ

　この章で紹介したワーキングメモリのモデルは，それぞれに異なる標的をもっているが，他方で，多くの共通点を有している。特に注意の制御にかかわるワーキングメモリの側面は，課題無関連思考やステレオタイプ脅威といった，日常生活や学習場面に大きな影響を与える現象とかかわっており，ワーキングメモリ理論の応用可能性の高さを示している。またワーキングメモリの理論的研究とは独立に発展してきた認知負荷理論は，現実の教育活動を通じた実践から，多くの価値ある結論を導いている。

　本章で見てきたように，ワーキングメモリの基礎理論の研究と実践理論の研究は，密接に関連しており，本来有機的に統合されることが可能である。ただし同じ「認知負荷」という用語を用いていても，Barrouillet et al.（2011）は，これを操作的に明確に定義し，スパン成績の予測に成功しているが，認知負荷理論が用いる認知負荷は，これとはかなり異なり，実際の教授学習活動のなかで主観的

に定義される概念である（Ayres & Paas, 2012）。ワーキングメモリ基礎研究を参照しながら，認知負荷理論が明確で操作的に定義された認知負荷概念を検討することで，より精緻な理論化の実現が望まれる。

　一方で，ワーキングメモリの基礎理論には，Engle らのモデルや Barrouillet らのモデルのように，記銘材料の領域固有性を軽視するものもあるが，認知負荷理論が示すように，現実の教育活動のなかでは，領域固有性はきわめで重要である。ここに Baddeley のモデルが広く受け入れられている理由があると思われる。基礎理論が実践的な視点をもつことで，標的とすべき現象が提示され，そうした視点が更なる理論化に貢献することが期待される。

# 第2章 実行機能の概念と最近の研究動向

## 第1節 はじめに

　実行機能(executive function)は，課題目標(task goal)に即して我々の思考と行動を管理統制する汎用的制御メカニズムであり(Miyake et al., 2000)，しばしば，脳の前頭葉機能との関連が指摘されている(Banich, 2009; Duncan, 2010, 2013)。多くの研究において実行機能が重視される理由は，それが，人間の知的活動を根本から支えているだけでなく，自己制御(self-control)や自己調整(self-regulation)と関連をもち，そのため，その働きが我々の日常生活のさまざまな場面で大きな影響をもつと考えられるからである(Hofmann et al., 2012; Miyake & Friedman, 2012)。

　この章では，実行機能についての最近の研究を紹介しながら，認知心理学におけるその理論的展開と到達点を概観する。まず，第2節では，実行機能の概念，さらに，実行機能とワーキングメモリの関係について，いくつかの異なる立場を紹介しながら1つの理論的枠組みを示す。第3節では，実行機能の測定方法とその問題点を論じる。第4節では，実行機能の個人差に関連する最近の理論的展開を，特にMiyake & Friedman (2012)の枠組みに依拠して紹介する。続く第5節では，最近さかんに行われており，教育現場への応用にも深い示唆のある，実行機能とワーキングメモリのトレーニングの研究について取り上げ，最後に，第6節で，まとめとともに今後の課題を提示する。

## 第2節
## 実行機能とその関連概念の関係

### 1. 実行機能の概念

　実行機能を研究する研究者の間で，その定義はおおまかに一致しており，特にこの機能がいくつかの下位機能から複合的に構成されているという点については合意が得られている（たとえば，Baddeley, 2012, を参照）。しかし，実行機能を構成する下位機能やプロセス，あるいはどのような機能を実行機能とよぶのかについて具体的に見てみると，研究者によってその意味するところが異なる。それが，実行機能という概念のつかみどころのなさにつながっている。

　この章では，Miyake et al.（2000）の枠組みにしたがい，更新（updating），シフティング（shifting），抑制（inhibition）といった機能のレベルで実行機能をとらえることにする。さらに，その観点から，実行機能とその周辺機能について，1つの統合的枠組みを提唱する（図 2-1 を参照）。

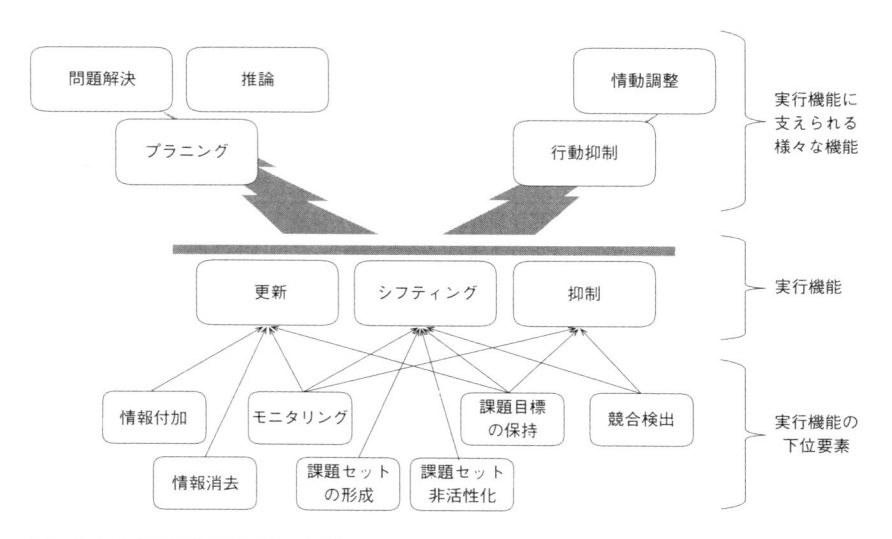

○図 2-1　実行機能と周辺機能の関係

第2節　実行機能とその関連概念の関係

　更新とは，ワーキングメモリ内の表象をモニターし必要情報を常に最新のものとしておく働きである。シフティングは，遂行すべき課題をある課題から別の課題に切り替える能力で，ここには，それぞれの課題遂行に必要な課題セット（task set）を切り替える能力が含まれる。また，ここでの抑制とは，自動的あるいは優勢な反応を，必要に応じて，意図的にそして制御的に抑制する能力を意味する。抑制という概念は，復帰抑制（inhibition of return）やネガティブプライミング（negative priming）といった比較的自動的な抑制現象や，知覚的干渉制御（resistance to perceptual interference）など，さまざまな意味で使われることが多いが，ここでは，あくまでも制御的な意味での反応抑制のみを意味する（抑制についてのより詳細な検討はFriedman & Miyake, 2004を参照）。

　なお，Diamond（2013）やZelazo & Carlson（2012）などの発達心理学者は，これらの実行機能の構成要素に対応するものとして，それぞれ，ワーキングメモリ（working memory），認知的柔軟性（cognitive flexibility），抑制制御（inhibitory control）の3つをあげている（実行機能とワーキングメモリの関係については後述）。しかしながら，こうした3つの対応概念は，前述の更新，シフティング，抑制の定義と比べて，もっと幅広い意味で使われていることに注意する必要がある。たとえば，Diamond（2013）によれば，認知的柔軟性には，ある種の創造性（creativity）も含まれている。

　図2-1に示したように，これらの実行機能は，さらに下位の要素の組み合わせによって実現されている。たとえば，更新には，少なくとも，情報のモニタリング（monitoring），付加（addition），そして消去（deletion）が含まれている。さらに，こうした下位要素のなかには，更新，シフティング，抑制のそれぞれの機能を独自に支えるものだけでなく，課題目標の保持（retention of task goal）や課題状況や目標のモニタリングなど，すべてにかかわるような機能もあると考えられる（Miyake & Friedman, 2012）。こうした下位要素のレベルで，実行機能を定義，研究する研究者もいるが，1つの下位要素だけをうまく取り出し，測定するのは容易ではない。したがって，図2-1の枠組みのように，階層的なレベルの区別を付けることが，現時点では有益であると考えられる。

　また，実行機能の概念に，より複雑な認知的活動を含める研究者もいる。たとえば，Diamond（2013）は，プラニング（planning）や推論（reasoning），問題解決（problem solving）といった過程に実行機能の概念を拡張し，これらを高次実行機能とよんでいる。しかしながら，その効果的な遂行には，更新やシフティング，そして抑制が必要であり，したがって，そうした複雑な活動は，実行機能

というよりは、実行機能に支えられた認知的活動であるととらえることができる（図2-1）。

実行機能の概念をさらに複雑にしているのが、その自己制御や自己調整との関係である。自己調整には、認知的な側面だけでなく、情動や動機のレベルを最適な状態に保つという機能があり（Diamond, 2013）、また、そうした情動的、動機的なレベルでの制御も実行機能の一部であると考える研究者もいる（Zelazo & Carlson, 2012）。一方で、更新、シフティング、抑制といった実行機能が、自己制御や自己調整の重要な側面を支えていることも指摘されており、認知的な色彩の強いこれらの実行機能が、情動や動機のレベルの制御にも関与していると考えられている（Hofmann et al., 2012）。したがって、この章では、自己制御や自己調整を実行機能と同一視せず、これらもまた実行機能に部分的に支えられた機能であるととらえる。

## 2. 実行機能とワーキングメモリの関係

実行機能とワーキングメモリは、同じ文脈で用いられることの多い概念である。しかしながら、その関係については、研究者によってとらえ方が異なり、現在のところ、2つの立場が広く知られている。

1つは、実行機能をワーキングメモリの一部として位置づける考え方（図2-2a）である。このとらえ方は、Baddeley（2012）のワーキングメモリモデルに代表されるもので、ワーキングメモリ機能の実現のためには、さまざまな情報制御が求められ、実行機能が必要であるという考え方に基づいている。つまり、実行機能を、ワーキングメモリの下位部門の中央実行系（central executive）の機能としてとらえる立場である。認知心理学、社会心理学の領域でこの枠組みを使う研究者が多い（たとえば、Hofmann et al., 2010）。

その一方、逆にワーキングメモリを実行機能の下位要素として位置づける考え方（図2-2b）もある。この立場をとる研究者は発達分野に多い。たとえば、前述のように、Diamond（2013）やZelazo & Carlson（2012）は、認知的柔軟性、抑制制御とならんで、ワーキングメモリを実行機能の3つの構成要素の1つとしてあげている。

これらの2つの観点は、一見矛盾していて、まったく相容れないようにみえる。しかしながら、この矛盾は、2つの観点における理論的背景と、用語の使い方の差に起因すると考えることで解消する。さらに、2つの観点それぞれに、問題点がある。

第2節 実行機能とその関連概念の関係

(a) 実行機能／ワーキングメモリ

(b) 実行機能／ワーキングメモリ

(c) 実行機能 ⇅ ワーキングメモリ

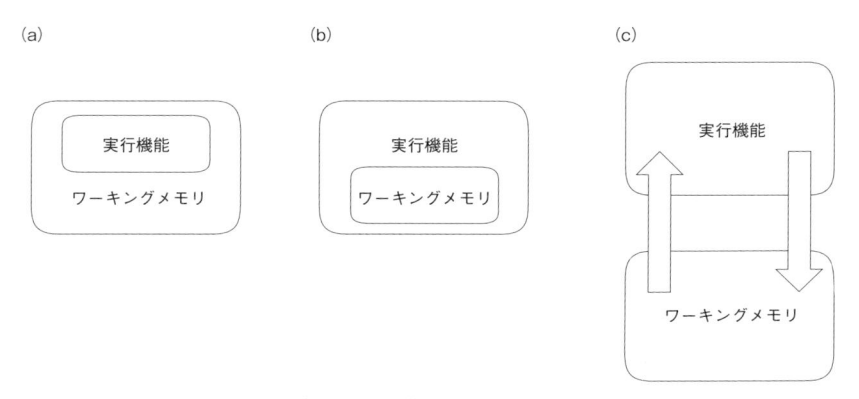

○図2-2 実行機能とワーキングメモリの関係

　たとえば，図2-2aの考え方によれば，実行機能は本来，ワーキングメモリ内の情報の流れを制御する記憶機能の実現に必要なものとして位置づけられている（Baddeley, 2012）。しかしながら，実際に実行機能の領域で研究されている機能には，記憶情報というよりは，むしろ行動の制御といった，記憶の枠組みをはるかに超えた機能に焦点がおかれている。したがって，シフティングや，優勢的反応の抑制といった行動制御機能を，ワーキングメモリのシステム内の一部門とみなすことには問題がある。

　同様に，図2-2bの立場にも問題点がある。まず，実行機能の下位部門を，図2-1のように，更新，シフティング，抑制といったプロセスレベルで一貫して示すのではなく，ワーキングメモリのようなシステムや，柔軟性のような構成概念を示す用語を同列に扱っているということがあげられる。ワーキングメモリが支えているプロセス（たとえば，更新）に焦点をあてて，そのプロセスを実行機能の下位部門と位置づけるのではなく，まるで複雑なワーキングメモリシステムの全体が，実行機能の下位部門ととらえられかねないような用語の使い方が，図2-2aと図2-2bの矛盾の根底にある。さらに，課題目標の保持（task goal maintenance）は，抑制やシフティングを含めた，すべての合目的行動の遂行に必要不可欠であることは広く受け入れられているが（たとえば，Duncan, 2010; Miyake et al., 2000），この課題目標の保持がワーキングメモリの役割だとすると，ワーキングメモリを，抑制やシフティング（柔軟性）と並列的にとらえ，たんに実行機能の一部門と位置づけるには無理がある。

　これらの観点から，実行機能とワーキングメモリは，図2-2cのような相補的

関係にあると考えることができる。課題目標や課題情報の保持が必要という点で，更新，シフティング，抑制などの実行機能は，ワーキングメモリの機能やシステムに依存するが，実行機能の一部（例えば，更新機能）は，ワーキングメモリにおける情報制御に重要な役割をはたしている。このように考えることで，実行機能とワーキングメモリの関係は，図2-2aや図2-2bの立場と比較して，より正確に説明できる。

## 第3節
## 実行機能の測定とその問題点

　実行機能は，実験の参加者が成人の場合には，表2-1に示したような実行機能課題によって測定されることが多い（Miyake et al., 2000; Friedman et al., 2008, を参照）。たとえば，更新課題としては，次々とランダムに提示される言語刺激（文字等）のうち，直近の3つだけを順序通りに憶えておくという記憶更新課題や，今提示されている刺激がn個前の刺激と同じかどうかを回答するnバック課題などが一般的である。シフティングの課題としては，たとえば，刺激の色を判断する色課題と形についての判断を行う形課題など，複数の課題（多くの場合は2つ）を同一実験ブロックのなかで交互かあるいはランダムな順序で行うという，タスクスイッチングが用いられることが多い（Monsell, 2003を参照）。同じ課題をくり返す場合と，課題がスイッチする場合を比較すると，後者の方の課題成績が低く（反応時間は長く，エラーが多い），この条件間の差（すなわち，スイッチコスト，switch cost）が，主に，シフティング能力の指標として使われる。抑制課題としては，ストループ課題（Stroop task）やアンチサッケード課題（antisaccade task）が用いられることが多い（これらの抑制課題についての説明は，齊藤，2011を参照）。

　なお，子ども用の実行機能課題としては，シフティング課題のDCCS課題（Dimensional Change Card Sort Task; Zelazo et al., 1996）や抑制課題である昼夜ストループ課題（Day/Night Stroop Task; Gerstadt et al., 1994）など，多数の課題が用いられている（詳しくは，Diamond, 2013; 森口，2012を参照）。紙幅の都合上，そうした子ども用の実行機能課題をここでは紹介しないが，かわりに，子ども用の実行機能課題を選択，使用する際に重要な点をあげておく。まず，子どもの年齢によって妥当な課題が変わること，さらに，子どもにおいては，更新，シフティング，抑制などの能力が，十分に分化しておらず，単一的

◐ 表 2-1　実行機能（更新，シフティング，抑制）を測定すると想定されている課題の例（Friedman et al. 2008 より）

**更新課題**

　　追跡課題（Keep Track Task; Yntema, 1963）
　　文字記憶更新課題（Letter Memory Updating Task; Morris & Jones, 1990）
　　n バック課題（n-back Task; Kirchner, 1958; Friedman et al., 2008 では 2-back task）

**シフティング課題**

　　数字文字シフティング課題（Number-Letter Task; Rogers & Monsell, 1995）
　　色形シフティング課題（Color-Shape Task; Miyake et al., 2004）
　　カテゴリスイッチ課題（Category Switch Task; Mayr & Kliegl, 2000）

**抑制課題**

　　アンチサッケード課題（Antisaccade Task; Hallet, 1978）
　　ストップシグナル課題（Stop-Signal Task; Logan, 1994）
　　ストループ課題（Stroop Task; Stroop, 1935）

注：これらの課題は，通常，成人の実行機能の測定に用いられる。

な傾向を示すことが指摘されていることである（たとえば，Wiebe et al, 2008, 2011; Willoughby et al., 2012）。また，子どもの実行機能の測定（特に，ADHD などの障害をもつ子ども）には，親や教師によって回答される質問紙（たとえば，Behavior Rating Inventory of Executive Function [BRIEF]；Gioia et al., 2000）を使用することも多いが，その際，質問紙法によって測定された実行機能と，パフォーマンス課題によって測定された実行機能とは，概して相関が低く，別の機能や能力を測定している可能性が高いことにも注意が必要である（詳しい展望論文は，Duckworth & Kern, 2011 や Toplack, West, & Stanovich, 2013 を参照）。

　大人であれ，子どもであれ，表 2-1 にあげられたようなパフォーマンス課題を用いて実行機能を測定する際に特に重要なのが，実行機能の測定には，常に，課題不純問題（task-impurity problem）が生じることである。実行機能をどれだけ強力に反映する課題であっても，実行機能以外の機能（たとえば，言語や視覚情報処理）の関与なしに成り立つ課題は存在しない。つまり，実行機能課題による測定には，汎用的制御を担う実行機能だけでなく，当該の課題にのみ関与する処理過程もまた反映されることになる。たとえば，1 つの課題（ストループ課題）のみを実行機能の指標として使用する場合，その結果を，単純に抑制機能能力を反映したものとは解釈できない。というのは，色や単語の処理や，言語産出のプロセスなど，抑制機能以外の機能も，ストループ課題の指標に含まれているから

である。こうした課題特定的処理に起因する変動は，実行機能測定の妨げとなる（Miyake et al., 2000）。したがって，1つの実行機能課題のみを実施して，その成績と他の課題成績との相関を検討したり，ワーキングメモリトレーニングの効果を検討する場合には，当該の課題が測定していると想定されている機能だけでなく，課題特定的処理に起因する変動の影響があることを認識しておく必要がある。

　課題不純問題の影響を回避する方法として最近使われているのが，潜在変数（latent variables）を用いた共分散構造分析である。実行機能を必要とするが，課題特定的処理はオーバーラップしていない複数の課題を同一個人に実施し，それらの課題に共通する成分を統計的に抽出することで，実行機能の働きを潜在変数として特定しようとするアプローチである。2000年以降の実行機能研究，ワーキングメモリ研究において，こうした共分散構造分析による解析に主眼を置いたものが多く見受けられるようになっている（Friedman et al., 2008; Kane et al., 2004）。

## 第4節
## 実行機能の個人差

　実行機能あるいは実行機能理論の教育における役割を考える時に最も重要な観点の1つは，実行機能の個人差に関するものである。この節では，Miyake & Friedman（2012）に基づいて，4つの観点から実行機能の個人差を検討していく。

### 1. 個人差から見た実行機能の単一性と多様性

　Miyake et al.（2000）は，更新，シフティング，抑制という実行機能のそれぞれに対し，3つの課題を用意し，各実行機能の潜在変数を抽出した。これら3つの実行機能は，潜在変数のレベルで中程度の相関を示したが，互いに分離した機能であるととらえることが可能であった（図2-3aを参照；なお，図中の数値はFriedman et al., 2008に基づく）。この結果は，実行機能が完全には単一のものではないことを示しており，実行機能の多様性（diversity）を仮定する理論的立場（たとえば，Baddeley, 2012）を支持している。同時に，3つの潜在変数の間に中程度の相関があるという事実は，これらの潜在変数と関連した実行機能の間に共通性が存在することを示唆しており，こうした単一性（unity）の背後にある共通の機能の候補として，Miyakeらは，課題目標の保持をあげている（Miyake & Friedman, 2012; Miyake et al., 2000）。したがって，実行機能の個人差には，単一性と多様性の両方を同時に想定する必要がある。

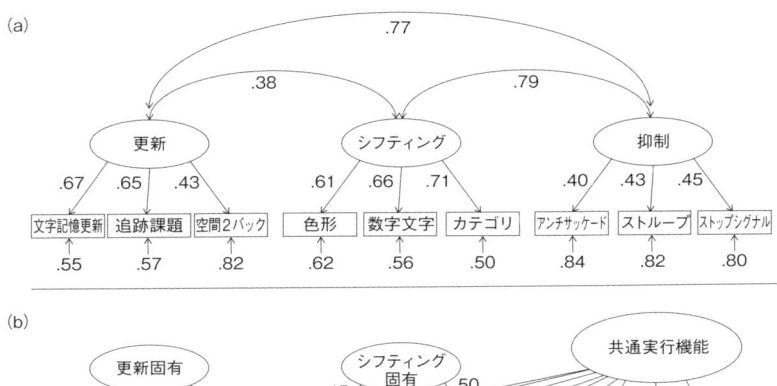

● 図2-3 3つの実行機能の関係についての分析結果（Friedman & Miyake, 2012）
図中の長方形は実際に実施された課題，楕円形は潜在変数を指す。

　興味深いのは，この単一性と多様性のバランスが，発達過程において変化する可能性である（Lee, Bull, & Ho, 2013）。たとえば，就学前児では，単一性の要因のみが顕著であるが（たとえば，Wiebe et al., 2008, 2011; Willoughby et al., 2012），単一性と多様性を備えた実行機能の構造は，11歳児においても確認されている（たとえば，Rose et al., 2012）。

　Friedman et al.（2008）は，実行機能の単一性と多様性の関係を明確にするために，新たな分析を試みた。図2-3bに示されるように，まず，すべての課題に共通する成分を抽出し，それらとは別に，更新能力，シフティング能力，抑制能力のそれぞれに特有の成分を同定しようとした。共通成分を共通実行機能（common executive function），特有の成分を固有実行機能（specific executive functions）とよび，実行機能の単一性と多様性をもっと直接的にとらえようとしたのである。その結果，抑制能力の潜在変数から，共通実行機能の分散を取り除いた後には，固有実行機能は残らないが，更新能力とシフティング能力については，共通実行機能の分散を取り除いた後にも，それぞれに独自の実行機能（更新固有，シフティング固有）の成分が残ることがわかった。

## 第2章 実行機能の概念と最近の研究動向

　図 2-4 は，上記の結果に基づいて提案された新しい枠組みを図示している（Miyake & Friedman, 2012）。更新能力とシフティング能力は，それぞれ，共通実行機能と固有実行機能によって構成されるが，抑制能力は共通実行機能によって成り立っている。すべての実行機能にかかわる共通実行機能は，主に，課題目標と目標関連情報の保持能力によって支えられていると仮定されており，そうした情報を利用しながらより低次の処理に対してバイアスをかける能力と関係しているとされている。実際，そのような能力が，反応抑制の実現にとって必要不可欠であることも知られている（Munakata et al., 2011）。Miyake & Friedman（2012）は，図 2-4 の等式の左側の機能レベル（更新，シフティング，抑制）での分析だけでなく，右側の単一性，多様性レベルでの分析が，これからの実行機能の個人差の研究や理論化にとって，重要になると指摘している。

　　　　　　　　　　　　　　　単一性　　　　　　多様性

　　　　　更新能力　　＝　　　　　　　　　＋　　更新固有

　　　　シフティング能力　＝　　共通実行機能　＋　シフティング固有

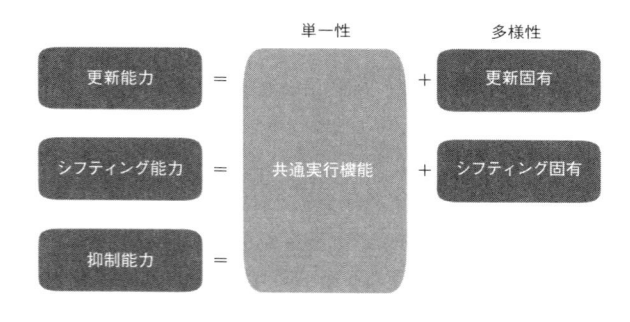

　　　　　抑制能力　　＝

○図 2-4　実行機能の単一性と多様性
（Miyake & Friedman, 2012）

## 2．実行機能の発達的萌芽

　実行機能の個人差は，発達的に初期の段階においてもみられ，その個人差が，比較的安定していることも知られている。たとえば，14 か月から 3 歳にわたって数回実施された禁止課題（prohibition task）の成績が 17 歳時の実行機能とかかわっていることが報告されている（Friedman et al., 2011）。この禁止課題では，子どもは魅力的なおもちゃを目の前に示され，これを「30 秒間触れてはならない」と言われる。よく知られた満足の遅延課題（delay-of-gratification task）と類似したもので，この課題に成功するためには，「おもちゃに触ってはいけない」という課題目標を持続的に保持しておくことが必要となる。この課題の成否によっ

て，自制（self-restraint）がうまくできた子どもとできなかった子どものグループを比較すると，前者は，14年後の17歳の時点でも，高い共通実行機能を示していた。

　この結果は，発達の初期に，後に開花する実行機能能力の萌芽がみられることを示しており，幼児期の自己制御能力が，のちの学業成績や収入，ならびに身体的，精神的健康レベルなどに関連していることを指摘した研究と合致している（Mischel et al., 2011; Moffitt et al., 2011）。さらに，系統だった介入などが行われない場合，実行機能の個人差が発達的に比較的安定していることを示している（Rose et al., 2012）。

## 3. 遺伝的要因の影響

　実行機能の個人差が，遺伝的要因の影響を反映することも知られている。行動遺伝学的分析手法を用いた Friedman et al.（2008）は，一卵性双生児の相関と二卵性双生児の相関を比較することで，実行機能の個人差の原因を，遺伝的要因（すなわち，遺伝性：heritability），共有環境（shared environment），そして，非共有環境（nonshared environment）という3つの成分に分解した。実行機能関連の個々の課題の成績は，遺伝的要因の影響を中程度に示し（.25-.55），残りの分散の多くは測定エラーを含む非共有環境によって説明された。これに対して，潜在変数のレベルで見たときには，遺伝的影響は，かなり高く見積もられ（.75以上），また，こうした遺伝的要因の貢献は，実行機能の単一性（共通実行機能）と多様性（固有実行機能）という異なるレベルにおいても観察されている。

　ここで重要なのは，遺伝率は，ある集団における，ある時点での個人間の成績のばらつきにおける遺伝的要因を数値化したもので，ある一個人の能力の記述にはあてはまらないということである（たとえば，ある認知能力の遺伝率が80％だとしても，それは，ある一個人の能力の80％が遺伝によるという意味ではない）。したがって，遺伝的要因の影響が大きいということは，個人レベルでの実行機能能力が不変であるということを意味しない。実際，個人の実行機能は発達的に変化するし（上述；Munakata et al., 2012），次節で解説するように，トレーニングやその他の要因によっても影響を受ける可能性があるのである（たとえば，Farah et al., 2008; Hughes, 2011）。

## 4. 日常生活における実行機能の影響

　臨床的にも社会的にも重要な行動（たとえば，薬物使用等）における個人差が，

比較的純粋な認知的な実行機能課題の成績によって予測されるということ，また，そのような予測力には，主として共通実行機能がかかわっていることも示されてきている（Miyake & Friedman, 2012）。たとえば，行動抑制の問題は，注意欠損（attention deficits）やリスクテイク行動など，さまざま問題行動の背後にあると仮定されている要因であるが，この行動抑制欠如は潜在変数のレベルで，共通実行機能と遺伝的に相関していることが知られている（Young et al., 2009）。

個別の実行機能の学習場面での役割についても検討されてきている。たとえば，ワーキングメモリ内の情報の更新は，算数の学習にとって重要となる単純な計数（counting）の作業にも必要とされる働きであるが（Ecker et al., 2010），その萌芽的な能力として数量的な大小の判断を行う技能は，抑制やシフティングよりも，更新能力と強く結びついていることが最近の研究から示されてきている（Kolkman et al., 2013）。一方，抑制能力も，算数の学習に影響を与えている。効率的な計算方法を学習しても，抑制能力が低いと，以前に習得していた計算方法を抑制できず，この新しい方法を使いにくい（Robinson & Dubé, 2013）。シフティングもまた，読解や作文，数学の問題への解答過程に必要とされ（Yeniad et al., 2013），そのため，学校の教室で行われる学習活動に影響を与える可能性も指摘されている（Meltzer, 2007）。

ただし，こうした教育的な研究では，1つの実行機能に的を絞ったものが多く，ある有意な相関関係が共通実行機能によるものか，それとも固有実行機能によるものか，不明なことが多い。たとえば，シフティング能力と算数成績に優意な相関がみられても，その相関が純粋にシフティング能力のみによるものとは限らない（Yeniad et al., 2013）。シフティング能力に含まれている共通実行機能（図2-4）が影響を与えている可能性もあるのであり，個人差要因の精緻な特定が今後の研究の重要課題の1つであるといえよう。

## 第5節
## 実行機能とワーキングメモリのトレーニング研究

実行機能とワーキングメモリが学習活動を根幹から支えていること，さらに，それらの能力が日常生活においても重要な役割を担うことが知られるようになり，これらの能力の向上をめざしたトレーニングプログラムが開発されるようになった。実際のところ，CogmedやLumosityなど，商業的なトレーニングプログラムが存在し，そうしたトレーニングが，ある種の転移効果も含め，有効であ

るという報告が，過去数年なされるようになってきた（たとえば，初期のよく知られた例では，Holmes et al., 2009; Jaeggi et al., 2008; Olesen et al., 2003; 初期の展望論文としては，Klingberg, 2010 を参照）。

そのため，実行機能とワーキングメモリのトレーニング研究は，現在，精力的に行われており，その成果に非常に期待が寄せられている。しかし，その一方，トレーニング効果の有無について活発な議論が巻き起こっていることも事実である。本節では，この実行機能とワーキングメモリのトレーニング研究の現状と今後について，概観する。

## 1. トレーニング研究の方法論的背景

一般に，トレーニングの効果（あるいは教育的介入の効果）を検証するためには，その研究のデザインが次の基準を満たしている必要があるとされる（Melby-Lervåg & Hulme, 2013, Shipstead et al., 2010, を参照）。

①無作為割当による条件比較を，事前テスト，事後テストによって行うこと。
②統制群としては，トレーニングを行わない操作無し統制群（no-contact control または untreated control）だけでなく，実験群と同様になんらかの課題を行う能動的統制群（active control または treated control）も設定すること。しかも，実験群と能動的統制群においても，トレーニングに関しての期待感やモチベーションに差が出るのをさけること（Boot et al., 2013）。
③効果を査定するテストが構成概念妥当性を備えたものであり，それらが複数の課題によって編成されていること。
④効果が一般化できること。
⑤十分な検定力を備えていること。

しかしながら，以上のすべての基準を満たすためには，時間とコストがかかるため，いくつかの条件を備えていない研究が多数存在している。特に，能動的統制群をもうけず，実験群と操作無し統制群のみを比較した研究が多い（たとえば，Jaeggi et al., 2008）。そういった研究では，たとえ実験群と操作無し統制群との間に有意な差がみられたとしても，その差が，モチベーションやプラシーボ効果（placebo effect）など，ターゲットとなる機能のトレーニング以外の要因による可能性を除外できない。したがって，報告されている実験結果の解釈には十分な注意が必要である。

トレーニングには，(a) 実行機能やワーキングメモリを，実験室において，そ

れらの関与が認められている認知課題によって、当該の機能に的を絞って直接的に訓練するもの、(b) 実行機能やワーキングメモリが必要とされることを想定しつつも、動機付けや、自尊心等にも影響を与えると考えられるような、より包括的な活動によって、間接的な影響も含め訓練するものの2つのタイプがある(Diamond, 2012 を参照)。以下では、前者を直接的トレーニング、後者を包括的トレーニングとよび、順に説明していく。

## 2. 実験室における直接的トレーニング

　実行機能の直接的トレーニングは、更新（Jaeggi et al., 2008）、シフティング（Kray et al., 2011; Minear & Shah, 2008）、そして抑制（Thorell et al., 2009）といった具体的な実行機能について実施されてきているが、ワーキングメモリの要素を含んだ更新課題であるnバック課題やその他の記憶課題によるワーキングメモリのトレーニングの数が圧倒的に多い（Melby-Lervåg & Hulme, 2013; Shipstead et al. 2012b を参照）。

　ワーキングメモリのトレーニングは、多くの場合、一日15分-45分のセッションを、週3-5日、これを4-5週間継続する（研究によっては、週3回で8週間継続する場合もある：たとえば、Alloway & Alloway, 2009）。具体例を紹介すると、nバック課題を用いたJaeggi et al. (2011) では、実験参加者は、画面上に次々と提示される刺激の空間位置を記憶し、今提示されている刺激がn個前（たとえば、n=2の場合、2つ前）の刺激と同じかどうかを判断することを求められる。1ブロックに15+n個の刺激が提示され、このなかに5つの「同じ」試行がある。この「同じ」試行で4つ以上正解した場合には、次のブロックでは、nの数を1つ増やし、3つ以下の場合には、nの数を1つ減らす。このように難易度を調整しながら、15分間、この課題を行う。これを1セッションとし、週に5回、1か月続ける。このような課題の難易度の調整は多くの研究で行われている(Shipstead et al. 2012b を参照)。この方法により、学習者は、常に自身が正答できる困難度をわずかに超えた課題に従事し、自分自身の限界に挑戦し続けることになる。こうした直接的トレーニングの効果について、いくつかの結論が、最近のメタ分析（Melby-Lervåg & Hulme, 2013）と文献展望（Shipsead et al. 2012b）によって報告されている。

　Melby-Lervåg & Hulme (2013) のメタ分析の結果（表2-2参照）をまとめると、以下の結論が導かれる。

## 第5節　実行機能とワーキングメモリのトレーニング研究

**◐表 2-2　メタ分析の結果のまとめ**（Melby-Lervåg & Hulme, 2013）

効果量（Cohen's d）は，事前テストから事後テストへの変化をトレーニング群と統制群を比較した場合の差

| 転移課題 | 対象となる効果量の数 | 効果量（d） | 95%信頼性区間 |
| --- | --- | --- | --- |
| 〈近転移〉 | | | |
| 言語性ワーキングメモリ | 21 | 0.79** | 0.50〜1.09 |
| 視空間性ワーキングメモリ | 18 | 0.52** | 0.32〜0.76 |
| 〈遠転移〉 | | | |
| 非言語能力 | 22 | 0.19* | 0.03〜0.37 |
| 　　能動的統制群との比較 | 10 | 0.00 | -0.24〜0.22 |
| 　　操作無し統制群との比較 | 12 | 0.38** | 0.23〜0.56 |
| 言語能力 | 8 | 0.13 | -0.09〜0.34 |
| ストループ課題 | 10 | 0.32** | 0.11〜0.53 |
| 読み課題 | 7 | 0.13 | -0.10〜0.30 |
| 計算課題 | 7 | 0.07 | -0.13〜0.27 |

*p＜.05，**p＜.01

注：効果量 d の目安としては，Cohen（1988）に従い，d = .20 は小，d = .50 を中，d = .80 を大とするのが一般的である。また，効果量の 95% 信頼性区間が 0 を含む場合には，効果はあるとは判断できない。

①ワーキングメモリのトレーニングは，その実施直後には，言語性ワーキングメモリ課題や視空間性ワーキングメモリ課題の成績を上昇させる。つまり，トレーニングの効果は，トレーニング課題と比較的処理の近い課題（他のワーキングメモリ課題）の成績には転移（近転移；near transfer）する。

②ワーキングメモリのトレーニングは，トレーニング課題とは処理の重複が少ないと考えられる課題（たとえば，レーブンマトリックス課題など）の成績には転移（遠転移；far transfer）しにくい（Shipstead et al., 2012b も参照）。表 2-2 に示される通り，遠転移課題の場合，効果量は全体に小さく，95%信頼性区間が 0 を含むものが多い。注目すべきこととして，操作無し統制群との比較を行った場合には，トレーニング効果の遠転移が流動性知能等の非言語課題においてみられているが，能動的統制群との比較を行った場合には，効果量は 0 となり，トレーニング効果はまったくみられない（表 2-2）。ワーキングメモリトレーニングに遠転移効果がみられないという結果は，無作為抽出したサンプルで，効果を能動的統制群との比較で検討した，最近の実験的研究によっても示されている（Chooi & Thompson, 2012; Dunning et al., 2013; Redick et al., 2013; Thompson et al., 2013）。

　まとめると，直接的トレーニングは，近転移を導くが，遠転移についてはその存在を支持する強力な証拠はないといえる。前述のように，操作無し統制群

との比較によって示されていた遠転移には，多くの要因が関与している可能性が高く，そこで示されたトレーニング効果が，何に基づいているのかは不明である。また，能動的統制群を用いている研究であっても，そこで使用されている課題が，困難度等の点で，実験群が従事している課題と異なる場合もあり（例えば，難易度の調整のないトレーニングを能動的統制群で用いている場合），そのような条件間の差異が，課題遂行時のモチベーション等に影響を与えている可能性も残されている。したがって，最近の議論を見る限り，知能や学業成績，自己制御などへの遠転移をうたったワーキングメモリトレーニングのプログラムによる効果が，真に個人のワーキングメモリの機能の向上によって示されているのかどうかについては，いまのところ明確な結論をくだすことは難しい（この点に関しては，Journal of Applied Research in Memory and Cognition に掲載された，Shipstead et al., 2012a による Cogmed における遠転移効果の批判的検証論文と，それに対する数々のコメント，さらに，Cogmed のウェッブ上に掲載された，Melby-Lervåg & Hulme, 2013 のメタ分析論文への批判記事，http://www.cogmed.com/commentary-working-memory-training-effective-metaanalytic-review を参照）。

　トレーニング効果のみられた近転移についても，いくつかの残された問題がある。まず，トレーニング効果には大きな個人差があり，転移効果のみられる個人とそうでない個人が存在することが知られている（Jaeggi et al., 2011）。たとえば，動機付けの個人差も転移効果の個人差に影響を与えることが知られているが（Shah et al., 2012），その他にどのような要因がトレーニングの個人差を規定しているのかについての検討が求められる。

　また，重要な課題として，直接的トレーニングの効果の理論化をあげることができる。実行機能とワーキングメモリのトレーニングのメカニズムついては，詳細を欠いた素朴な説明（たとえば，「筋肉のように訓練したら強くなる」という比喩を用いた説明）しかなされていないのが現状である（Melby-Lervåg & Hulme, 2013）。しかしながら，トレーニングがどのようにして実行機能やワーキングメモリに影響を及ぼし，その影響がどのようにして他の課題に転移するのかわからなければ，これまでの研究成果を効果的に応用していくことは難しい。したがって，トレーニング効果の生起と転移について，精緻な理論的モデルが提案されることで，有効なトレーニング方法の開発に結びつくことが期待される。

## 3. 教育現場での包括的トレーニング

　実行機能課題を用いた直接的なトレーニングとは異なる，もっと包括的な活動が実行機能の向上をうながす可能性に基づいて，いくつかの教育的プログラムが開発されている（Diamond & Lee, 2011 の展望論文を参照）。たとえば，Tools of the Mind は，ヴィゴツキーの考えに基づき実行機能促進を狙うカリキュラムだが，ここには，記憶や注意を促進することを直接的な目的とする活動だけでなく，表 2-3 に示されるような目的をもつ活動が含まれている。

**●表 2-3　実行機能の包括的トレーニングの特徴**（Diamond, 2012 より抜粋）

| | |
|---|---|
| 1 | 実行機能の訓練を支援し，常により高いレベルへの挑戦を促している。 |
| 2 | 教室でのストレスを低減している。 |
| 3 | 子どもを当惑させることはほとんどない。 |
| 4 | 喜び，プライド，自己信頼感を育む。 |
| 5 | 学習に対して活動的で実践的なアプローチを採用している。 |
| 6 | 異なるペースで学習する子ども達に対応できる。 |
| 7 | 学業達成だけでなく，人格形成も重視している。 |
| 8 | 話し言葉を重視している。 |
| 9 | 子ども同士に教えさせている。 |
| 10 | 社会的スキルや絆を育む。 |

　就学前児のためのカリキュラムでは，たとえば，遊びや学習について，事前にプランを立てることを求められる。プランの記録や事後の確認などを社会的な文脈で行うことで，自己調整の能力を培うこととなる。また，活動には，演劇活動や課題遂行中のプライベートスピーチ（private speech）の使用なども含まれている。プライベートスピーチとは，内言（inner speech）へ移行する前の自発的発話であり，行動を制御する機能がある。そのためプライベートスピーチの使用は行動制御の背後にある実行機能の働きを促進すると考えられている（Vygotsky, 1956; Winsler et al., 2009）。

　このような活動を1年間行うことで，負荷の高いフランカー課題の成績や抑制やシフティングを必要とする反応課題の成績が，通常のカリキュラムを実施した子どもに比べ，大きく向上していることが示されている（Diamond et al., 2011）。また，Tools of the Mind カリキュラムに参加している子どもの方が，通常のカリキュラムで教育を受けている子どもよりも学業成績が優れていることも報告されている（Diamond et al., 2007）。その他にも，モンテソーリカリキュラム等によっても類似の効果が報告されている（たとえば，Lillard & Else-quest, 2006）。

こうしたトレーニングの成功例には，表2-3に示すような共通する特徴がある（Diamond, 2012）。

このように，教育現場での包括的トレーニングの成功例が報告され始めているが，その数はまだ少ない。また，同じ Tools of the Mind カリキュラムに基づく研究でも，まったく異なる実行機能課題が遠移転の指標として使われていて，研究間の比較は単純ではない。しかも，包括的トレーニングすべてがトレーニング効果の検証に成功しているわけではない（Farran et al., 2011）。したがって，こうした教育的カリキュラムは有望であるものの，直接的トレーニングと同様，結果の解釈には注意が必要である。

さらに，理論的な観点からみれば，実行機能の促進にとって，表2-3にあげられたすべての特徴が必要なのか，あるいはいくつかの特徴がより重要なのか，複数の特徴の背後に共通の要因があって相互に関連しているのかなどについても，現時点では不明確なままである。包括的トレーニングでは，実行機能やワーキングメモリ以外の認知的・情動的・社会的な要因が操作されている可能性が高く，これら複雑な要因の関与がどのように実行機能に影響を与えるのか，また，実行機能の促進がどのようにして広範な学習・社会活動に影響を与えているのかについて，そのメカニズムについての理論的な検討が必要とされている。

## 第6節 今後の課題

この章では実行機能の概念の整理を行い，実行機能の個人差に基づいた最近の研究を概観した。更新，シフティング，抑制という実行機能の中核となる要素によるこの概念の把握は，より複合的な認知過程であるプラニングや推論，問題解決だけでなく，自己制御や自己調整といった，情動的・社会的要因を含む思考と行動の制御について検討する際にも有効である。

今後の課題の1つは，ここで提示された実行機能のモデルと多彩でより高次な心的機能の関係を明確にすることである。自己制御や自己調整，さらにはプラニングや推論など，さまざまな心的活動に実行機能がかかわっていることは知られているが，更新，シフティング，抑制といった個別の実行機能がそうした活動をどのように支えているのか，そのメカニズムの解明が必要である。

教育的介入として実施されるトレーニングの内容は，すでに述べたように，多くの要因によって影響を受けており，本稿で紹介した実行機能のモデルとの対応

づけは，現時点では難しい。しかし，トレーニング効果の生起と転移についての理論的検討のためには，そして，その理論を教育活動に活かすためには，本章で示された枠組みによる理論的な概念整理と精緻化が必要であろう。そのような試みの出発点として，更新，シフティング，抑制といった実行機能の基盤的要素機能を，読解や作文，数学の問題解決といった具体的な教授学習活動に理論的に位置づけていくことが有望であると考えられるが（たとえば，Meltzer, 2007, 2010; Learning and Individual Differences, 2013 の特集号を参照），前述のように，実行機能課題における課題不純問題（第3節），ならびに，実行機能の単一性と多様性（第4節）を念頭におくことが重要である。そうした試みを通じて，これまで，必ずしも統一的に用いられていなかった実行機能という用語が，その多様性を乗り越えて，認知心理学とその周辺領域，そして教育実践の分野で共通の鍵概念として機能するようになることが期待される。

# 第3章
# ワーキングメモリの脳内メカニズム

## 第1節
## 脳の地図

　知識や文化を獲得し，他者の心を理解できるのは，脳のはたらきによっている。近年，生命を維持する生物脳に対し，社会に適応する脳，つまり社会脳のはたらきに関心がもたれるようになってきた（苧阪, 2012）。社会脳の研究領域には教育学，心理学，哲学や倫理学などの人文社会科学が含まれるので，理系との学際的融合研究が必要とされる。そして，社会脳へのアプローチの1つが高次認知を担うワーキングメモリの脳内メカニズムの研究である（苧阪, 2000, 2008；Osaka et al., 2007）。情報のあふれる現代社会では，ワーキングメモリは情報の受け入れに対して常に過負荷の状況にあるが，われわれの社会脳はオーバーフローしがちな脳を何とか使いこなして情報化社会に適応できるようはたらいている（Klingberg, 2009）。本章ではワーキングメモリと脳の一般的な関係を概観してみたい。

　ヒトの大脳は右半球と左半球にわかれ，脳梁とよばれる神経束でつながっている。脳の表面は厚さ2-3mmの新皮質でおおわれており，シワにあたる部分は隆起部である脳回（gyrus）と陥没部である脳溝（sulcus）から形成されている。大脳は前頭葉，後頭葉，頭頂葉と側頭葉の4領域（図3-1）に分けることができ，このうち額の奥に位置し，およそ全体の30％という広い領域を占めているのがワーキングメモリ（working memory）の主要な機能を担う前頭葉である。中心溝によって前頭葉と頭頂葉が，外側溝によって前頭葉，頭頂葉と側頭葉が区切られる（図3-1）。さらに，大脳の内部には系統発生的にはやや古い大脳辺縁系（limbic system）が形成され，ここに海馬（hippocampus），前部帯状皮質（anterior cingulate cortex）や扁桃核（amygdala）があり前頭葉と相互に作用しあうこと

第3章 ワーキングメモリの脳内メカニズム

でワーキングメモリの情動的側面ともかかわっている。さらにその奥にはワーキングメモリと報酬系や運動をむすびつける線条体（striatum）などから形成される大脳基底核（basal ganglia）がある。

大脳の4領域はすべてワーキングメモリのはたらきの一端を担うが，このうち前頭葉はワーキングメモリの司令塔（実行系）としてはたらき，後頭葉は顔を含む空間や視覚情報とかかわる処理に，頭頂葉はさまざまな注意とかかわる処理に，側頭葉は言語を含む高次な社会脳にかかわる処理に関係している。

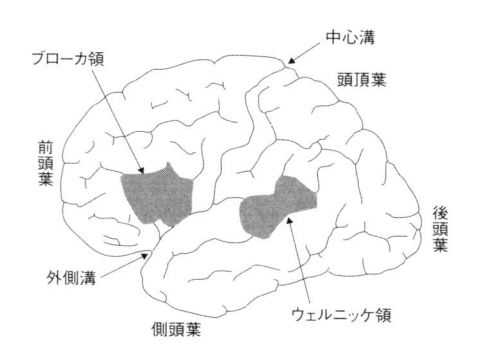

○図 3-1 脳の4領域（前頭葉，頭頂葉，後頭葉と側頭葉）（苧阪，1998 より）

前頭葉の前方領域は前頭前野（prefrontal cortex: PFC）とよばれ，外側および内側領域にわかれるが，外側を中心とした領域はワーキングメモリのはたらきと密接にかかわることが知られている。ただし，ワーキングメモリは PFC に局在するわけではなく，課題の特性に応じて，上述したような諸領域が協調する脳内ネットワークによって担われていることに注意する必要がある。ワーキングメモリには記憶情報を一時的に保持しそれを操作したりモニターしたりするはたらきがある。情報を一時的に保持する機能については PFC を切除したサルの実験で，遅延課題が困難なことが古くから報告されていることから（Jacobsen, 1935），一時的な記憶情報の保持がこの領域とかかわるといわれてきた。その後，PFC が遅延反応課題をうまくこなすことに必須であり，遅延反応課題を必要とするさまざまな課題でワーキングメモリが必要とされることがわかってきた。遅延反応課題とは，たとえば左右のいずれかの場所にエサを置き，それを布で一定の時間隠した後に，エサを取る反応を許す課題で，遅延時間の間，サルはエサが左右いずれの場所に隠されたかをワーキングメモリで憶えておかなければならな

い。エサの代わりにおもちゃなどを用いれば乳児に試みることもできる。

　ワーキングメモリの脳内メカニズムの研究はPFCに直接，微小電極を挿入したり，PFC領域の部分切除が可能な，サルやラットなどの動物を用いた神経行動学の実験から始まった。そして，サルの場合，ワーキングメモリのはたらきは，PFCでもとりわけその前頭前野背外側領域（dorsolateral prefrontal cortex: DLPFC）や下前頭回（inferior frontal gyrus: IFG）などが重要であることが認識されるようになってきた（Golman-Rakic, 1998）。サルの場合，憶えている遅延期間にDLPFCの神経細胞が活動するのである。DLPFCはヒトの脳では，前頭葉の中前頭回（図3-2）に位置する領域と対応し，ドイツの神経学者Brodmann（ブロードマン）の脳地図（Brodmann Area: BA）で通称BA46（やBA9）とよばれる領域番号に対応する（図3-3）。ブロードマンは脳の新皮質の神経細胞の細胞構築学的な区分から，組織が似ている部分をまとめて1から52までの番号を割り当て脳地図をつくったのである（Brodmann, 1909）。この番号には特に意味があるわけでもなく，また同じ番号の領域が均一の機能をもつわけでもない点に注意が必要である。一方，脳地図を用いず，脳回と脳溝を手がかりに領域を特定する方法もある。たとえば，DLPFCはこの方法によると中前頭回ということになる（図3-3）。さらに，図には示していないが，脳の地図には外側面からは見えない内側前頭前野（medial PFC: MPFC）とよばれる内側面があり，ここにはワーキングメモリともかかわる前部帯状皮質（Anterior cingulate cortex: ACC: BA32）などが含まれる（苧阪, 2000）。

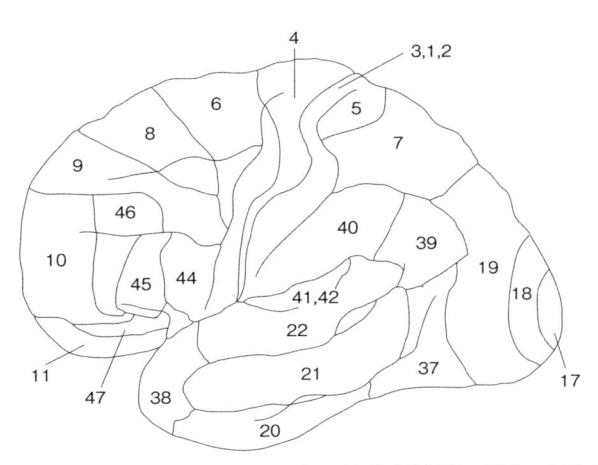

○図3-2　ヒトの脳のブロードマン地図（左半球外側面）（藤井, 2000 より）

第3章　ワーキングメモリの脳内メカニズム

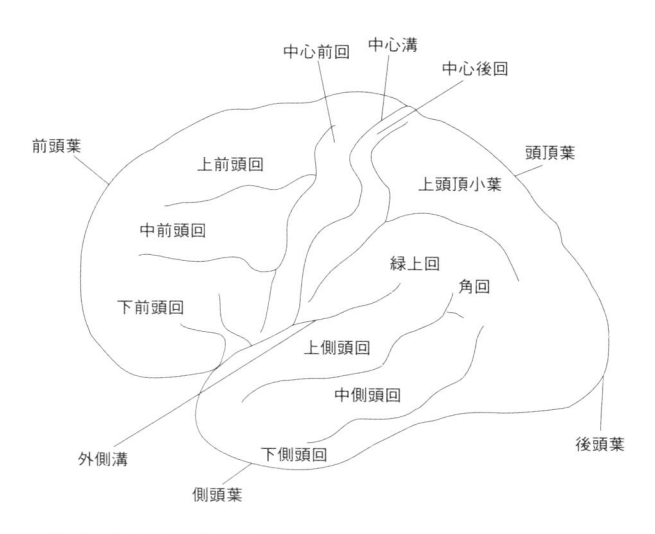

**◯図 3-3　ヒトの脳の外側面**（左半球外側面）（藤井, 2000 より）

　動物は言語をもたないため，そのワーキングメモリの研究は主として視空間性のワーキングメモリ課題を用いて，保持の機能を中心に行われてきた。むろん，ヒトでのみ可能である言語性のワーキングメモリの研究については，多くの心理実験が工夫されデータも蓄積されてきた。特に情報の保持に加えて操作やモニタリングについての検討がさかんに行われるようになった。ワーキングメモリの脳内機構の研究は，ポジトロン断層法（PET），機能的磁気共鳴画像法（fMRI）や脳磁図法（MEG）などの非侵襲的な脳イメージング法の技術的進歩によって飛躍的に進展した（苧阪, 2010）。

## 第2節
## 脳とワーキングメモリ

　ワーキングメモリと脳のはたらきについて具体的に見てみたい。まず，ワーキングメモリといえば，中前頭回にある DLPFC が有名である。BA46（や BA9）の領域がこれに対応している。DLPFC のおよその役割は行動の目標をつくり出して，それを適切な文脈のもとで制御実行する司令塔の役割であるとされる（Fuster, 2008; Passingham & Wise, 2012）。この領域は空間性および言語性のワーキングメモリの双方にかかわっており，注意の認知的な制御のはたらきを

担っていると考えられている。Baddeley（2000）は認知的な制御系を図3-4の中央実行系（central executive: CE）として考えた。ヒトの場合は内的な行動ともいえる言語を媒介とした処理，あるいは目標やプランを立てることにもかかわり，たとえば種々の問題解決や目標志向的な思考，さらに日常的な活動では他者との会話など，多くの高次認知課題が言語性ワーキングメモリのはたらきとかかわりDLPFCがその担い手の中心となることが多い。

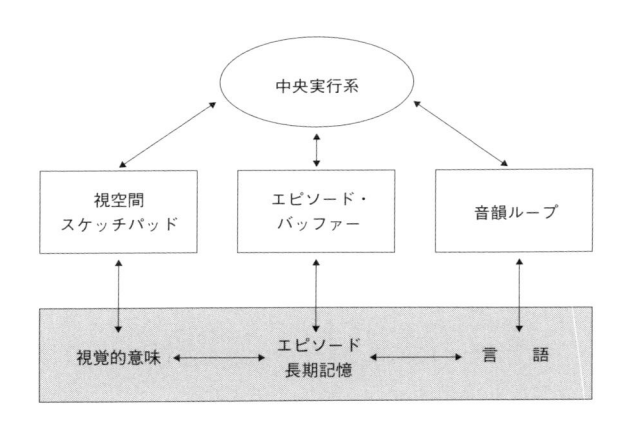

**◐図3-4　ワーキングメモリのマルチコンポーネント・モデル**
（Baddeley, 2000）

　ワーキングメモリについては，いろいろなモデルが提案されているが，ここでは図3-4の3つのコンポーネントをCEが制御しているモデルで考えてみたい（Baddeley, 2000）。音韻ループ（phonological loop: PL）は言語性の，視空間スケッチパッド（visuo-spatial sketchpad: VSSP）は視空間性の，エピソード・バッファーは長期記憶などとかかわるワーキングメモリのはたらきと，それぞれかかわると考えられ，これら3つのコンポーネントはCEの認知的制御のもとではたらく下位システムと想定されている。ワーキングメモリで一度に使える処理資源には容量の制約があるので，当面の目標や課題を達成するには課題の困難性の影響を考えながらCEという注意の配分システムをうまく調整する必要がある。このモデルは必ずしも，対応した脳の仕組みを想定しているわけではないが，CEとその下位システムの神経基盤を求めてワーキングメモリの脳内メカニズムの検討が続けられている。音韻ループと視空間スケッチパッドについてみてゆきたい。

## 1. 音韻ループ（PL）

　ここではまず，言語性ワーキングメモリとCEとPLのかかわりについてみてゆきたい。一般に，言語情報は耳で聞く単語などの音韻をリハーサル（くり返す）することでワーキングメモリに情報を一定の時間，保持することができると考えられている。耳から入ってきた情報は音韻ストアと音声を生みだす運動器官を駆動するシステムの間で構音コントロール過程（articulatory control process）をくり返して音韻情報を保持し，CEの制御のもとで音声として発話される。この保持の機能がPLとよばれる心的機能によって担われると考えるのである。そして，PLはさらに音韻化された言語情報を一時的に保持する音韻ストア（phonological store）と内言によるリハーサルを行う構音コントロール過程という2つの下位システムに支えられていると考える（Baddeley, 1986）。音韻ストアの情報は数秒で減衰するため，数秒以上にわたって情報を保持するには持続的に構音リハーサルを行う必要がある。リハーサルを妨害する課題を挿入するとワーキングメモリの課題遂行の効率が下がることから，CEがPLとかかわることが推定できるのである。その例として，課題と並行して言語的な妨害課題として，たとえば単語の記憶課題を行う時に1秒ごとに「ザ」と発話し続けるような構音抑制（articulatory suppression）をかけると成績が著しく下がることが知られている。これは構音コントロール過程上での阻害をすることによって，PL内での情報の保持が不十分になるためと考えられるのである。

　さて，言語とかかわる脳の領域では言語処理や発話にかかわり運動性言語中枢ともいわれるブローカ領（図3-1）があり，これはPFCの左下前頭回後部に位置し，ブロードマンの地図ではBA44に対応する。ブローカ領はこの中枢を見出した，19世紀のフランスの外科医ポール・ブローカの名前に由来する。一方，言語の理解には知覚性言語中枢ともいわれるウェルニッケ領があり，こちらは上側頭回後部に位置し，BA22などに対応する。ウェルニッケ領もこの中枢を見出した，ドイツの神経学者カール・ウェルニッケにちなんでそう呼ばれている。言語処理では一般に左脳が大きな役割を果たすことが知られている。PLを形成する音韻ストアと構音コントロール過程は，それぞれ左半球の異なる領域で担われており，左の頭頂葉下部にある縁上回（BA40）は音韻ストアにかかわり，一方左のブローカ領が構音コントロール過程にかかわることがPETを用いた研究で示されている（Paulesu et al. 1993）。幼児の言語獲得が親の口真似による単語の音韻学習をうながし，ついでことばの意味の学習に進み，コミュニケーションの可

能な発話にまで発達してゆくのは PL のはたらきによるところが大きいと考えられ，PL はことばの記憶や言語発達の基礎であると考えられるようになった。言語にかかわる発達障害とも深くかかわることも知られている。

## 2．視空間スケッチパッド（VSSP）

　視空間スケッチパッドは，視覚や空間にかかわるワーキングメモリのはたらきを担っている。VSSP にも PL に対応するも内的スクライブ（inner scribe），音韻ストアに対応する視覚キャッシュ（visual cache）などが提案されているが（Logie, 1995），こちらは PL ほどはその神経基盤が明らかではない。図 3-5 は VSSP を調べた初期の PET を用いた実験である（Jonides et al., 1993）。視覚と記憶の 2 つの条件が設定され，記憶条件では 0.5 秒の凝視後に，3 点のドットが 0.2 秒呈示され，続いて 3 秒の遅延後に小さな円が 1.5 秒呈示される。小さな円が呈示された位置にドットがあったかどうかを判断する課題である。視覚条件でも小さな円の位置にドットがあるかどうかを判断するが，同時呈示なのでドットの位置を憶えておく必要はない。実験の結果，記憶条件は知覚条件よりも PFC の IFG に位置する BA47，運動前野，縁上回，後頭葉や頭頂葉など，右半球の広い領域で活性化することが判明した。VSSP は右半球優位であることもわかってきたのである。後頭葉や縁上回は視覚キャッシュや内的スクライブとかかわるのかもしれない。PL と VSSP を比較すると，言語と視空間のワーキングメモリの処理はそれぞれ，左と右の半球優位というワーキングメモリの領域固有的な性質を示している。

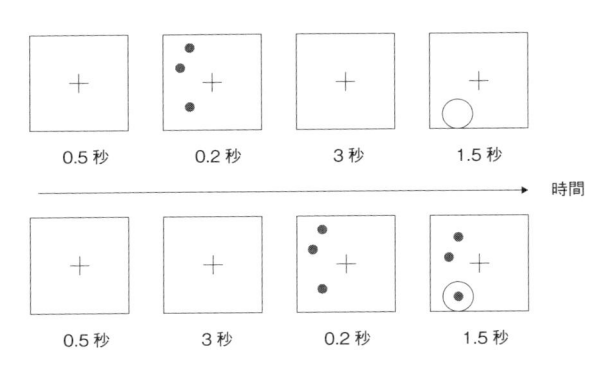

**○図 3-5　VSSP 課題：記憶課題（上）と視覚課題（下）**
　　　　　（Jonides et al., 1993 を改変）

## 第3節
## ワーキングメモリと課題の負荷

　CE は常にはたらいているわけではなく，処理すべき課題の困難度が高くなるとようやくはたらきはじめることが知られている。CE は下位のシステムの間で容量に余裕がなくなってくると情報の減衰やオーバーフローを防ぐために調整に乗り出すのである。つまり，課題の負荷が大きく，注意資源の割り当ての調整が必要な場合はたらきはじめることがわかっている。Rypma et al.（1999）は課題の困難度と CE の寄与の程度を fMRI を用いて調べている。彼らは，実験条件として図 3-6（上）のように 3 つの条件を設定した。①コンピュータの画面に並んだ 6 つのアルファベット文字のうち，丸カッコで囲まれた 1 文字を憶える（コントロール条件），②同様に 3 文字（実験条件），および③ 6 文字（実験条件）を憶える。各条件ともに提示時間は 1.5 秒で，その後 5 秒間のブランク画面が続き（遅延時間），次の 2 秒間にプローブ文字が 1 文字提示される。被験者は記憶している文字にプローブ文字が含まれていればボタンを押して反応するという単純な保持のみの課題である。反応時間は文字数の増加に伴って増えたので課題の困難度は増していることが確認できる。対応した課題の困難度に伴う脳の活動画像（図 3-6（下），軸位断で上方向が前頭）を見ると，3 文字条件（memory load 3：3 文字条件から 1 文字条件の差分を求めたもの）では左下前頭回（ブローカ領：BA44）が，6 文字条件（memory load 6：6 文字条件から 1 文字条件の差分を求めたもの）では両側の下前頭回に加えて中前頭回(BA49,9)，前部帯状皮質(BA32)や縁上回（BA40）で活性化が認められた。図の差分マップは 3 と 6 文字条件の差を示し，3 文字条件ではみられなかった中前頭回の活動が 6 文字条件になり，困難度が増加すると中前頭回(BA46 や 9)が活性化し始めるのがわかる。つまり，困難になると CE が注意の配分調整に乗り出すことを示しているのである。アルファベットを憶え，想起するという単純な実験ながら文字の保持を通してワーキングメモリへの負荷のかかり方が観察できるのである。

第4節 ワーキングメモリと課題の負荷

```
 X T L                                     
   +        → ブランク →    ― ― ― r ― ―     コントロール条件
 C (R) F                                   

 (R K V)                                   
   +        → ブランク →    ― ― ― p ― ―     3文字記憶条件
  G C P                                    

 (R K V)                                   
   +        → ブランク →    ― ― ― p ― ―     6文字記憶条件
 (G C P)                                   
  1.5秒          5秒         (プローブ文字)
```

MEMORY LOAD 3

MEMORY LOAD 6

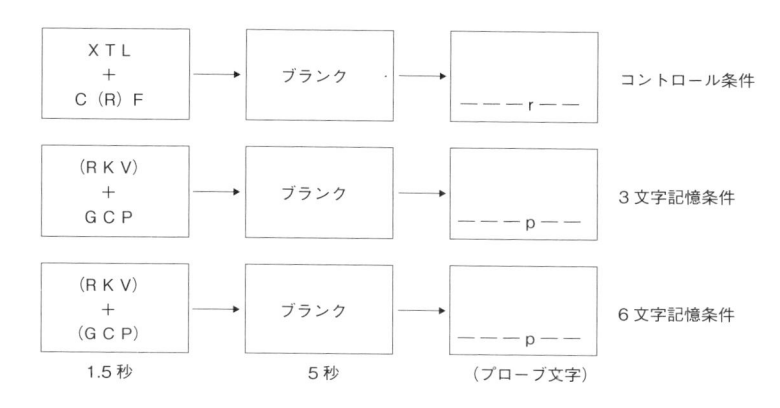

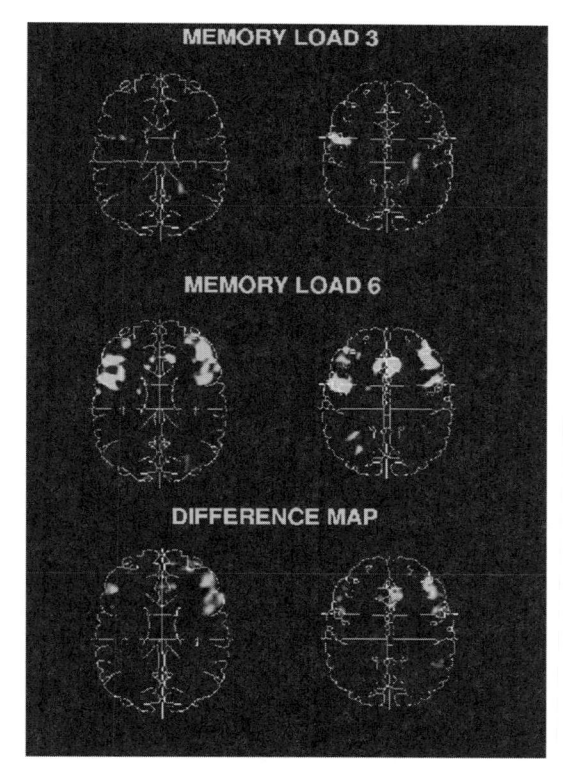

DIFFERENCE MAP

○図 3-6 課題の困難度の影響:実験の手順(上)と脳の活動(下)
 (Rypma & D'Esposito, 1999 を改変)

## 第4節 中央実行系

CEあるいは実行系についてもその脳内メカニズムの研究が進んでいるが，ここではPETを用いた初期の実験を紹介したい（Petrides et al., 1993）。コントロール条件では被験者は1から10までの数字を1秒ごとに順次に口に出して数えてゆく一方，順序自己決定条件では，順序通りではなく，ランダムな順でやはり1秒ごとに重複しないように口で数えることを求められた。ここでは，重複を避けるためにすでに数えた数はワーキングメモリに保持せねばならず，常に情報をモニターする必要があるのである。順序他者決定条件では，他者（実験者）がランダムに数字を読み上げ，被験者はよく聞いておいてのちほど1つだけ数えていない数字を報告せねばならず，この場合もモニタリングが必要である。結果をみると，コントロール条件と2つの順序決定条件の差分をとると，双方の課題でDLPFCの活性化が認められたのである。図3-7には順序自己決定条件の活性化領域を点で示した。この実験は，自己モニター機能が中央実行系によって制御されていることを示唆したものである。

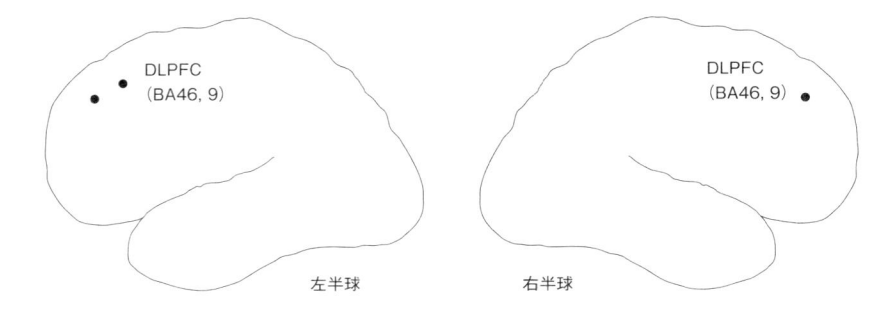

○図 3-7 順序自己決定課題での脳の活性化領域 （Petrides et al., 1993 を改変）

## 第5節 二重課題

ワーキングメモリにおける処理と保持を支えるシステムを検討するには，二重

課題法（dual task method）（Baddeley & Hitch, 1974）や n-back 課題を用いるのが一般的な方法である。まず，二重課題法から見てゆきたい。

　われわれの日常生活は，目標に向けて複数の課題を同時的あるいは準同時的に行うことでむだのない効率的なものになっている。現代の情報化社会環境に適応するための重要な方略となっている。一時的な情報の保持と処理という二重課題の遂行において，ダイナミックな能動的記憶としてのワーキングメモリは日常生活を支えているのである。これは多重課題の1つで，2つの認知課題を同時に遂行することをさす。たとえば，歩きながらスマートフォンを使い，信号に従って道路をわたることなどが含まれる。桁上がりのある暗算をしたり，湯沸かしを気にしながら仕事をすること，などにもワーキングメモリのはたらきが必要となってくる。実験的な認知課題の組み合わせでは，1次課題として文章の理解課題を，2次課題として構音抑制を課したり，数字の保持を求めるような場合もある（Baddeley & Hitch, 1974）。視覚提示された数式計算の真偽判断をさせながら，2次課題として単語を保持させるオペレーションスパンテスト（operation span test: OST）なども工夫されている。いずれも保持と操作あるいは処理の二重課題を含んでいる。

　どのような課題でも注意制御のバランスがくずれ，一時的に忘れたりすることがあると，思いがけない事故につながることがある。したがって，二重課題をうまくこなすには注意の上手な調整と運用が必要であるが，これはワーキングメモリのマルチコンポーネント・モデルではCEの認知的制御によっていると考えられている。CEは注意の配分や調整などの注意制御以外に，注意の焦点化などの役割りも担っていると考えられる。配分，調整や焦点化に不具合が生じると，情報のオーバーフローや忘却が生じて行為のし忘れ，物忘れなどが生じるのである。

　ワーキングメモリの研究では二重課題を取り入れることで，ワーキングメモリ容量の個人差や効率を評価するテストが工夫されている。たとえば，リーディングスパンテスト（reading span test: RST）は言語性のワーキングメモリ容量の個人差を評価するためのテストであり，短文を音読（処理）しながら，文中の指定された単語を保持する課題である（苧阪・苧阪, 1994；Osaka et al., 2004）。さらに，リスニングスパンテスト（listening span test: LST）はRST同様のワーキングメモリの個人差を，読むことではなく，聞くことを通して評価する課題である。これらのテストを実施中に活動する脳内領域として左のDLPFC, IFGやACCなどが知られており，個人差を見ることで学習障害についてその脳内メカニズムを検討することが可能となる。

## 第6節
## n-back 課題

次に，n-back 課題を見てみたい。この課題では，逐次的に呈示される情報をn-試行前にさかのぼって，それが現在呈示されている情報と一致するかどうかを判断しなければならない。例えば，PET を用いた初期の n-back 課題では 2-back の保持課題が用いられている（Awh et al., 1996）。ここでは，2試行前のアルファベット文字と現在の文字が一致している場合にのみボタン押し反応（YES 反応）を行うことが求められる（図 3-8）。

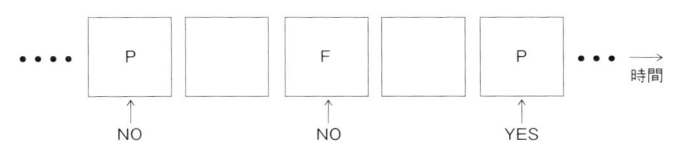

○図 3-8 2-back 課題 （Awh et al., 1996 を改変）

一方，同定課題では1試行前（直前試行）の文字が同じであれば反応することが，またリハーサル課題では呈示文字をリハーサルすることが求められた。実験の結果，保持課題と同定課題の差分をとると，左半球の縁上回（BA40），上頭頂小葉（BA7），ブローカ領（BA44），運動前野・補足運動野（BA6）や島領域が，保持課題からリハーサル課題の差分をとっても同様の領域が活性化を見せた。ここでも，構音リハーサルと音韻ストアが活動し PL がはたらいているようすがうかがわれる。二重課題と異なる点は，n-back 課題が時間をさかのぼっての情報のマッチングを求める課題であることである。n の値が3以上になると課題の負荷は上がり困難度は急に増加することが知られている。実際，PET を用いた研究で，n が0から3に上がると，やはり DLPFC（BA46,9）の活動が上昇するのである（Smith & Jonides, 1997）。fMRI を用いた研究でも記憶負荷が増加すると，DLPFC が持続的に活性化することが認められている（Cohen et al., 1997）。このように，DLPFC は注意の配分のみならず記憶情報の更新とも密接にかかわることがわかったのである。

ワーキングメモリの脳内メカニズムの検討を通して，ワーキングメモリの障害や高次認知のはたらきが解明され，その成果が教育に役立つことを期待したい。

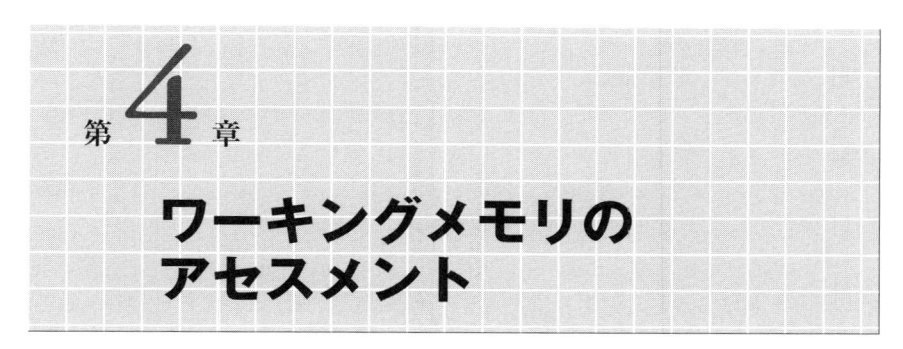

# 第4章 ワーキングメモリのアセスメント

## 第1節 ワーキングメモリの4つの側面

### 1. ワーキングメモリスパン課題

　子どものワーキングメモリを詳細に理論的に分析するためには、子どものワーキングメモリを正しくアセスメントすることが必要である。そのためには、子どものワーキングメモリを標準的な方法かつ信頼性や妥当性のある方法で測定することが、教育臨床的な観点からも重要である（Gathercole & Pickering, 2000, 齊藤, 2011）。

　短期記憶やワーキングメモリを測定するためには、無作為に抽出された数字系列、一定の熟知性をもつ単語系列、あるいは非単語系列といった記銘項目の記銘と再生を子どもに課題として取り組ませ、再生できた記銘項目の最大数を記憶スパン（範囲; span）として記録する、という方法をとることが最も一般的である（Pickering, 2006）。

　例えば、子どもに数字系列再生課題（digit span task）を実施する場合、検査者は"7, 1, 5"といった無作為に生成された数字系列を1秒に1数字のペース程度で子どもに対して読み上げる（図4-2参照）。検査者が読みあげた後、子どもは順番通りに検査者が読みあげた数字を口頭で再生しなければならない。子どもによる再生結果が正答であった場合、数字の桁数を増やしていき最終的に正答できた桁数がその子どもの数字スパン（digit span）として記録される。記銘項目が単語や視空間的な課題でも、上述のように検査者が示す記銘項目を順番通りに子どもは再生しなければならない。記銘項目が単語の場合は、子どもの最大再生数を単語スパン（word span）とよぶ。このように、記銘項目の種類に応じて

## 第4章 ワーキングメモリのアセスメント

子どもの記憶範囲を測定しアセスメントに利用していく方法が一般的である。

現在従事している認知課題の処理に一時的に必要となる情報の保持機能を有する，というワーキングメモリの特徴（第1章参照）をアセスメントするために，情報の保持課題と認知課題の処理が同時並行的に負荷となる測定課題が考案され（Case et al., 1982 ; Daneman & Carpenter, 1980 ; Shah & Miyake, 1996 ; Tuner & Engle, 1989），一般にワーキングメモリスパン課題（working memory span tasks）とよばれている（Conway et al., 2005）。あるいは，数字系列再生課題といった記銘のみが要求される記憶課題に対し，処理様式の異なる複数の処理が要求される課題であることからコンプレックススパン課題（complex span tasks）ともよばれる（Engle et al., 1991 ; Jarrold & Towse, 2006）。

Daneman & Carpenter（1980）は，読みにおけるワーキングメモリを測定するために処理課題として音読，保持課題として音読課題の最後尾の単語を記銘するという課題を開発した。この課題では音読しなければならない文が増えるほど，保持しなければならない単語数も増えていきワーキングメモリの記憶負荷は増えていく。例えば，4つの文の音読が必要な課題の場合，2文目からは前の文の最後尾の単語を保持しつつ音読を行なうという保持課題と処理課題の二重課題となる。この場合4つの文の音読後，各文の最後尾の単語の系列再生が求められる。

ワーキングメモリスパン課題では，処理課題の領域成分に応じてワーキングメモリスパンを明示する。上記の課題では音読という処理課題であるため，アセスメントされたスパンはリーディングスパン（reading span）とよばれる。Daneman & Carpenter（1980）のリーディングスパン課題では，2つの文の音読と2つの文末の単語の再生（2文条件）から6つの文の音読と6つの文末の単語の再生（6文条件）まで，各文条件で3試行を実施し2試行以上正答であった最大の文条件がリーディングスパンとして記録された。これまで，処理課題と保持課題の組み合わせによるさまざまなワーキングメモリスパン課題が考案されてきた。空間スパンテスト（spatial span test ; Shah & Miyake, 1996）では，処理課題として視空間的な判断課題，保持課題として視覚的記銘課題が組み合わされている。オペレーションスパンテスト（operation span test ; Tuner & Engle, 1989）では，処理課題として演算，保持課題として単語が組み合わされている。成人向けに実施されたこれらのワーキングメモリスパン課題は，その実施方法，得点化方法，アセスメントの留意点（Conway et al., 2005），信頼性や妥当性（Redick et al., 2012; Unsworth et al., 2005 ; Unsworth et al., 2009）が検証されている。

子どものワーキングメモリを測定するための課題も，成人用に準じて情報の処理課題と保持課題の同時並行的な処理が要求されるという特徴をもつワーキングメモリスパン課題が開発されてきた。例えば，Case ら (1982) では処理課題として計数，保持課題として計数結果が組み合わされているカウンティングスパンテスト (counting span test) を，6歳児に利用している。Engle ら (1991) は，小学生用のリーディングスパンテストを開発し実施している。本邦でも，幼児のワーキングメモリの測定のために聴覚的に課題文を幼児に呈示しその正誤を判断させ，課題文中の文頭の単語を再生させるという幼児用リスニングスパンテストが開発され利用されている（石王・苧阪，1994 ; 小坂，1999 ; 小坂・山崎，2000）。

## 2. ワーキングメモリの4つの側面

　子どものワーキングメモリを検討した研究の多くが，Baddeley (1986) によるワーキングメモリの3要素モデルに準拠している。Gathercole & Pickering (2000) は，子どものワーキングメモリを標準的な方法かつ信頼性妥当性のある方法で測定しアセスメントために，Baddeley & Hitch (1974) によって提唱され，その後の研究成果をふまえて改良が行なわれている Baddeley (1986) のワーキングメモリモデルを理論的背景とするワーキングメモリのアセスメント課題の開発を行なった。

　Baddeley (1986) のワーキングメモリモデルにおいては，当初より主要な3つの構成要素が含まれている (Baddeley & Hitch, 1974)。1つは中央実行系 (central executive) であり，他の構成要素は中央実行系の隷属システムとしての構成要素である音韻ループ (phonological loop) と視空間スケッチパッド (visuo-spatial sketchpad) の2要素である（第1章参照）。

　中央実行系はこのワーキングメモリモデルのなかで制御機能 (executive functions) を担うとされており，音韻ループは音韻的な形式で情報を一時的に保持し，視空間スケッチパッドは映像的・空間的な形式で一時的に情報を保持する。音韻ループと視空間スケッチパッドは中央実行系に隷属し，特定の領域の情報の処理と保持にかかわる構成要素である。中央実行系は，ワーキングメモリにおける情報の制御や長期記憶からの情報の検索など，多くの制御機能を担っている。そのなかでも中央実行系でもっとも重要な機能の1つが，容量に厳しい制約のある領域に依存しない一般的な処理資源のプールと制御機能である (Baddeley, 1986)。この中央実行系の処理資源が，領域に一般なものであるかあるいは領域に依存するものであるのについてはさまざまな見解がある (Daneman &

Carpenter, 1983; Daneman & Merikle, 1996; Just & Carpenter, 1992; Shah & Miyake, 1996; Turner & Engle, 1989)。

　Baddeley（1986）のワーキングメモリモデルによれば，言語的な課題の処理は上述のように音韻ループにおいて言語的な情報の保持を行ない，中央実行系を介して保持された音韻的な情報の処理を行なう。また同様に，視空間的課題の処理は，視空間スケッチパッドが視空間的な情報の保持を行ない，中央実行系を介して視空間的な情報の処理を行なう。例えば，ある音韻的な情報の保持が必要な認知課題において保持に必要な音韻ループの処理資源が不足する場合，中央実行系は資源の配分を調整し音韻ループでの情報の忘却が起こらないように資源を制御する。中央実行系は，同様の処理資源の制御を視空間スケッチパッドにおいても行なう。このように，中央実行系は異なる領域間における柔軟な処理資源の配分機能を有する。

　このワーキングメモリの3要素モデルは，短期記憶機能に疾患のある人たちの神経心理学的所見からも，その有効性が報告されている（Baddeley, et al, 1986; Della Sala et al., 1999; Hantley et al., 1991）。また，音韻ループが左側頭葉の活動，視空間スケッチパッドが右側頭葉の活動に関連することや（Smith et al., 1996; Smith & Jonides, 1997），中央実行系が背外側前頭前皮質（dorsolateral prefrontal cortex）の活動に関連すること（D'Esposito et al., 1995）が報告されている。これらの研究結果は，ワーキングメモリの3要素に関連する脳部位の存在を示唆している（第3章参照）。

　また，ワーキングメモリの3要素モデルの有効性は，成人だけでなく子どもを対象とした発達心理学的研究結果からも支持されてきた（Alloway et al., 2006; Bayliss, et al., 2003; Bayliss et al., 2005; Gathercole et al., 2004）。言語的な短期記憶を担う音韻ループの機能と視空間的な短期記憶を担う視空間スケッチパッドおよび領域に依存しない処理資源のプールである中央実行系というワーキングメモリの3つの要素が，4歳頃には整い（Allowy et al., 2006），3要素おのおのの容量が，幼児期，児童期から成人期にいたるまで一貫して拡大する（Gathercole et al., 2004）。

　このような子どものワーキングメモリを検討した研究から，図4-1に示されるような子どものワーキングメモリの4つの側面に関するアセスメントの重要性が指摘されている。言語的短期記憶は音韻ループの機能に対応し，言語的短期記憶の情報を利用し中央実行系の処理資源を利用して言語的な認知課題に取り組むという側面が言語性ワーキングメモリである。視空間的短期記憶は視空間スケッチ

パッドの機能に対応し，視空間的短期記憶の情報を利用し中央実行系の処理資源を利用して視空間的な認知課題に取り組むという側面が視空間性ワーキングメモリである。

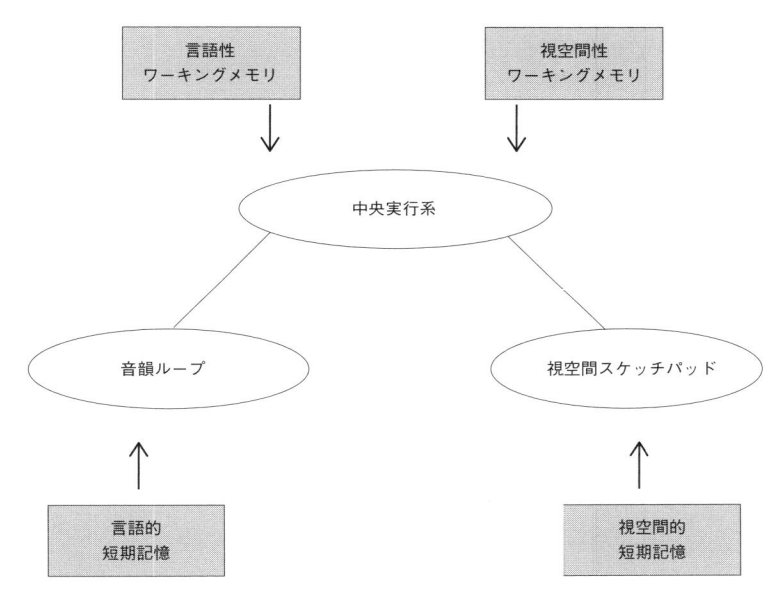

❶図 4-1　ワーキングメモリの 4 つの側面（Alloway, 2007 を一部改変）

## 第2節 ワーキングメモリとアセスメント課題

### 1. 子ども用ワーキングメモリテスト

　Gathercole & Pickering（2000）は，ワーキングメモリの先行研究で利用された多くの実験課題を検討し，6歳児と7歳児の言語的短期記憶，言語性ワーキングメモリ，視空間的短期記憶の3側面を測定するテストバッテリ（Working Memory Test Battery for Children; 以下 WMTB-C と略す）を開発した。このテストバッテリは，言語的短期記憶課題6課題，ワーキングメモリ（中央実行系）課題3課題，視空間的短期記憶課題4課題の計13個のテストから構成されていた。

## 第4章 ワーキングメモリのアセスメント

WMTB-C の開発時には，言語的短期記憶を利用した先行研究が視空間的短期記憶課題を利用した先行研究に比べ多かったため，このテストバッテリに組み込まれた言語的短期課題の割合が多くなっている。同様に，開発時には子ども用の視空間性ワーキングメモリを測定する課題は少なかったため，WMTB-C には中央実行系の課題として言語性ワーキングメモリ課題3課題のみが導入され，視空間性ワーキングメモリ課題は導入されていない。

### (1) 言語的短期記憶の測定

言語的短期記憶課題6課題中3課題は系列再生課題（serial recall task）である。系列再生課題とは，上述の数字系列再生課題のように口頭で聴覚的に複数の記銘項目が呈示された後，呈示された順序通りに口頭で記銘項目を再生するという課題である。系列再生課題は，言語的短期記憶を測定する場合に一般的に用いられている（Gathercole & Baddeley, 1993）。WMTB-C の系列再生課題では，記銘項目として数字，単語，非単語の3課題が用意された。

数字系列再生課題は，短期記憶課題としてよく利用される課題である。一方，数字の組み合わせによっては長期記憶の影響を受けることも指摘されている（Baddeley et al., 1998）。この点を考慮して，より厳密に言語的短期記憶範囲を測定するために単語系列再生課題と非単語系列再生課題も追加された。特に，非単語系列再生課題は，記銘項目が子どもの語彙数に影響を受けない新奇な記銘項目であり，言語的短期記憶の測定に適している（Hulme et al., 1991）。

系列再生課題3課題以外の言語的短期記憶課題は，非単語反復課題（nonword repetition task），単語および非単語系列再認課題（serial recognition task）である。非単語反復課題は，子どもに無意味な単語（例えば"とけほにれおう"）を聞かせ即座に反復させる課題である。この課題では，子どもはリハーサルといった記憶方略を利用することが困難であるため，非単語再生課題と同様に言語的短期記憶の測定に適している（Baddeley et al., 1998）。単語および非単語の系列再認課題は，子どもに記銘項目系列を2回口頭で伝え，1回目の記銘項目系列と2回目の記銘項目系列が同じであったかどうかを答えさせるものである。系列再認課題の成績は系列再生課題の成績と高い相関があるものの，系列再認課題の音韻ループへの記憶負荷は，系列再生課題とは異なることが示唆されている（Gatercole et al., 1999）。

## (2) 言語性ワーキングメモリの測定

　中央実行系の機能を測定する言語性ワーキングメモリ課題は，リスニングスパン課題（listening span task），カウンティングスパン課題（counting span task），数字系列逆行再生課題（backward serial recall task）の3課題である。リスニングスパン課題は，課題文系列を1文ずつ子どもに聞かせ，その内容の正誤を判断させる。さらに，子どもは正誤判断と同時に課題文の最後尾の単語を記銘することが要求され，課題文系列の正誤判断終了後各課題文の最後尾の単語の系列再生を行なわなければならない。カウンティングスパン課題は子どものワーキングメモリの測定にもっとも多く用いられてきた課題である（Yuill et al., 1989）。この課題では，子どもは呈示される丸の数を数え合計を記銘しなければならない。この丸の数を数え合計を記銘するという課題を複数行ない，最後に各課題の丸の合計の系列再生を行なわなければならない。数字系列逆行再生課題では，子どもは呈示された数字系列を逆順に再生しなければならない。この課題は，子ども用の知能検査の下位検査としても含まれている課題である。この課題においても他の2つの言語性ワーキングメモリ課題と同様に，呈示された数字系列の記銘と記銘した数字系列を逆順にするという処理が同時並行的にワーキングメモリに要求される課題である。

## (3) 視空間的短期記憶の測定

　視空間的短期記憶課題は，検査者による盤面上の9つの正方形ブロックの接触順を記銘し再生するというコルシブロック（Corsi blocks）課題（De Renzi & Nichelli, 1975）と画面上の矩形パターンを記銘し再生するという視覚パターン課題（Wilson et al., 1987）という標準的な課題と2つの迷路課題の計4課題である。迷路課題は，あらかじめ迷路の道順が記載されておりその道順を記銘しなければならないという静的なものと，検査者が迷路の道順を指でなぞりそれを記銘しなければならないという動的なものの2種類である。

　Gathercole & Pickering（2000）は，WMTB-Cを6歳児87名に実施し，確認的因子分析を行なった。その結果，中央実行系と音韻ループは因子として確認されたものの，視空間スケッチパッドに関する因子は確認されなかった。これは，中央実行系の3課題（リスニングスパン課題，カウンティング課題，数字系列逆行再生課題）はすべて，言語的な処理と保持の二重課題が要求される言語性ワーキングメモリ課題であり，視空間的な処理と保持が同時並行的に要求される視空間性ワーキングメモリ課題がWMTB-Cには含まれていなかったことによるもの

と考えられた（Pickering, 2006）。

## 2. 自動化ワーキングメモリアセスメント

### (1) 自動化ワーキングメモリアセスメント

　WMTB-C には，視空間性ワーキングメモリ課題の欠如，言語的短期記憶課題と他の3側面の課題のアンバランス，熟練した検査者による実施が必要といった点について改善が望まれた。このような WMTB-C の欠点を修正し，パーソナルコンピュータによる各課題の実施と集計および得点化の自動化を意図して開発されたものが自動化ワーキングメモリアセスメント（AWMA; Automated Working Memory Assessment）である（Alloway et al., 2006）。AWMA は知能検査や心理検査を行なったことがない教師でも実施可能な仕様となっており，4歳から22歳までを対象としている。

　AWMA は WMTB-C をもとに開発されたもので，ワーキングメモリの4側面おのおののアセスメントに3課題が用意された12個の課題から成るテストバッテリである。表4-1は AWMA のテスト番号と課題名および各課題が測定するワーキングメモリの構成要素の一覧である。図4-2は AWMA の各課題の記銘項目例と正答例を示したものである。AWMA の各課題は十分な再検査信頼性（Alloway et al., 2006）があり，構成概念妥当性を有している（Alloway et al., 2008）。また，日本語版も利用されている（立石ら, 2012；湯澤ら, 2011）。

　AWMA の12課題では，各記銘項目数に6試行が用意され，少ない記銘項目数から順に実施される。6試行中4試行以上の系列再生に正答した項目数の最大が，該当課題のスパンとされる。3試行未満の正答であった場合は，そこで測定は打ち切られる。例えば4桁の数字系列再生課題において6試行実施し，4試行以上正答であった場合1桁多い5桁の数字系列再生課題の実施となり，3試行未満の正答の場合は4桁より1つ少ない3桁が数字スパンとなる。

### (2) AWMA の言語的短期記憶課題

　言語的短期記憶課題は，WMTB-C と同様に数字系列再生，単語系列再生，非単語系列再生の3課題である。数字系列再生課題では，1桁から9桁までの数字系列が記銘項目として用意されている。単語系列再生課題では1単語から7単語までの単語系列が記銘項目として用意されている。非単語系列再生課題では1単語から6単語までの単語系列が記銘項目として用意されている（図4-2，言語的短期記憶参照）。視空間的短期記憶課題は，視覚パターン再生，迷路再生，ブロッ

● 表 4-1　AWMA に含まれるサブテスト

| テスト番号 | 課題名 | ワーキングメモリ構成要素 |
| --- | --- | --- |
| 1 | 数字系列再生（Digit Recall） | 言語的短期記憶（音韻ループ） |
| 2 | 視覚パターン再生（Dot Matrix） | 視空間的短期記憶（視空間記銘メモ） |
| 3 | リスニングスパン（Listening Recall） | 言語性ワーキングメモリ（中央実行系） |
| 4 | Odd One Out（視空間スパン） | 視空間性ワーキングメモリ（中央実行系） |
| 5 | 単語系列再生（Word Recall） | 言語的短期記憶（音韻ループ） |
| 6 | 迷路（Mazes Memory） | 視空間的短期記憶（視空間記銘メモ） |
| 7 | カウンティングスパン（Counting Recall） | 言語性ワーキングメモリ（中央実行系） |
| 8 | ミスターエックス（Mister X） | 視空間性ワーキングメモリ（中央実行系） |
| 9 | 非単語系列再生（Nonword Recall） | 言語的短期記憶（音韻ループ） |
| 10 | ブロック系列再生（Block Recall） | 視空間的短期記憶（視空間記銘メモ） |
| 11 | 数字系列逆行再生（Backwards Digits Recall） | 言語性ワーキングメモリ（中央実行系） |
| 12 | 視空間スパン（Spatial Recall） | 視空間性ワーキングメモリ（中央実行系） |

ク系列再生の3課題である。視覚パターン系列再生課題は，4×4の格子上に呈示される丸の位置を記銘するという課題であり，1個から9個までの丸の系列が用意されている。迷路再生課題は WMTB-C で利用されていた静的な迷路課題と同様の課題であり，1迷路から7迷路までの迷路系列が用意されている。ブロック系列再生課題は，図4-2の記銘項目例にある9個のブロックが触れられた順序を記銘し系列再生する課題である。2ブロックから9ブロックまでの系列が用意されている。

### (3) AWMAの言語性ワーキングメモリ課題

　言語性ワーキングメモリ課題は，リスニングスパン課題，カウンティングスパン課題，数字系列逆行再生課題の3つであり，これらも WMTB-C と同様の課題である。リスニングスパン課題は1文条件（1つの文の正誤判断課題と1つのターゲット語の記銘）から6文条件（6つの文の正誤判断課題と6つのターゲット語の記銘）まで用意されている。カウンティングスパン課題は1集計条件（黒丸の集計作業が1回とその集計数の記銘）から7集計条件（黒丸の集計作業が7回と7個の集計数の記銘）まで用意されている。数字系列逆行再生課題では，2桁から7桁までの数字系列が用意されている。また，リスニングスパンにおける正誤判断課題とカウンティングスパンの集計課題の成績は，ワーキングメモリの処理成分の指標として記録される。

### 第4章 ワーキングメモリのアセスメント

| 課題名 | 言語的短期記憶<br>記銘項目の例 | 正答 |
|---|---|---|
| 数字系列再生 | 7, 1, 5 | "7, 1, 5" |
| 単語系列再生 | いぬ, あか, ふくろ | "いぬ, あか, ふくろ" |
| 非単語系列再生 | にぬ, らけ, けほい | "にぬ, らけ, けほい" |

| テスト名 | 視空間的短期記憶<br>記銘項目の例 | 正答 |
|---|---|---|
| 視覚パターン系列再生 | | |
| 迷路再生 | | |
| ブロック系列再生 | | |

| テスト名 | 言語性ワーキングメモリ<br>記銘項目の例 | 正答 |
|---|---|---|
| リスニングスパン<br>注)英語版ではターゲット語は最後尾の単語となる。 | バナナは<u>水</u>の中で育つ<br>お花はいい<u>香り</u>がする | "誤"<br>"正 … 水, 香り" |
| カウンティングスパン | | "4" |
| | | "7 … 4,7" |
| 数字系列逆行再生 | 9, 2, 5 | "5,2,9" |

| テスト名 | 視空間性ワーキングメモリ<br>記銘項目の例 | 正答 |
|---|---|---|
| Odd One Out<br>(異形選択) | | |
| ミスターエックス | | 同<br>異… |
| 視空間スパン | | 逆<br>異… |

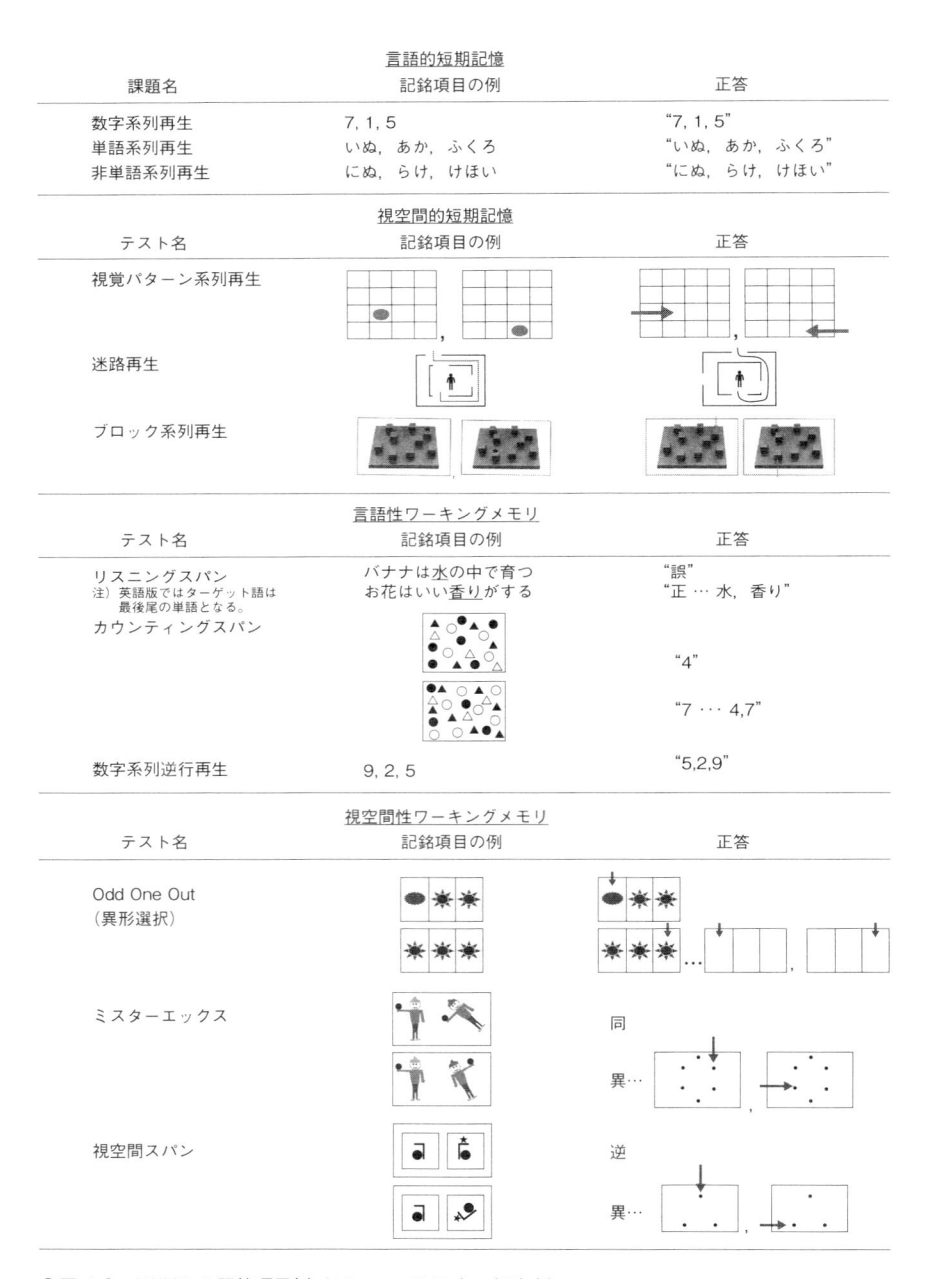

○図 4-2　AWMA の記銘項目例 (Alloway, 2007 を一部改変)

## （4）AWMA の視空間性ワーキングメモリ課題

　AWMA では，視空間性ワーキングメモリ課題として Odd One Out（異形選択）課題（Russell et al., 1996），ミスターエックス課題（Hamilton et al., 2003），視空間スパン課題（Jarvis & Gathercole, 2003）の3つが用意されている。Odd One Out 課題は，図4-2 に示されるような3つの図形の中から異なるものを1つ選び，その位置を記銘しておく課題である。1 Odd One Out 条件（1つの異形選択と1つの異形位置の記銘）から7 Odd One Out 条件（7つの異形選択と7つの異形位置の記銘）まで用意されている。ミスターエックス課題は，図4-2 に示される2名のボールを持っている手が左右同じかどうかを判断し，右側の人のボールを持つ位置の180度逆方向の位置を記銘しておく課題である。1 ミスターエックス条件（1つの判断課題と1つの位置記銘）から7 ミスターエックス条件（7つの判断課題と7つの位置記銘）まで用意されている。視空間スパン課題は，図4-2 に示される2つの図形が同方向か逆方向かを判断し，右側の図形の★の方向を記銘するという課題である。1 判断条件（1つの判断課題と1つの位置記銘）から7 判断条件（1つの判断課題と7つの位置記銘）まで用意されている。

## （5）AWMA の実施とアセスメント

　AWMA には上記の40分程度の検査時間を要する12課題実施版（long form）の他に，言語性ワーキングメモリと視空間性ワーキングメモリの中央実行系の2側面のスクリーニング用にリスニングスパン課題と視空間スパン課題のみを7分程度で実施する2課題実施版（screener）とワーキングメモリの4側面のスクリーニング用に言語的短期記憶を数字系列再生，言語性ワーキングメモリをリスニングスパン，視空間的短期記憶を視覚パターン再生，視空間性ワーキングメモリを視空間スパンの各課題のみを15分程度で実施する4課題実施版（short form）も用意されている。

　AWMA の実施後，標準得点（standard scores），合成得点（composite scores），パーセンタイル値（percentiles），得点グラフ，結果の解釈が自動的に出力される。図4-3 は，AWMA の12課題版で出力される標準得点，合成得点，パーセンタイル値，得点グラフの例である。

　各課題の粗点を対象となる子どもの年齢において平均値100，1標準偏差が15となるように変換した点数が標準得点である。標準得点が85〜115の間に入る子どもは68％，70〜85までは14％，70未満は2％となり，115〜130までは14％，130より上は2％となる。

## 第4章 ワーキングメモリのアセスメント

| 課題 | 標準得点 | パーセンタイル値 |
|---|---|---|
| 言語的短期記憶 | | |
| 　数字系列再生 | 91 | 32 |
| 　単語系列再生 | 101 | 56 |
| 　非単語系列再生 | 108 | 69 |
| 　合成得点 | 100 | 50 |
| 言語性ワーキングメモリ | | |
| 　リスニングスパン | 80 | 8 |
| 　カウンティングスパン | 64 | 3 |
| 　数字系列逆行再生 | 84 | 13 |
| 　合成得点 | 70 | 4 |
| 視空間的短期記憶 | | |
| 　視覚パターン再生 | 104 | 55 |
| 　迷路再生 | 92 | 21 |
| 　ブロック系列再生 | 89 | 22 |
| 　合成得点 | 94 | 31 |
| 視空間性ワーキングメモリ | | |
| 　Odd One Out | 79 | 6 |
| 　ミスターエックス | 68 | 2 |
| 　視空間スパン | 65 | 1 |
| 　合成得点 | 70 | 1 |

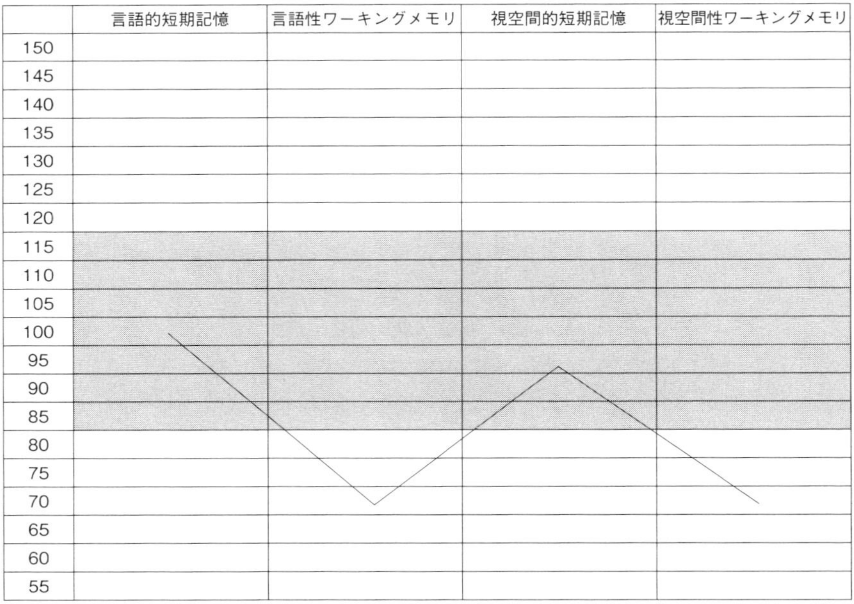

| | 言語的短期記憶 | 言語性ワーキングメモリ | 視空間的短期記憶 | 視空間性ワーキングメモリ |
|---|---|---|---|---|
| 150 | | | | |
| 145 | | | | |
| 140 | | | | |
| 135 | | | | |
| 130 | | | | |
| 125 | | | | |
| 120 | | | | |
| 115 | | | | |
| 110 | | | | |
| 105 | | | | |
| 100 | | | | |
| 95 | | | | |
| 90 | | | | |
| 85 | | | | |
| 80 | | | | |
| 75 | | | | |
| 70 | | | | |
| 65 | | | | |
| 60 | | | | |
| 55 | | | | |

◆図4-3　AWMAによる測定結果の出力例（Alloway, 2007を一部改変）
注）上段は標準得点とパーセンタイル値，下段はプロフィールグラフ

合成得点はワーキングメモリの4つの側面の各3課題の粗点を合計し，合計点を上記と同じように平均値100，1標準偏差が15となる標準得点に変換したものである。合成得点は，ワーキングメモリの4つの各側面において3つの下位課題すべてが実施された場合にのみ計算される。パーセンタイル値は，検査対象となった子どもが獲得した標準得点以下の同年齢の子どもの割合を示すものである。

得点グラフは，12課題版ではワーキングメモリの4側面ごとに合成得点を折れ線グラフにしたものであり，2課題版ではリスニングスパンと視空間スパン課題の標準得点，4課題版では数字系列再生，リスニングスパン，視覚パターン再生，視空間スパン課題の標準得点を折れ線グラフにしたものである。得点グラフによって，子どものワーキングメモリプロフィールが一目で概観できる。

結果の解釈では，対象となる子どものワーキングメモリプロフィールがどのように学習に影響を及ぼすのかについてのコメントが出力される。教師は，目的に応じてAWMAの2課題版，4課題版もしくは12課題版を実施することが可能である。特に，12課題版を実施することで子どもの詳細なワーキングメモリのプロフィールを知ることができ，それによって子どもの学習が困難な領域を予想することが可能となる。

AWMAは，現在第2版（AWMA-2: Working Memory Assessment Second Edition）の開発が進んでいる。AWMA-2は，ワーキングメモリの4側面おのおのに2課題を用意し合計8課題から構成され，Webを利用したオンラインでの実施，適用年齢幅の拡大，インタフェースの改良などが予定されている（Alloway, 2012）。

### (6) ワーキングメモリ評定尺度

WMTB-CやAWMAは，課題ベースにワーキングメモリのアセスメントを行なうものである。それに対して，教師が子どもの教室での行動ベースにワーキングメモリの問題の有無について容易に見つけることができるように開発された行動評定尺度が，ワーキングメモリ評定尺度（WMRS; Working Memory Rating Scale）であり，対象年齢は，5歳から11歳である（Alloway et al., 2008）。

WMRSは，"やり遂げる前にすぐにあきらめてしまう"，"すぐに注意が散漫する"といったワーキングメモリに問題を抱える子どもの行動上の特徴を示した20の項目から構成されており，教師は各項目に記述されている行動が対象となる子どもにどの程度みられるかを，まったくみられない（0点），たまにみられる（1点），ややみられる（2点），よくみられる（3点），の4段階で評価する。

第4章 ワーキングメモリのアセスメント

　教師は，WMRS の 20 の評定項目について，1 人の子どもにつき，5 分から 10 分程度の時間で評定を行なう。評定後，各評定項目の点数は合計され，変換表を用いて平均値 50，1 標準偏差 10 となる標準得点とパーセンタイル値に換算される。教師は，標準得点の換算表から対象となる子どものワーキングメモリの問題の有無について知ることができ，AWMA 実施の必要性について検討することができる。WMRS の標準得点が 60 以上の場合，ワーキングメモリに何らかの問題があり，70 以上の場合はワーキングメモリに大きな問題があることが予想される。WMRS は，ワーキングメモリに関連した問題だけに焦点をあてた尺度であり，AWMA と同様に心理検査などについての専門的な事前のトレーニングは必要としない。

　Alloway ら(2009)は，5 歳児から 11 歳児 417 名に WMRS と AWMA を実施し，確認的因子分析によって AWMA の言語性課題と視空間性課題に影響を及ぼす認知性ワーキングメモリ因子と WMRS に影響を及ぼす行動性ワーキングメモリ因子の 2 因子を抽出し，因子間に中程度の正の相関（.51）があることを報告している。この結果は，ワーキングメモリのスクリーニングツールとして WMRS を利用し，子どものワーキングメモリを行動レベルで評定することが有効であることを示している。

## 第 3 節
## ワーキングメモリと知能検査

### 1．ワーキングメモリと流動性知能

　知能が流動性知能（general fluid intelligence）と結晶性知能（general crystalized intelligence）という 2 つの能力から構成されるという知能の 2 因子説（Cattell & Horn, 1978）は，広く受け入れられている（大六，2008）。流動性知能は，新しい場面への適応が必要とされるときに発揮される能力であり，結晶性知能は過去の学習経験に基づく能力であり，流動性知能を基盤としている（大六，2008）。

　流動性知能とワーキングメモリのおのおのを測定していると考えられる複数の課題から因子分析によって流動性知能因子とワーキングメモリ因子を抽出した研究では，因子レベルで流動性知能とワーキングメモリの間に中程度以上の正の相関が報告されている（Ackerman et al., 2002; Conway, 2002; Engle et al., 1999; Kyllonen & Christal, 1990）。

ワーキングメモリスパン課題によってアセスメントされたワーキングメモリの個人差が知能検査などの他の認知課題と高い相関がみられる点は，ワーキングメモリの特徴の1つである（Engle et al., 1999）。例えば，ワーキングメモリが言語理解や推論といった高次の認知課題の遂行と関連していることが指摘されてきた（Kane & Engle, 2002）。また，子どもの日常生活で必須となる言語処理（Engle et al., 1991; Swanson, 1992）や数的処理（Logie et al., 1994）といったさまざまな高次認知課題の実行や学業成績（Swanson, 1994; Jarvis & Gathercole, 2003）においても，ワーキングメモリの個人差は大きな影響を及ぼす事があきらかになってきた（Gathercole & Pickering, 2000）。

## 2. ワーキングメモリとIQ

　知能検査によってアセスメントされる認知能力は標準化された得点である知能指数（IQ; intelligence quotient）として表わされ，学力や認知課題の遂行を予測する指数として利用されてきた。ワーキングメモリとIQの理論的な関連性については，大きく2つの見解がある。1つは，この2つは相互に高い関連性があり，同一の特性と機能を有するという考え方である（Colom et al., 2004; Stauffer et al., 1996）。もう1つは，ワーキングメモリとIQは異なる心理的特性と機能を有するという考え方である（Alloway et al., 2004, Conway et al., 2002）。

　Ackermanら（2005）は，ワーキングメモリと流動性知能に関する先行研究における86のサンプルについてメタ分析を実施し，ワーキングメモリと流動性知能が共有する分散は20％にすぎないことを示し，両者が異なる特性と機能をもつものであることを示唆している。Alloway & Alloway（2010）は，定型発達の98名の子どもたちに5歳と11歳の時点でワーキングメモリ，IQおよび学力テストを行ないワーキングメモリとIQのどちらが学力を予測するうえで有効であるのかについて検討した。その結果，5歳時点でアセスメントされたワーキングメモリは6年後の11歳の時点での学力を最もよく予測した。この研究では，就学前教育の長さや家庭の社会経済的な指標はIQや学力との相関がみられたが，ワーキングメモリとの相関はみられなかった。また，学習困難を抱える子どもにおいて，ワーキングメモリは領域固有の知識の有無にかかわらず学力を予測することも報告されている（Alloway, 2009）。

　Engelら（2008）は，年齢，性差，非言語的能力を統制して，社会経済的地位の異なる移民家庭の6，7歳児に言語的短期記憶課題（非単語系列再生，数字系列再生）と言語性ワーキングメモリ課題（カウンティングスパン，数字系列逆行

再生），および言語能力課題を実施した。その結果，社会経済的地位の高低によって言語的短期記憶課題と言語性ワーキングメモリ課題の得点に有意差はみられなかった。しかし，結晶性知能を反映している言語能力課題の成績は，社会経済的地位の低い家庭の子どもたちが，社会経済的地位が中程度以上の子どもたちよりも低かった。この結果は，ワーキングメモリは子どもの社会経済的な背景にも影響されない事を示唆するものである。

上述のように，ワーキングメモリはIQの高低にかかわらず学力を予測するものであり（Cowan & Alloway, 2009），子どもの潜在的学習能力に関する純粋な指標と考えられる。すなわち，ワーキングメモリは子どもの学習容量（learning capacity）を示すものであり，すでに学習したものをアセスメントしたものである学力やIQとは異なる特性をもつものである（Alloway et al., 2005; Alloway, 2009; Alloway & Alloway, 2010）。このような研究をふまえ，Alloway（2011）は，ワーキングメモリを学力に関連する主要な認知的スキルの基盤と考える学習のピラミッド（図4-4）を示している。

## 3. ワーキングメモリと知能検査

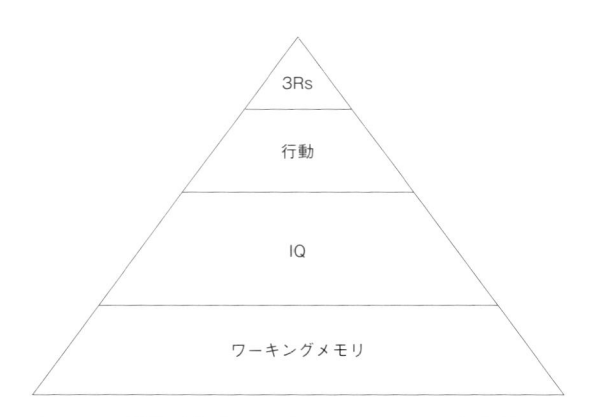

○図4-4　学習のピラミッド（Alloway, 2011を一部改変）
注）3Rs Read Write Arithmetic

ワーキングメモリの各構成要素が流動性知能や高次認知課題の遂行過程において不可欠な資源であり，学力に深く関係することから知能検査においてもワーキングメモリの下位検査が導入されてきた（Alloway, 2011）。

ウェクスラー児童用知能検査（WISC: Wechsler Intelligence Scale for Children）

は，児童用知能検査として世界で最も広く利用されている（Prifitera et al., 2008）。現在の最新版は第4版（WISC-Ⅳ）であり，2003年にアメリカで刊行され，日本版も2010年に刊行されている。WISC-Ⅳは，尺度の更新，新しい下位検査の追加などの大幅な改訂を盛り込んでいる。WISC-Ⅳの改訂における変更の一部は，ワーキングメモリのアセスメントを強化することであった（Wechsler, 2003）。

WISC-Ⅳでは，ワーキングメモリをアセスメントするため数唱（Digit Span），語音整列（Letter-Number Sequencing），補助検査として算数（Arithmetic）という3つの下位検査が設定され，これらの下位検査の合成得点によるワーキングメモリ指標（Working Memory Index）という独立した指標が設定された。ワーキングメモリ指標は，全検査IQ（Full Scale IQ）を構成する4つの指標の1つとして位置づけられている。他の指標は，言語理解指標（Verbal Comprehension Index），知覚推理指標（Perceptual Reasoning Index），処理速度指標（Processing Speed Index）の3つである。

本邦では，WISC-Ⅳとは理論的背景が異なるもののDN-CAS認知評価システム（Das-Naglieri Cognitive Assessment System）やK-ABCアセスメントバッテリー（Japanese Kaufman Assessment Battery for Children）といった幼児・児童用知能検査も利用されている（藤田，2011; 前川，2007）。例えば日本版K-ABC-Ⅱでは，継次尺度において言語的短期記憶課題と同等の課題である「数唱課題」および「語の配列課題」が下位検査として含まれ，視空間的短期記憶課題と同等の課題である「手の動作課題」も下位検査として含まれている（藤田他，2011）。

## 第4節　知能検査によるワーキングメモリのアセスメントおよびその限界と活用の可能性

### 1. 知能検査によるワーキングメモリのアセスメント

WISC-Ⅳのワーキングメモリ指標を構成する数唱課題は，順唱課題（数字系列再生；2桁―9桁）と逆唱課題（数字系列逆行再生；2桁―8桁）の2課題から構成される。語音整列課題（3桁―10桁）とは，"2う5あ"といった数字とひらがなの交じった系列を，数字を昇順にひらがなをあいうえお順に再生させる課

題である。"2う5あ"という問題の場合，正答は"25あう"となる（Wechsler, 2003）。

　数字系列再生では，各桁2つの数字系列が問題として用意されており，正答の場合1点，誤答や無回答の場合0点となり，各桁の最高点は2点である。数字系列再生課題では，2桁から9桁まで8段階の難易度が設定されているため，この課題の最高点は16点となる。数字系列逆行再生では，2桁のみ練習課題を用意しており最高点が4点となり，2桁から8桁まで7段階の難易度が設定されているため，この課題の最高点は練習課題も含め16点となる。したがって，数唱課題の最高点は，32点となる。また，数字系列再生における最長桁を数字系列最長スパン（最高点9点）として，数字系列逆行再生における最長桁を数字系列逆行最長スパン（最高点8点）として得点化される（Wechsler, 2003）。

　語音整列課題では，各桁3系列が用意されており，各桁の最高点は3点となる。この課題は，5歳〜7歳の子どものみに実施する確認問題，練習問題，3桁から10桁の8段階の難易度で構成されており，最高点は30点となる。数唱課題と語音整列課題の点数から換算表を用いて各課題の評価点の合計を算出し，合成得点に換算してワーキングメモリ指標値を算出する（Wechsler, 2003）。

　AWMAでは各スパンにおいて6試行中4試行正しく再生できた場合該当スパンをクリアしたとされる（Alloway, 2007）のに対し，WISC-Ⅳのワーキングメモリインデックスの数字系列再生，数字系列逆行再生課題では，各スパンにおいて2試行中1試行正しく再生できた場合，該当スパンをクリアしたとされる。また，語音整列課題では，3試行中1試行正しく再生できた場合，該当スパンをクリアしたとされる（Wechsler, 2003）。

## 2．WISC-Ⅳによるワーキングメモリのアセスメントの限界と活用

　Allowayら（2008）は，リスニングスパンと数字系列逆行再生の2つのAWMA下位テストで下位10％以下の9歳児28名のワーキングメモリ下位群と平均的な得点であったワーキングメモリ中位群9歳児37名にWISC-Ⅳの数唱課題と語音整列課題を実施した結果，数唱課題ではワーキングメモリ下位群と中位群間で平均値に有意差があったものの，語音整列課題では両群間に有意差はなかった。この結果は，WISC-Ⅳの数唱課題が子どものワーキングメモリのスクリーニングに効果的であることを示唆する結果である。

　WISC-Ⅳの数唱課題によるワーキングメモリのスクリーニングにおいては留意しておかなければならない点もある。AWMAでは，WISC-Ⅳの数唱課題に相

## 第4節　知能検査によるワーキングメモリのアセスメントおよびその限界と活用の可能性

当する数字系列再生課題は言語的短期記憶の下位テストとして，数字系列逆行再生課題は言語性ワーキングメモリの下位テストとして用いられている。数字系列逆行再生課題は，記銘した数字系列を逆順にするという心的操作が加わるため，数字系列再生課題よりワーキングメモリの指標として優れている（Alloway et al., 2008）。一方，WISC-Ⅳのワーキングメモリ指標では，数字系列再生課題の得点もワーキングメモリの指標として導入されている。数字系列再生課題によって測定された短期記憶スパンは，数字系列逆行再生課題によって計測されたワーキングメモリよりも学力や高次認知課題の遂行との関連が少ないといわれる（Alloway & Alloway, 2010; Daneman & Merikle, 1996; Gathercole & Alloway, 2006）。数字系列再生課題においても記銘項目の処理に必要不可欠な言語記銘項目の登録が必要で，課題の桁数が長くなればなるほど記憶痕跡保持のために，リハーサルやチャンキングといった記銘項目の処理も関与することから，WISC-Ⅳでは数字系列再生課題も情報の処理を含むワーキングメモリ指標の下位検査として有効なことが指摘されている（Wechsler, 2003）。しかし，能力の高い子どもにおいては課題の桁数が短ければ遂行にあたってのワーキングメモリの負担は少なくなると考えられ，各児童が課題のどの時点で実質的に記銘項目の登録のための処理が必要となるかは年齢や能力レベルによって異なる（Wechsler, 2003）。WISC-Ⅳでは，ワーキングメモリ指標にこのように数唱課題の粗点が評価点にそのまま反映されており，言語的短期記憶の側面と言語性ワーキングメモリの側面が混合されてワーキングメモリ指標として利用される点に留意する必要がある。

　WISC-Ⅳのワーキングメモリ指標を構成する下位検査では補助検査として，算数課題が用意されている。言語性ワーキングメモリは小学校低学年の子どもの算数の成績と関連することが指摘されている（Alloway & Passolunghi, 2011; Bull & Scerif, 2001; Gersten, et al., 2005）。一方，年齢が上がるにつれて数的知識や解決方略といった長期記憶の影響をより大きく受けることも指摘されている（Reuhkala, 2001; Thevenot & Oakhill, 2005）。したがって，学齢相応の計算スキルを身につけていない児童や，算数で主要な障害のある児童では，「算数」で正確なワーキングメモリを測定することができない可能性がある点についても留意しなければならない（Wechsler, 2003）。

　WISC-Ⅳにおけるワーキングメモリ指標を構成する3つの下位検査はどれも言語性ワーキングメモリのみを扱っており，視空間性ワーキングメモリの側面は測定されていない。WISC-Ⅳの基本データを基に，さらに具体的指導につながる認知機能を明らかにするために，WISC-Ⅳインテグレーテッド（統合版）と

いう別バージョンが存在する(日本版は未刊行)。このWISC-Ⅳインテグレーテッド版には，視空間的短期記憶課題として同順序空間スパン課題と視空間性ワーキングメモリ課題として逆順序空間スパン課題が用意されている（Miller & Hale, 2008）。このような検査を利用して，児童の視空間性ワーキングメモリ成分に関する情報を得る必要がある。

　ワーキングメモリの構成要素として追加されたエピソディック・バッファ（Baddeley, 2000, 2007）も子どもの学習に影響を及ぼす事が指摘されている（Alloway et al, 2004; Alloway & Gathercole, 2005）。しかし，AWMAにおいてもWISC-Ⅳにおいても，ワーキングメモリのエピソディック・バッファのアセスメントを十分に行なうことできない点についても留意が必要である。

## 第Ⅱ部

# 教育・支援 編

　教育・支援をテーマとします。まず，第5章では，ワーキングメモリと学習や発達障害との関連を示します。第6章・第7章で，具体的な教科として国語と算数に絞り，ワーキングメモリが学習のいかなる段階で関与しているのか，その実態を明らかにします。具体的な支援として，第8章では個別支援の実際を，第9章では，学校の教育場面の取組を紹介します。

# 第5章 学習を支える ワーキングメモリ

## 第1節 はじめに

　ワーキングメモリは，思考と行動の制御にかかわる実行機能（executive functions）と密接にかかわるものであり，認知活動の遂行に必要となる情報を，一時的に処理・保持するといった「心の作業場」の役割を担う。ワーキングメモリ研究は，記憶研究の1つとして発展し，これまで膨大な数の基礎実験や脳科学的アプローチの成果に基づいてワーキングメモリモデルを精緻化してきた（Baddeley, 2007; 苧阪, 2008）。そして，今，ワーキングメモリ研究は，教育現場へとフィールドを広げつつある。

　ワーキングメモリは，学習を支える認知機能であり，さまざまな学習上の遅れや躓きを説明できるだけでなく，知的障害や発達障害を抱える子どもがいかなる学習上のリスクを抱えているのかといった点を示すことができる。つまり，こと学習に関しては，多様な認知的特性や発達的特性をもつ子どもについて，ワーキングメモリ理論を用いることで，共通のフレームから理解することができる。

　本章は，Baddeley & Hitch（1974）が提唱したワーキングメモリモデルをベースに，子どもの認知的特性と支援の可能性を示すことを目的とする。そこで，まず，第2節でワーキングメモリの概念を説明する。次に，第3節で，ワーキングメモリがいかに学習と密接にかかわっているかといった点を概観した後，知的障害や発達障害を抱える子どもがどのような学習上のリスクを抱えているのかといった点を示す。最後に，ワーキングメモリの小さい子どもに対する学習上の支援のあり方について考察する。

第5章 学習を支えるワーキングメモリ

## 第2節
## Baddeley & Hitch（1974）のワーキングメモリモデル

　現在，教育領域におけるワーキングメモリ研究の多くは，モデルとしての頑健さとモデルが想定している認知領域について，アセスメントが可能である点などから，Baddeley & Hitch（1974）が提唱したワーキングメモリモデルを採用している。

　ワーキングメモリの認知システムは，図5-1のように概念化されている。そのモデルでは，中央実行系と，その従属システムである音韻ループ，視空間スケッチパッドを想定している。中央実行系は，音韻ループと視空間スケッチパッドの働きを管理し，ワーキングメモリ内の活動の流れを統制し，情報を更新する。一方，視空間スケッチパッドと音韻ループは，視空間的な情報と言語的・音韻的な情報をそれぞれ保持するシステムである。音韻ループについては，さらに音韻ストアと構音コントロール過程が想定されている。音声情報は音韻ストアに直接保持されるが，音声化可能な視覚情報（猫の絵など）が音韻ストア内で保持されるためには，構音コントロール過程上で音声化される必要がある。音韻ストア内の音韻表象はすぐに減衰するが，構音コントロール過程上で内的なリハーサル（頭のなかでくり返し言葉を唱えること）が行われることで，音韻表象はリフレッシュ（再鮮化）される（Baddeley, 1986）。

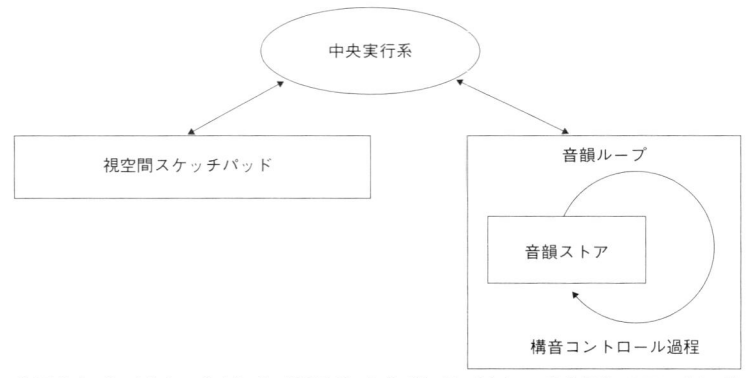

◐図5-1　Baddeley & Hitch（1974）ならびにBaddeley（1986）のワーキングメモリモデル

その後，ワーキングメモリのモデルには，エピソード・バッファが付け加えられ（Baddeley, 2000, 2007），4つの構成要素からなるモデルが定着しつつある。エピソード・バッファは，視空間的情報と言語的・音韻的情報を統合した情報や，外部からの情報と長期記憶の知識とを統合した情報などを一時的に保持するとされるが，詳細については解明の途中にある（第1章参照）。

現在，子どものワーキングメモリの測定については，Baddeley & Hitch のモデルに基づいたアセスメントが用いられている。子どもを対象に標準化された課題に，Working Memory Test Battery for Children（WMTB-C; Pickering & Gathercole, 2001），Automated Working Memory Assessment（AWMA; Alloway, 2007），Children's test of Nonword Repetition（CNRep; Gathercole & Baddeley, 1996）などがある（第4章参照）。そのなかで，例えば，AWMA は，図5-1のモデル内の各構成要素ならびに構成要素間の働きのうち言語的短期記憶（short-term memory: SM）（音韻ループ），視空間的短期記憶（視空間スケッチパッド），言語性ワーキングメモリ（音韻ループ・中央実行系），ならびに視空間性ワーキングメモリ（視空間スケッチパッド・中央実行系）といった4つの側面からワーキングメモリを測定する。

## 第3節 ワーキングメモリと学習

第1章にあるように，ワーキングメモリは，実行機能のうち更新にかかわっており，学習を支える重要な働きを担っていることが明らかとなっている。実際，多くの研究が，ワーキングメモリがすべての学齢期において，主要教科の学習成績と密接に関連していることを示している。

たとえば，Alloway et al.（2009b）は，ワーキングメモリと学習成績との関連を明らかにするために，5歳〜11歳の子ども3,189名に対して言語性ワーキングメモリのスクリーニングテストを実施した。そして，得点が10パーセンタイル以下の子ども308名を対象に，視空間性ワーキングメモリ，知能（IQ），語彙量，読みや算数の学力，授業中の態度などを加えて調べた。その結果，これらの子どもは，視空間性ワーキングメモリの得点も低く，読みや算数の学力も全般に低かった。また，IQ や語彙量の影響を統計的に統制しても，ワーキングメモリの得点は，読みや算数の学力の個人差を説明した。さらに，これらの子どもは，「注意散漫で，気が散りやすい」と担任の教師から見なされており，ワーキングメモリの小ささは，

第5章 学習を支えるワーキングメモリ

学習成績だけではなく，実際の学習態度にも現れていた。

また，Gathercole et al.（2004）は，イギリスで7歳および14歳時に行われる全国統一テストでの国語，算数（数学），理科の学習到達度と，ワーキングメモリとの関連を調べた。その結果，7歳で，国語と算数の学習到達度が低い児童は，言語性ワーキングメモリの得点が特に低かった。また14歳で，国語の学習到達度とワーキングメモリには強い関連はなかったが，数学と理科の学習到達度が低い児童は，言語性ワーキングメモリの得点が特に低かった。このことは，ワーキングメモリと学習成績との関連が中学校期にも及んでいることを示すものである。

上記2つの研究においては，ワーキングメモリと学習成績との関連は同一時期に限定されるが，さらに，ワーキングメモリは，後の学業成績に対して因果的な影響を及ぼすことも示されている。Gathercole & Alloway（2008/2009）は，小学校入学以前の4歳児の時点で測定した言語的短期記憶と言語性ワーキングメモリ得点が約30か月後の6～7歳児時点で行われた全国統一テストの成績を予測するか否かを検討した。図5-2は，小学校入学時のワーキングメモリの成績を，下位・平均・上位グループに分け，グループごとの読み・書き・算数の平均得点を縦軸に示したものである。結果，アセスメント実施から30か月後の下位のグループと上位グループとの成績は，約20ポイント近く開くなど，ワーキングメモリが，学業成績に因果的な影響を及ぼすことが明らかとなっている。

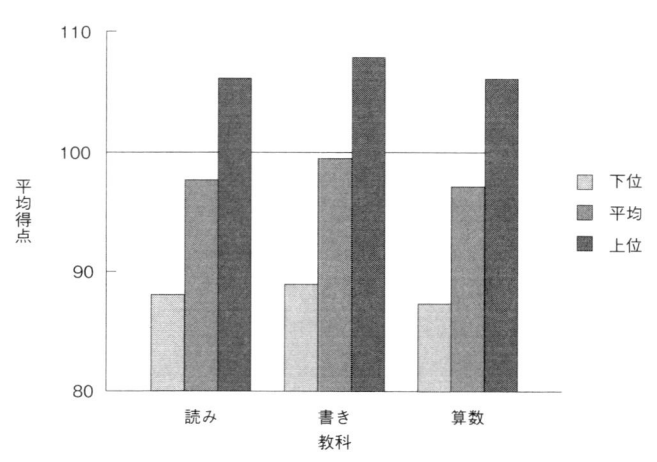

○図5-2 30か月後の6，7歳時点での学習到達度別に示した4歳児の言語的短期記憶・言語性ワーキングメモリ得点（Gathercole & Alloway, 2008/2009）

以上の研究が示唆するように，ワーキングメモリは，その子どもの学習成績と密接に関連している。しばしば，ワーキングメモリと知能が同義的に語られる場合があるが，ワーキングメモリは，知能以上に，将来の学習成績を予測することが示されている（Alloway, 2011; Alloway & Alloway, 2010）。Alloway & Alloway（2010）は，5歳時点のワーキングメモリと知能が6年後（11歳時）の読みと数学の成績をどのように予測するかを調べた。その結果，5歳時点のワーキングメモリの得点が6年後の読みと数学の成績を最もよく予測することが示され，知能がそれらの成績を独自に説明する分散の割合は，ワーキングメモリのそれよりも小さかった。つまり，ワーキングメモリは，学習成績と独自に関連した認知スキルを表していると考えられる。

定型発達の子どもたちに限らず，知的障害や発達障害のある人々の行動や学習面での特徴もまた，個人のワーキングメモリの特徴を反映している場合も多い。そこで，第4節・5節では，ワーキングメモリの問題が指摘されている各種の障害に焦点をあてる。

# 第4節
## 知的障害

### 1．ダウン症

ダウン症は，21番染色体の異常により発症する。多くは，21染色体が1本余分に存在し3本（トリソミー症）もつことによって発症する。身長，体重は，定型発達児に比べて小さく，心臓疾患や聴覚障害を有す場合が多い。運動の発達も歩行開始が2歳程度と遅れる。認知面においては，軽度の知的障害を有する（Mervis & Robinson, 2000; 塩野・門脇, 1978）。

ワーキングメモリにおいては，特に，言語的短期的記憶に問題があり（Jarrold & Baddeley, 1997, 2007; Jarrold et al., 2000, 2006; Kanno & Ikeda, 2002），そのことが彼らの一般的な言語能力の遅れを引き起こしているとされる（Gathercole & Alloway, 2006）。

Jarrold & Baddeley（1997）は，ダウン症のある子ども（平均年齢約13歳），言語能力をマッチングさせた中程度の学習障害のある子ども（平均年齢約8歳），そして，定型発達の子ども（平均年齢約5歳）の3つのグループを対象に言語的短期記憶課題（digit span）ならびに視空間的短期記憶課題（Corsi recall）を行っ

#### 第5章 学習を支えるワーキングメモリ

た。その結果，視空間的短期記憶の課題成績にグループ間の違いはないものの，言語的短期記憶課題においては，ダウン症のある子どものグループが他の2つのグループに比べて成績が著しく低いことを見いだした。つまり，視空間性の情報の保持については，精神発達年齢に相応の能力を示すものの，音韻的な情報の保持については，問題を有しているとされる。この言語的短期記憶の問題は，さらに音韻ループの枠組から詳細に検討することができる。

　構音コントロール過程で行われるサブボーカル（発声を伴わない内的な）リハーサルは，構音プロセスを反映しているとされる。定型発達の子どもと成人を対象とした研究では，構音速度と短期記憶課題成績に正の相関がみられている（たとえば，Hulme et al., 1984）。構音コントロール過程上でリハーサルが迅速に行われることにより，音韻表象は音韻ループ内により長く，正確に保持されるが，ダウン症のある子どもはここに躓いているという指摘がある。実際，ダウン症のある子どもが，言語的短期記憶課題においてサブボーカルリハーサルを行うようにトレーニングを受けた場合，言語的短期記憶課題の成績は向上したことから（たとえば，Laws et al., 1996），ダウン症のある子どもが構音コントロールに問題があることが傍証されている。ただし，その向上は0.5～1項目程度にとどまり，トレーニングの効果は大きくない。加えて，構音速度に着目した研究も，ダウン症のある子どもが構音コントロール過程でのリハーサルに問題を抱えているといった考えを積極的には支持しない。構音速度について，ダウン症のある子どもと言語能力をマッチングさせた中程度の学習障害のある子どもを比較した研究（Jarrold et al., 2000）と，ダウン症のある子どもと言語能力をマッチングさせた定型発達児を比較した研究（Kanno & Ikeda, 2002）は，ともに両グループに概して差がないことを報告している。

　しかし，これらは，リハーサルの指標とされる語長効果が，ダウン症のある子どもを対象としたスパン課題で確認されている結果（Kanno & Ikeda, 2002）とも矛盾する。語長効果とは，長い語の方が短い語よりも系列再生課題の記憶成績が悪い，あるいは記憶スパン（範囲）が短いという現象である。一定の時間的制約のもとで保持すべき情報を提示順通りに再生することを求める言語的短期記憶課題において，提示された言語情報を系列的にくり返すというリハーサル方略を用いた場合，保持するよう求められた長い単語は短い単語に比べ構音に時間がかかり，リハーサルがされにくい。それにより，語長効果が生じるとされる（たとえば，Baddeley, 1986）。

　これらの矛盾をうまく説明するのが，Seung & Chapman (2000) の研究である。

Seung & Chapman は，ダウン症のある子どもの場合，構音速度に遅れはないものの，単語が再生されるまでの時間ならびに次の単語が再生されるまでにかかる時間が長いことを指摘した。長い語は短い語に比べ出力にかかる時間もおのずと長くなり，再生が不利となる。したがって，語長効果はこのプロセスを反映した可能性がある。つまり，ダウン症のある子どもにおける構音コントロール過程上の問題は，リハーサルよりも，むしろ構音出力時のプランニングにあるといえる。

　音韻ループのもう1つの構成要素である音韻ストアに着目した研究は，ダウン症のある子どもが，音韻ストアで一度に保持できる情報の量自体が少ないことを指摘している。Jarrold et al.(2000)は，ダウン症のある子どもに単語のリスト(複数の単語の系列)を覚える言語的短期記憶課題を実施したところ，リストの提示位置の最初の単語の再生成績が，それよりも後に提示された単語に比べ低いことを見いだしている。たとえば，複数の単語が提示された場合，最後に提示された単語は音韻ストアに保持できるが，その容量は小さいために，最初に提示された単語は音韻ストアに保持しきれずに減衰してしまったと解釈でき，ダウン症のある子どもの言語的短期記憶の問題のもう1つは，音韻ストアの容量の小ささであることが示唆される。

　ダウン症のある個人と言語的短期記憶との関連は，多くの研究が指摘するところであるが，近年，Lanfranchi et al.(2012)は，ダウン症のある人々が言語的短期記憶に加え，記憶と処理の両者の役割を担う言語性・視空間性ワーキングメモリにも問題を抱えていることを指摘した。彼らは，記憶のみを求める短期記憶課題に加え，記憶と処理を同時に求める二重課題(ワーキングメモリ課題)を実施した。また，モダリティの効果を明らかにするために，実験材料を言語情報と視空間情報に加え，言語情報／視空間情報の両者を含んだ課題を実施した。結果，短期記憶課題は，これまでの研究と一致して，視空間情報課題の場合は，言語能力をマッチングさせた標準グループとの間に差は認められなかった。しかし，二重課題においては，すべての課題において違いが認められた。両グループの違いが，視覚情報を中心とした二重課題にもみられたことから，その結果に言語的短期記憶が起因しているとは考えにくい。したがって，ダウン症のある人々は言語的短期記憶に加えて，中央実行系においても何らかの問題を抱えていることが示唆される。

## 2. ウィリアムズ症候群

　ウィリアムズ症候群は，7番染色体異常により引き起こされる。多くの場合心臓疾患を抱え，聴覚過敏や，高カルシウム症などの症状がみられ，認知面においては，軽度の知的障害を有する（Mervis & Robinson, 2000; 中西・大澤, 2010）。特に，視覚性のパターンの認識（たとえば，Cornish et al., 2006）など視覚性領域の認知に問題があると指摘される一方，高い言語能力をもっており，言語についての語用や語彙量は優れているとされる（たとえば，Mervis & Robinson, 2000; Mervis et al., 2000;）。

　ウィリアムズ症候群の子どもの場合，ダウン症のある子どもでみられる言語的短期記憶における問題は，全体的に認められない。たとえば，Laing et al.（2001）は，9歳から27歳にわたる広い年齢層のウィリアムズ症候群のグループと，年齢ならびに読み能力をマッチングさせた定型発達の子どもを比較した結果，言語的短期記憶課題（CNRep）の成績にグループ間の差を見いだすことはできなかった。また，Mervis et al.（2000）は，別の言語的短期記憶課題（digit span）においても，104人のウィリアムズ症候群のうち，73％が標準の範囲におさまること，加えて，backward digit span（数の逆唱課題）といったような言語性ワーキングメモリにおいては，86人のウィリアムズ症候群のうち，89％が標準の範囲にとどまることを示している。ウィリアムズ症候群の子どもが文法をマスターする上で，これらの言語領域の短期記憶・ワーキングメモリに依存した方略を用いていることが示されている。Robinson et al.（2003）は，4歳から16歳までのウィリアムズ症候群のグループと，文法能力をコントロールしたグループ（6歳）を対象に，言語的短期記憶課題（数の順唱課題；forward digit span），言語性ワーキングメモリ課題（数の逆唱課題；backward digit span），文法能力測定課題，語彙課題，および知能を測定した。その結果，ウィリアムズ症候群のグループのみ言語性ワーキングメモリ課題と文法能力に強い相関がみられた。このことは，ウィリアムズ症候群の子どもが定型発達の子どもに比べ，文法を獲得する上で，言語性ワーキングメモリに依存した方略を用いている可能性を示唆するものである。

　一方，視空間性の記憶課題を用いた研究は，ウィリアムズ症候群に特異的なワーキングメモリの認知的特徴を示している。Wang & Bellugi（1994）は，視空間的短期記憶課題（Corsi recall）における成績について，成人のウィリアムズ症候群と年齢ならびにIQをマッチングさせたダウン症者の成績と比較を行った。

その結果，ウィリアムズ症候群のグループは，他の2グループよりも同課題の成績が低かった。したがって，ウィリアムズ症候群のワーキングメモリに関する認知的な問題は，現在のところ視空間的短期記憶にあるとされる。しかし，ウィリアムズ症候群のワーキングメモリにおける認知的特徴については，詳細に検討されておらず，彼らの視空間性ワーキングメモリのうち，視覚性（色の認識に基づいたスパン課題）よりも空間性（Corsi様課題：位置の認識に基づいたスパン課題）の側面が弱いことが示唆される（Vicari et al., 2006）にとどまる。今後の研究の蓄積が待たれる。

## 第5節
## 発達障害

### 1．特異性言語障害

特異性言語障害（Specific Language Impairment：SLI）は，認知的な障害，感覚的障害，神経心理学的障害がないものの，言語領域における学習の遅延もしくは障害がみられることが特徴である。

SLIのある子どもは，視空間的短期記憶について年齢相応の能力を有しているが（たとえば，Archibald & Gathercole, 2006a），言語的短期記憶ならびにワーキングメモリ全般に問題がみられるとされる（たとえば，Archibald & Gathercole, 2007; Gathercole, 2006; Munson et al., 2005; Montgomery, 1995）。特に，言語的短期記憶については，非単語反復課題を中心として多くの研究蓄積がある。Gathercole (2006) は，SLIのある子どもから得られた研究成果をふまえながら，非単語反復にかかる具体的な処理を提示し（図5-3参照），各段階におけるSLIのある子どもの問題点を概説している。

まず，聴覚器官において音響情報が受容される（聴覚処理）。その情報は，個人の音韻意識に基づいて音韻構造が同定され（音韻分析），その後，音韻ストア内で音韻表象が保持され（音韻貯蔵），構音的なプランニングを経て出力される。SLIのある子どもは，いくつかの処理に特徴がみられる。SLIのある子どもは，高さの異なる2つの音を提示された場合，いずれの音が高いかを正しく聞き分けることが難しく（Tallal & Piercy, 1973），音韻情報の変化を詳細にとらえ知覚しにくい。このことは，聴覚処理の段階における音韻表象に問題があることを示唆する。また，言語領域の学習が遅い子どもの共通の特徴（たとえば，Snowling,

1981）と同様に，SLI のある子どもは音韻情報の長さに大きな影響を受けている（たとえば，Gathercole & Baddeley, 1990）。たとえば，SLI のある子どもは，ダウン症児と同様，非単語反復課題において，長い非単語の反復成績が顕著に低くなる。そうした情報が，彼らの音韻貯蔵の容量を超えてしまうからであると考えられる。また，構音的なプランニングおよび出力に関しても特徴がみられる。Archibald & Gathercole（2006c）は，2 つのタイプの非単語反復課題（CNRep, NRT）を，SLI のある子どもならびに，年齢および言語能力をコントロールしたグループに実施した。その結果，半数の非単語が子音結合（consonant cluster; たとえば，bl, st）を含む CNRep において，SLI のある子どもの成績は，他の 2 つのコントロールグループに比べ低かったが，NRT において，グループ間の違いを見いだすことができなかった。両タイプの非単語の課題成績を比較した項目分析も同様の結果を示しており，SLI のある子どもが，複雑な構音にかかわるシステムに問題を抱えていることが指摘された。

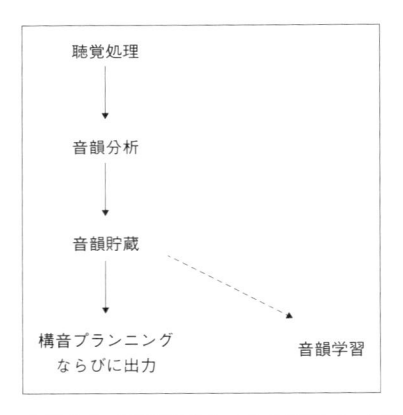

**◯図 5-3　非単語反復にかかる処理プロセス**
(Gathercole, 2006)

以上のように，SLI のある子どもは，音韻情報が提示され，出力にいたるまでの複数の段階において問題を抱えていることが示唆されているが，彼らの問題は言語的短期記憶に限らない。

SLI のある子どもは処理と保持を必要とするワーキングメモリ課題のうち，言語領域のワーキングメモリに問題があるものの（たとえば，Archibald & Gathercole, 2006a; Montgomery, 2002），視空間的な領域の処理と保持においては，年齢相応の能力を有している（Archibald & Gathercole, 2006b）。そこで，

Archibald & Gathercole（2007）は，SLI のある子どもに認められる言語性のワーキングメモリの問題がどの処理を反映しているのかといった点を系統的に明らかにするために，言語領域ならびに視空間領域において処理スキルのみ，保持スキルのみ，処理・保持の両スキルを測定する課題を用い，それらを個別に測定した。主な議論点は，その困難さが，領域一般的な問題，領域固有的な問題のいずれによるものかであった。その結果，処理スキルを測定する課題において，領域にかかわらず，SLI のある子どもは同年齢の子どもに比べ成績が低く，処理速度も遅かった。保持スキルについては，音韻的な課題においてエラーパターンの違いは認められたものの，言語的・視空間的領域において課題成績にグループ差は認められなかった。そして，処理スキルと貯蔵スキルを要する 4 つのタイプの認知課題を比較したところ（処理スキル・貯蔵スキル：言語性・言語性，言語性・視空間性，視空間性・言語性，視空間性・視空間性），処理スキルの種類にかかわらず，貯蔵スキルが言語領域の場合（言語性・言語性，視空間性・言語性），SLI のある子どもは同年齢の子どもに比べ成績が低かった。これらの複雑な認知課題の成績パターンは，たんに，保持スキルの問題を反映していたとは言えない。なぜなら，同一の研究パラダイムで用いた単独の保持スキルにおいては，両グループに差は認められていないからである。一般的な処理の遅れは，ただちに短期記憶内の表象の質に影響するため，言語的短期記憶に問題を有する SLI のある子どもが，一般的な処理の遅れによって劣化した音韻表象の質に特に影響を受けると考えられる。このように，SLI のある子どもが示す言語障害は，領域一般的な処理の問題と領域固有の保持の問題の 2 つの側面から引き起こされていると考えることができる。

## 2．注意欠如・多動性障害

注意欠如・多動性障害（Attentinal Deficit with Hyperactivity Disorder：ADHD）は，不注意および多動―衝動的行動が顕著であり，DSM-Ⅳ-TR（American Psychiatric Association, 2000）によると，学齢期における有病率は 3 ～ 7％とされる。多動性ならびに注意欠如性に関する 2 つの診断基準を提示し，どちらか一方が優勢な場合，あるいは両タイプが優勢な場合によってサブタイプに分類される。多くの ADHD のある個人には，欲求不満耐性の低さや気持ちの浮き沈みがみられ，そして，学習の遅れといった問題を抱えている（American Psychiatric Association, 2000）。ワーキングメモリの小さい子どもと ADHD のある子どもは，いくつかの点で共通の行動特徴を有する。

## 第5章 学習を支えるワーキングメモリ

　Gathercoleの研究グループ（Gathercole & Alloway, 2008/2009; Gathercole et al., 2006）は，ワーキングメモリに問題を抱えている子ども（ワーキングメモリ課題の標準得点が2以上小さいが，他の発達障害の診断を受けていない）を対象とした観察研究を行い，彼らの行動特徴を明らかにした。その結果，子どもたちは教師主導型のクラス活動において注意を持続させることが難しく，教師の指示を忘れやすいこと，特に，ワーキングメモリに負荷のかかる課題（情報の処理と保持を同時に要する）では注意散漫となりやすく，課題を最後までやり遂げたり，正確に行うことは難しいこと，などを見出した。これらの特徴は，実験状況下でも追認されており（Gathercole et al., (2008)，ワーキングメモリの小さい子どもが，ADHDのある子どもと同様，注意の問題を抱えていることが示されている。
　一方，ワーキングメモリの問題を評定する教師用チェックリスト（WMRS: Working Memory Rating Scale）（Alloway et al., 2008）を用いた研究は，ADHDのある子どもがワーキングメモリの小さい子どもと同様の行動特徴を示すことを明らかにしている（Alloway et al., 2009a）。Barkley (1997) は，ADHDのハイブリッドモデルにおいて，抑制と同時にワーキングメモリの重要性を示している。しかしながら，同モデルでは，ADHDの中核的な問題は抑制であり，この抑制が，ワーキングメモリをはじめとする他の認知機能の問題に影響していることを指摘している。ADHDとワーキングメモリのそれぞれに問題を抱える子どもの行動特徴は類似しているが，実際のところ，ADHDの研究においては，ワーキングメモリの問題が明確に示されているわけではない（Gathercole & Alloway, 2006; Roodenrys, 2006）。
　たとえば，言語的短期記憶課や視空間的短期記憶課題においてADHDのある子どもの課題成績は標準レベルであり（たとえば，Benezra & Douglas, 1988; Cohen et al., 2000），言語性ワーキングメモリならびに視空性ワーキングメモリに関しても同様であった。言語性ワーキングメモリ課題（listening recall）において，ADHDのある子どもの成績が同年齢の定型発達児と比べて低かったが，IQを統計的に統制した場合，その差は認められなくなった（Faraone et al., 1993）。また，注意障害があり，かつ読みに困難がある子どもは，言語性ワーキングメモリに問題があることが示されているが（Roodenrys et al., 2001），これは，注意よりも読みの困難性を伴っている可能性がある（Gathercole & Alloway, 2006）。視空性ワーキングメモリ課題においても同様にADHDのある子どもと同年齢の定型発達児と比べて差がみられるが，IQを統計的に統制した場合，その差は認められない（Kunsti et al., 2001）。つまり，ADHDのある子どもが言語

性ならびに視空性ワーキングメモリ課題において問題を有していることを示すデータは，そこにみられるワーキングメモリの問題が，ADHDの独自の特徴というよりはむしろ，ADHDのある子どもが，ワーキングメモリの問題を併存的に抱えている実際を反映している可能性がある。そして，両者の問題を抱える子どもが相当数存在することを示唆する。

ただし，ADHDのある子どもとワーキングメモリの小さい子どもが示した共通の行動特徴（Alloway et al., 2009a）には，背景が異なる可能性がある。つまり，ワーキングメモリの小さい子どもは，一度に処理できる容量の大きさに制約があるため，課題が個人のワーキングメモリの容量を超えやすく，最初に課題には取り組むものの，作業についていけなくなり，結果，注意散漫の行動特徴を示していると考えられる。一方，ADHDのある子どもは，特定の課題に注意が向きにくく，結果，課題とは無関連の行動を行うため，注意散漫に見えていることが考えられる。ADHDのある子どもが，ADHDの問題により学習への構えが阻害されているのか，あるいは，併存的に存在するワーキングメモリの問題により，学習課題に失敗するのかといった点を見きわめながら，個人の行動の背景にある問題を識別していく必要がある。

## 第6節 適切な支援に向けて

### 1. 方略の使用

ワーキングメモリの小ささをいかに補うことができるのであろうか。例えば，「メモをとる」といった方略は，ワーキングメモリの小ささを補うための方略の1つであり，一般に有用だと考えられている。しかしながら，特定の方略の使用が，すべての子どもにとって有効であるとは限らない。岸・上田（2010）は，小学校5年生の児童に対して，文章の聴き取り課題を，「メモをとる」条件と「メモをとらない」条件で実施した。その結果，ワーキングメモリの大きいグループのみ「メモをとる」効果が認められた。彼らは，結果をふまえ，「メモをとる」ことは，ワーキングメモリ容量が大きく，宣言的説明文を聞き取る場合に有効であり，そうでない場合は，メモ取り練習をあらかじめ実施すべきであると提案している。「メモをとる」ことそれ自体がワーキングメモリの資源を奪ってしまう可能性があり，「メモをとる」という方略を目的とした学習を進めつつ，ワーキングメモリにか

かる負荷を軽減させていくことを視野に入れた指導が必要となる。

　子どものワーキングメモリの小ささは，学習の方略を効率的に遂行できるか否かといったことにも影響する。このことは，認知スタイルを対象とした研究からも明らかになっている。Alloway et al.（2010）は，Riding（1991）の認知スタイル理論を用い，ワーキングメモリの大きさに加え，個人の認知スタイルを明らかにし，ワーキングメモリと認知スタイルがいかに学習到達度に影響するのかといった点を，13歳を対象に検討した。Ridingの認知スタイルは，包括的―分析的ならびに言語的―映像的といった2つの軸より構成されている。結果，ワーキングメモリが大きいグループは，従来の研究通り，学習到達度は高く，また，そこに認知スタイルの影響は認められなかった。つまり，どのタイプの認知スタイルであったとしても，ワーキングメモリが大きい場合，いずれも学習にとって有効的な方略として働いていた。一方，ワーキングメモリの小さいグループは，学習成績に認知スタイルの影響を受けていた。最も学習上のリスクが高い認知スタイルは，分析的であった。ワーキングメモリが小さく，認知スタイルが分析的である場合，国語・算数・理科といった主要教科に加え，地理や外国語の成績が，最も低かった。これは，情報を分析的にとらえるといった認知スタイルにより，学習課題における情報を細分化していくことで，結果，記憶・処理すべき情報量が増え，ワーキングメモリの容量をオーバーロードさせていた可能性がある。しかし，細分化された情報を統合し，1つの情報にまとめるといった方略が加えられることで，学習が失敗する可能性は軽減されると考えられる。

　学習にとって有効な方略や学習のスタイルを身につけていくための「スタディスキル」の習得が，特に，ワーキングメモリの小さい子どもにとって，重要な課題となる。

## 2. 指導法の改善

　教師は，学習のねらいを明確化した上で，子どものワーキングメモリ能力に課題を最適化することが求められる（たとえば，Alloway, 2010/2011; Gathercole & Alloway, 2008/2009; Dehn, 2008）。具体的な方法として，Gathercole & Alloway（2008/2009）は以下の方法を提案している。(1) 情報の量を減らす，(2) 情報に意味をもたせ，慣れ親しませる，(3) 心的な処理を単純化する，(4) 複雑な課題の構造を変える，(5) 進んでくり返しを行う，(6) 記憶補助ツールを使用する，である（第9章参照）。ただし，これらの支援を教育のさまざまな場面に応じて，効果的に実施することは容易ではない。

Elliott et al.（2010）は，英国の256の小学校を対象に，学級ベースの介入研究を実施した。その際，1つのグループは，教師がワーキングメモリの小さい子どもの支援に関する具体的な支援方法についてトレーニングを受けた。もう1つのグループは，教授法（指示的方法）に関するトレーニングを受けた。3つ目のグループは，介入がない統制群であった。結果，1年後，ワーキングメモリ容量や学業成績の向上といった効果は，グループ間で認められなかった。ただし，授業観察の結果，Gathercole & Alloway（2008/2009）が提案した支援方略を，教師が日常の授業場面で使用している頻度と子どもの国語との成績の関連が見出された。つまり，グループにかかわらず，子どもの支援のニーズに敏感な教師は，適切な支援をすでに行っており，そのことが，グループ間の違いを見出すことができなかった1つの原因であることが推測された。教師の専門性は，ワーキングメモリ理論をふまえた方略を一様に用いるのではなく，子どもの支援のニーズをさまざまな場面で感じとりながら，子どもに適切な支援方略を教師自身が選んでいくといった応答性にあること，そして，そうした専門性は，簡単なトレーニングセッションによって一朝一夕で身につくものではないことを示唆する。ワーキングメモリの理論を用いた学習上の支援は，個別の学習進度や学習内容に応じ，適宜，工夫して行われる必要があるが，この点について，日本においても研究が進められている。

　ワーキングメモリに着目した学習上の支援は，授業場面での支援と個別支援の2つのアプローチがある。

　授業場面での支援として，課題遂行時に，ワーキングメモリにかかる負荷を全体的に軽減させる必要がある。ワーキングメモリに問題を抱える子どもの学習上の躓きは，特に，記憶と処理の両者が求められる課題において頻繁に確認される。そこで，Gathercole & Alloway（2008/2009）が提示したような方略を参考にしながら，ワーキングメモリにかかる負担を軽減させるための方略を適宜用いていくことが求められる。たとえば，言語的・視空間的短期記憶に問題がある子どもは，記憶に関する支援を受けることで，そして言語性・視空間性ワーキングメモリに問題がある子どもは，記憶と処理の両者に関する支援を受けることで，それぞれのワーキングメモリの容量を効率的に使うことができるようになる。

　近年，話し合いを中心とした授業づくりが日本において進められている。こうした授業場面では，生徒が多様な意見を出しながら，論点を明確にし，協同的な問題解決を行うことが多いが，湯澤ら（2013a）の観察研究によれば，ワーキングメモリの小さい子どもは，教師の指示場面よりもむしろ，クラスの他の子ども

の意見に注意を向けることができないといった特徴があることが示唆される。このため，教師は授業中，適宜，話し合いの展開を整理したり，生徒の意見を引用し，よりわかりやすい言葉に置き換えたりする（リヴォイシング）ことで，ワーキングメモリの小さい子どもに授業の流れを再提示するといった支援が有効であると考えられる。教師は，授業内容の解説場面だけではなく，こうした話し合い場面においても，子どものワーキングメモリの躓きをできるだけ回避できるような支援を行うことが求められている。

　もう1つのアプローチは，個人のワーキングメモリの特徴に応じた個別支援を行うといった方法である。学習障害（Learning Disability, LD）を有する子どものプロフィールは，多様であり（たとえば，河村ら，2004），支援上のニーズが異なる。したがって，ワーキングメモリの個別の特性を把握しながら，それらの特性を生かした支援の方法が可能となる。湯澤ら（2013b）は，LD児に対する個別指導を行う上で，彼らのワーキングメモリは全体的に低いが，そのなかでも優れているワーキングメモリ領域を生した学習支援を実施した。例えば，漢字学習において，個人のプロフィール中，言語的短期記憶が優れている子どもと視空間的短期記憶が優れている子どもに焦点を絞り，前者の子どもについては漢字のもつ意味的側面を強調した記憶方略を提示し，後者は，漢字の形状を強調した記憶方略を提示した。なお，彼らのワーキングメモリの小ささを考慮し，いずれの子どもに対してもスモールステップにより学習を進めた。その結果，くり返し漢字を書くだけの方略を求めた場合と，ワーキングメモリのプロフィールを考慮した学習支援を行った場合を比較したところ，漢字の定着率は，後者の方が高かった。この結果は，個人のワーキングメモリに基づいた個別の学習支援の有効性を示すものである（授業場面ならびに個別支援の実際的なアプローチについては，第8章ならびに第9章を参照）。

## 3．自己理解と自己制御学習

　個人のワーキングメモリの特性に応じて，学習場面における得意さや苦手さは，異なる。こうした個人の学び方の多様さについて，これまで，教師が理解を示すことの重要性を述べてきた。しかし，本当の意味で必要となるのは，成長とともに，児童・生徒自身が自らの認知的特性を理解し，具体的な方略を習得していくことである。小学校高学年になると，自分の得意な面や苦手な面などの自己の特性を客観的に理解できるようになる。それらをふまえたうえで，自分はどのような学習場面で躓きやすいか，そして，その時どのような方略が自分に適しているかと

いったことを自覚し，必要であれば，教師に支援を求めながら，困難に対処できるようになることで，自己制御（自己調整）学習（Self-Regulated Learning）の態度を身につけることができる。そうした態度は，周りの人的・物的環境が変化しても，自らの学習にとって効果的な方略を自らが選択していくことができ，学習に持続的な影響を及ぼす。

　筆者らの研究グループは，現在，ワーキングメモリのアセスメントの実施とサポートブックを活用しながら，特別高等支援学校の1年生を対象に，「学び方を学ぶ」取組を行っている（湯澤・湯澤，2013）。サポートブックには，ワーキングメモリのプロフィールを示し，生徒が教師とともに，自らのワーキングメモリの特徴について学期ごとに1対1で話し合う。その際，ワーキングメモリのプロフィールを知ることで，自らのネガティブな面のみに着目し，自己肯定感を低くすること（第1章で記されているステレオタイプの脅威）を避けるために，ワーキングメモリのプロフィールについて，個人のなかで得意な面に着目するところから話し合いを始める。その後，ワーキングメモリのプロフィールについて，個人のなかで不得意な面について確認し，そうした面を補う上でいかなる方略が有効であったかといった点についてふり返りを行う。「学び方を学ぶ」取組を通して，生徒は自らの学び方の特性をふまえた方略を学び，これを日常の学習場面に適用していけるよう試みる。サポートブックは，進級によって担任教師が替わった場合にも引き継がれていき，2年後，生徒は，蓄積した「学びの履歴」とともに社会に足を踏み出していく。自立を見据えた長期的な支援は始まったばかりである。

# 第6章 ワーキングメモリと国語の学習

## 第1節
### ワーキングメモリと語彙獲得

#### 1. 言葉の獲得と言語的短期記憶

　子どもが音声を聞いたとき，短い時間，心にとめておきながら，くり返し言えることが，言葉の学習に重要な役割を果たしている。この短い間，心にとめておく働きは，言語的短期記憶に支えられている。子どもの言語的短期記憶を測定する課題としてしばしば用いられるのが，非単語反復である。非単語反復とは，ある言語の典型的な音韻から構成された非単語（たとえば，日本語の場合，「ヌメラケ」）を子どもに聴覚提示し，即時反復させる課題である。非単語反復の成績は，その子どもの母語における語彙習得や第2言語の語彙獲得と密接に関連していることが多くの研究によって示されている（Baddeley et al., 1998; Gathercole, 2006）。3歳から6歳の間，非単語反復の成績と母語の語彙量との関連を調べた複数の研究によると，非言語的な能力を統制したとき，両者は，およそ.40から.60ほどの偏相関を示している（Baddeley et al., 1998）。また，Gathercole et al. (1992) は，4歳から8歳まで非単語反復と語彙の関連について縦断的な調査を行った。その結果，4歳の非単語反復の成績が1年後の語彙量を有意に予測するが（月齢と非言語能力を統制した偏相関：.38），逆に，4歳の語彙量は，1年後の非単語反復の成績を有意に予測しなかった（偏相関：.14）。さらに，5歳児に非単語反復を行い，同時に人形の新奇な名前（たとえば，Pyemass）と既知の名前（たとえば，Peeter）を学習させた研究では（Gathercole & Baddeley, 1990），非単語反復の成績の低い子どもは，高い子どもよりも，新奇な名前の学習で有意に劣っていたが，既知の名前の学習では違いがなかった。同様に，Gathercole et al. (1997)

は，5歳児に言語的短期記憶課題（非単語反復と数字系列再生）を行い，既知の単語ペア（たとえば，table-rabbit）と既知―未知の単語ペア（たとえば，fairly-bleximus）を学習させた。その結果，言語的短期記憶の成績は，既知の単語ペアの学習との関連が低かったが（r=.23），既知―未知の単語ペアとの関連が高かった（r=.63）。

## 2. 言語的短期記憶と音韻認識

　非単語反復と密接に関連している技能として，音韻認識（phonological awareness）がある。音韻認識とは，ある言語の音声の構造を分析し，音素や音節を認識し，操作することである。音韻認識の技能は，単語の音を比較し，頭韻や末尾の音によって単語を分類したり，単語を音素や音節に分解したり，逆に，音素や音節から単語を混成したり，単語の特定の音素を操作したりする課題によって測定される。たとえば，「パイナップル」の語頭音は，「パ」であり，語尾音は，「ル」であることを認識できることである。

　音韻認識は，非単語反復と密接に関連している（Bowey, 2001; de Jong et al., 2000）。「パイナップル」の語頭音を同定するためには，「パイナップル」の音声を言語的短期記憶に保持しながら，語頭音を分析する必要があるため，音韻認識は，非単語反復と同様，言語的短期記憶に支えてられているからである。音韻認識の技能は，非単語反復と同様，その言語の語彙の知識や新しい単語の習得と関連し（Bowey, 2001; de Jong et al., 2000; Metsala, 1999），また，その言語の文字の読解能力を予測することが示されている（Castles & Coltheart, 2004）。

　ただし，音韻認識は，非単語反復と関連しているものの，別の技能であることが示唆されている（Alloway et al., 2004）。Alloway et al.（2004）は，4歳から6歳の633名の幼児を対象に，言語的短期記憶課題（数字系列再生，単語系列再生，非単語反復），言語性ワーキングメモリ課題，非言語課題，文反復課題，音韻認識課題（語頭子音の分析，脚韻の選択）を行い，課題間の関係について共分散構造分析を行った。その結果，非単語反復と音韻認識は，関連しているものの，異なった要素として区別するモデルが最もよく成績を説明した。

　音韻認識，言語的短期記憶（非単語反復），語彙習得の関係について，Gathercole（2006）は，2つの仮説を対比している。一方の仮説は，音韻的敏感性仮説（Metsala, 1999），他方の仮説は，音韻的貯蔵仮説である（Baddeley et al., 1998; Gathercole, 2006）。音韻的敏感性仮説によると，ある言語における語彙の増加は，その言語の音声構造を分析する技能を発達させる。その結果，新しい

単語の表象や学習が促進されるというものである。他方，音韻的貯蔵仮説によると，音韻認識または非単語反復の技能が高い者は，音声を言語的短期記憶に明瞭に保持することができる。言語的短期記憶に音声情報が正確に表象されることで，その情報はリハーサルされ，長期記憶へ転送される可能性が高まる。そのため，新しい単語の学習を効果的に行うことができると仮定する。Gathercole(2006)は，関連する研究をレビューし，音韻的貯蔵仮説の方が有利であると示唆している。

## 3. 言語的短期記憶における音声の保持および音韻知識とプロソディの役割

　非単語反復におけるに情報処理には，図6-1のような4つの段階を想定することができる (Gathercole, 2006)。第1に，提示された非単語は，聴覚器官においてその音響情報が受容され，処理される (聴覚処理)。第2に，個人の音韻認識に基づいて，非単語の音韻構造が分析され，同定される (音韻分析)。第3に，音韻ストア内で非単語の音韻表象が保持される (音韻貯蔵)。第4に，構音的なプランニングを経て，音韻貯蔵された音韻表象が発声または内的にリハーサルされる (構音プランニング)。

　第2の音韻分析，第3の音韻貯蔵，第4の構音プランニングは，必ずしもこの順番で進むのではなく，並列的に行われると考えられる。音韻ストアには，知覚された音声がいったん直接入力され，音韻分析を通して，非単語が認識される。同時に，構音プランニングによって発声またはリハーサルされ，音韻ストアの音韻表象は再活性化される。そして，音韻ストアにくり返し正確に表象された音韻情報は，学習され，長期記憶に転送され，音韻知識の一部となる。

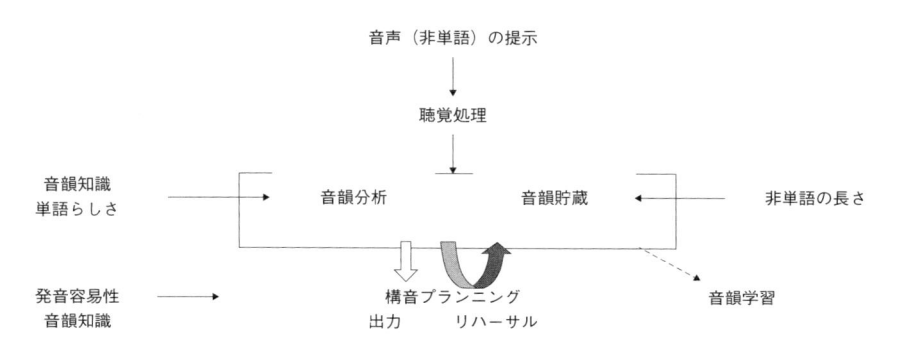

**◐図6-1　非単語反復の処理プロセス** (Gathercole, 2006 に基づいて作成)

## 第6章 ワーキングメモリと国語の学習

　これらの情報処理に影響を及ぼす要因がいくつかある。まず，非単語の単語らしさである。同じ非単語であっても，単語らしいものと単語らしくないものがある。たとえば，「ロサ」「ゼム」などの非単語は，「ギピ」「ゾピ」などの非単語よりも単語らしさが高く（湯澤，2010）。また，日本語の新聞の言語資料を分析した調査では，それらの文字列の出現頻度が高くなっている（Tamaoka & Makioka, 2004）。出現頻度の高い音韻から構成され，単語らしさの高い非単語は，単語らしさの低い非単語よりも，反復成績が高くなる傾向がある（たとえば，Gathercole et al., 1991; Munson et al., 2005; Vitevitch & Luce, 2005; Yuzawa & Saito, 2006）。出現頻度の高い音韻は，それを含む豊富な語彙知識と精緻化された音韻知識に支えられ，非単語反復の処理における以下のプロセスに影響を及ぼす。第1に，音韻分析である。豊富な語彙知識と精緻化された音韻知識に関連づけられた非単語（新奇語）は，より速く認識され，正確に表象される。逆に，外国語のように，対応する音韻知識のない音声を正確に認識し，表象することは難しい。第2に，構音プランニングである。豊富な語彙知識と精緻化された音韻知識に関連づけられた非単語（新奇語）は，音韻貯蔵から一部の情報が減衰してしまっても，減衰した情報を音韻知識によって補い，発声することができるが，出力時に断片的な音声の記憶表象が長期記憶によって補われることは，redintegrationとよばれる（Thorn et al., 2005）。

　次に，非単語反復の処理プロセスに影響を及ぼす要因として，非単語のプロソディがある。プロソディは，強勢，音の高低，ポーズ，速さ，リズム，イントネーションなどの音声に付随する情報である。非単語のプロソディの特徴が反復成績に影響を及ぼすことが示されている（Chiat & Roy, 2007; Roy & Chiat, 2004; 湯澤，2002; Yuzawa & Saito, 2006; Yuzawa et al., 2011）。たとえば，Yuzawa et al. (2011) は，「ロサ」などの単語らしさの高い2文字非単語と，「ギピ」などの単語らしさの低い2文字非単語を幼児に聴覚提示し，反復させた。その際，2文字の間に，ポーズを挿入する条件とそうでない条件を設けた。その結果，ポーズの挿入は，非単語の反復をうながした。また，ポーズがないと，単語らしさの高い非単語の反復成績が，低い単語のそれよりも高かったが，ポーズが挿入されると，そのような単語らしさの効果がなくなった。

# 第2節 ワーキングメモリと初期の読み

## 1. 言語的短期記憶と初期の読み

　第1節で取り上げた非単語反復の成績（言語的短期記憶）と音韻認識は，語彙の獲得だけでなく，初期の読みとも密接にかかわっている（Brady, 1997）。初期の読みの課題は，速く正確に文字の単語を認識することである。文字を順次，音に変換し，それらの音を単語の音声に合成する必要がある。そのためには，単語の文字と音に系統的な対応があること，そして，音声（話し言葉）のなかに特定の音のカテゴリーを認識する必要がある。特定の音のカテゴリーは，言語によって異なっている。日本語の場合は，モーラ，英語の場合は，音素である。たとえば，英語の bed の /b/ と，bath の /b/ の音声は異なっているが，同じ音素として抽象しなければならない。このように，言語の音声の構造を分析し，音素や音節を認識し，操作することは，まさに，音韻認識の働きである。また，bed を認識するためには，個々の音素を言語的短期記憶に保持しておかなければならず，言語的短期記憶の働きが不可欠である。

　ただし，語彙習得の場合とは異なり，言語的短期記憶は，音韻認識を通して，初期の読みとかかわっていることを示唆する研究がある（de Jong & van der Leij, 1999; Wagner et al., 1997）。

　たとえば，Wagner et al. (1997) は，幼稚園から小学4年までの5年間，216名のアメリカ人児童の縦断的な調査を行った。毎年，音韻認識，言語的短期記憶，数字と文字の認識速度，単語の読み，語彙，文字知識についてのテストを行った。音韻認識，言語的短期記憶，数字と文字の認識速度の3変数は相互に関連し，それぞれ1年後の単語の読みと高い相関を示した。しかし，幼稚園，1年，2年の時点でのそれらの3変数を従属変数として，2年後の単語の読みの個人差を予測すると，いずれの時点も音韻認識は，2年後の読みを有意に予測したが，言語的短期記憶は有意に予測しなかった。また，音韻認識のなかでも，単語を音素や音節に分解する能力が幼稚園から1年後の読みを有意に予測し，一方，音素や音節から単語を混成する能力が1年の時点から1年後の読みを有意に予測した。

　また，de Jong & van der Leij (1999) は，幼稚園から小学校2年の終わりまで，166名のオランダ人児童の縦断的な調査を行った。オランダ語は，英語と異なり，

文字と音韻の対応関係の理解が容易であり，読みの流暢性（正確で速く読める）が従属変数とされた。幼稚園での音韻認識と言語的短期記憶は，その後の読みの流暢性と関連していたが，文字知識と非言語的知能を統制すると，関連はなくなった。一方，一年時の音韻認識または言語的短期記憶は，非言語的知能，語彙を統制しても，その後の読みの流暢性を説明した。ただし，音韻認識による説明後は，言語的短期記憶がさらに分散を説明することはなかったが，言語的短期記憶による説明後，音韻認識は付加的に分散を説明した。

## 2. 文章理解と文字の複合化

　文章理解は，文字の復号化とリスニング理解の2つの側面からとらえることができる（読解の単純モデル：The simple view of reading）(Kendeou et al., 2009a; Kirby & Savage, 2008）。文字の復号化とは，文章の一連の文字をすばやく音韻的な情報に変換することである。1.で述べたように，文字の復号化には，言語的短期記憶と音韻認識が密接にかかわっている。一方，リスニング理解とは，音韻的な情報から意味的な情報へアクセスすることであり，語られたテキストの意味を理解する能力である。リスニング理解には，音声情報を一時的に記憶しておかなければならないので，短期記憶がかかわっているが，同時に，長期記憶から意味的な情報を引き出し，一貫性のあるテキストの内的表象を構成する必要があるため，3.で述べるように，ワーキングメモリが重要な役割を果たしている。児童のなかには，文字の復号化が苦手だが，聴覚的な理解は得意な子どもと，逆に，文字の復号化が得意だが，聴覚的な理解が苦手な子どもがいることがわかっている（Catts et al., 2003; Snowling & Firth, 1986）。

　Kendeou et al.（2009b）は，文字の復号化とリスニング理解との関連を調べるために，4歳児と6歳児を対象に，音韻認識，単語と文字の同定についてのテストと同時に，物語の聞き取りテスト，音声を伴う動画の理解テスト，語彙テストを行い，2年後に，再度，同じ対象者に同じテストを行った。その結果，4歳時点から，音韻認識，単語と文字の同定は，文字の復号化にかかわるスキルとして同じクラスターを構成し，他方，物語の聞き取りテスト，音声を伴う動画の理解テスト，語彙テストは，リスニング理解にかかわる能力として別のクラスターを構成した。これらの2つのクラスターは，就学前では，相互に関連していたが，2年生では，相互の関連が少なくなり，独立に文章理解の能力を説明した。

　読解困難児を対象とした研究では，読解困難児が標準的な読解スキルをもつ子どもよりも，IQなどの変数を統制しても，短期記憶とワーキングメモリの両方

で劣っていること，すなわち，短期記憶とワーキングメモリの両方が独立に読解困難児の文章理解を制約していることが示唆されている（たとえば，Stanowich & Siegel, 1994; Siegel, 1994; Swanson & Ashbaker, 2000; Swanson et al., 2009）。すなわち，読解困難児は，文字の復号化において主要な役割を果たす短期記憶，リスニング理解において主要な役割を果たすワーキングメモリのいずか，または両方に問題を抱えていると考えられる。

## 3. ワーキングメモリとリスニング理解の発達

　ワーキングメモリと短期記憶の役割は，子どもの発達によって，また，認知活動の内容によって変化する（Swanson & Alloway, 2012）。幼児による語彙獲得の場合，直接見たり，聞いたりしたことが語彙のソースであるため，言語的短期記憶や視空間的短期記憶が学習・発達にとって重要である。非単語反復課題の成績と語彙量との相関は，4-6歳の時期には，$r=.52 \sim .56$ であるが，年齢とともに小さくなり，8歳時に，$r=.28$ になる（Gathercole et al., 1992）。これは，小学校入学以降，既有の語彙知識に基づいて語彙を拡張できること，また，文章の読解などを通して語彙を獲得することが多くなることを反映している。

　一方で，文字習得の初期段階では，文字への音韻的符号化や文字からの音韻的復号化において，一時的に音韻情報を短期記憶に保持する必要があるため，言語的短期記憶は，音韻認識の一部として機能する。しかし，読みの熟達化が進むにつれて，文字で表現された意味（物語）を理解することが読みの中心的な目標になるため，言語的短期記憶よりも中央実行系の働きの影響が大きくなる（de Jong, 2006; Gathercole et al., 2005）。

　2. で述べたように，文字の復号化とリスニング理解を区別することができるが，文字を読めない幼児を対象にした研究では，リスニング理解において，ワーキングメモリが重要な役割を果たしていることが示唆されている（Florit et al., 2009; 小坂，2000; 由井，2002）。Florit et al.（2009）は，4歳児ならびに5歳児を対象に，言語的短期記憶課題として，数字系列再生課題，言語性ワーキングメモリ課題として数字系列逆行再生課題を実施し，それらの能力がリスニング理解と関連するか否かを検討した。その結果，リスニング理解能力を目的変数にした場合，個人の年齢や言語能力が大きな要因であるものの，言語性ワーキングメモリならびに言語的短期記憶もリスニング能力へ貢献していること，その効果は言語性ワーキングメモリの方が大きいことを示した。このことは，リスニング理解がたんなる情報の保持の機能だけではなく，処理の機能も同時に必要であることを意味す

るものである。また，由井（2002）は，4歳から6歳までの幼児を対象とし，言語性ワーキングメモリとして幼児用に開発されたリスニングスパン課題（小坂，1999）を実施し，物語理解との関連を検討した。物語理解を測定するために，物語に関する質問文を提示し，正誤を求めた。その結果，ワーキングメモリの大きい子どもは，小さい子どもに比べて，文章の逐語的記憶および物語理解において優れており，物語理解にけるワーキングメモリの効果が確認された。

一方，幼児や児童に対して，しばしば，絵本の読み聞かせが行われている。絵本の読み聞かせは，子どもに対して，絵本の音声情報を与えるだけでなく，視覚情報を提示する。そのような絵本の理解において，言語的短期記憶や言語性ワーキングメモリよりも，視覚性ワーキングメモリがより大きく影響することも考えられる。

たとえば，Ewers & Brownson（1999）は，6歳を対象に，絵本の読み聞かせを行い，絵本中のターゲット語（新奇語）と言語的短期記憶との関連を検討した。言語的短期記憶を測定するために，非単語反復課題（Gathercole et al., 1994）を実施した。その課題では，2音節から5音節までの非単語が音声提示され，それを口頭で反復することが求められる。その結果，幼児の言語的短期記憶は，物語中に提示されたターゲット語の習得に影響を及ぼさず，両者の関係を明示した従来の見解（Gathercole & Baddeley, 1993）とは異なるものであった。これは，絵本によって視覚情報が同時に提示されることで，視覚ベースでの情報処理が可能となり，言語ベースでの情報処理への依存が軽減し，その結果，言語的短期記憶の影響が消失した可能性がある。

湯澤ら（準備中）は，幼児による絵本の理解ならびに絵本についての語りの生成とワーキングメモリとの関連を検討した。研究1では，幼児を対象に，言語的短期記憶（非単語の系列または数列の音声刺激を同じ順序で再生する課題），言語性ワーキングメモリ（短い文の系列を聞いて，各文の正誤を判断した後，各文頭の単語を再生する課題，および音声提示される数字の系列を逆順に再生する課題），視覚的短期記憶（パソコン画面上の4×4のマス目のなかに表れる刺激の位置を覚える課題），視空間性ワーキングメモリ（パソコン画面上の，横に3つ並んだマス目のなかに現れる3つの形のうち，仲間はずれの形を判別し，その位置を覚える課題）を評価するとともに，絵本の読み聞かせを行った。その後，絵本の理解を調べる課題を行ったところ，言葉の意味理解，文による内容理解，事物記憶，絵の場面の並べ替えの課題のいずれも，言語的短期記憶と言語性ワーキングメモリとの関連はみられなかったが，絵本の事物の記憶と絵の場面の並べ替

えの課題については，視空間性ワーキングメモリと関連がみられた。一方，研究2では，絵本の理解の指標として，子どもの語りを用いた。その結果，言語性ワーキングメモリが幼児の語りにみられる基本IU（絵本に書かれている文章の生成）と関連していることが示された。

　湯澤ら（準備中）は，認知活動の内容によってワーキングメモリの役割が変化することを示唆する。絵を見ながら，たんに絵本の読みを聞く場合，言語性ワーキングメモリよりも，視覚性ワーキングメモリに依存して，絵本のストーリーを理解するため，言語性ワーキングメモリの能力の違いによる影響を受けにくい。しかし，聞いた物語を語るという活動は，言語性ワーキングメモリに依存して行われる。内田（1983）は，5歳児半までに，ナラティブ産出プロセスにおいて，プラン機能，評価機能，モニター機能が獲得されていることを示した。具体的には，自分がどういった情報を覚えているのか，これから産出しようとする語りが，物語としての形式を有しているのか，これまでどの程度の内容を話し終えたのかといったといった視点から，自分の語るという行為を俯瞰することができるようになる。そのような能力は，言語性ワーキングメモリによって担われていると考えられる。

## 第3節　ワーキングメモリと読みの熟達

### 1. 状況モデルの構成におけるワーキングメモリの役割

　文章理解の中心的な目標は，状況モデル（situation model）（Kintsch, 1998）とよばれるテキストの内的表象を構成することである。読み手は，個々の単語から文の意味を理解し，さらに複数の文の意味をつなげて，文章に描かれている状況をイメージする。その際，ワーキングメモリは，単語や文の情報を内的に保持しながら，長期記憶から関連する知識を用いて，状況モデルを構成する作業場である。そこでは，たんに単語や文の情報が保持されるだけでなく，同時に認知的な処理が行われる。

　読みに熟達した成人を対象とした研究は，一貫して，言語性ワーキングメモリの方が言語的短期記憶よりも読解の能力の個人差を予測することを示しているが，子どもには必ずしもあてはまらない（Cain, 2006）。年少の子どもの場合，音韻認識や単語の読み能力に制約を受けるからである。音韻の分析・混成，長期記

憶からの意味の検索などに時間がかかり,言語的短期記憶に余分な負荷がかかる(その間,情報を保持しておかなければならない)。しかし,読みの熟達とともに,言語性ワーキングメモリは,語彙知識や単語の読み能力などの要因を統制した後も,読解の個人差や読みの熟達を予測することが示されている(たとえば,Cain et al., 2004a; Swanson & Howell, 2001; Swanson & Jerman, 2007)。また,読み書き障害の子どもは,同年齢の健常児や,読み能力を統制した年齢の低い子どもよりも,言語性ワーキングメモリの得点が低いことが示唆されている(de Jong, 1998)。

ワーキングメモリが大きいと,状況モデルの構成により多くの処理資源を配分することができる。より多くの処理資源の利用は,以下のような読解スキルの利用を支え,適切な状況モデルを構成し,正確に読むことを可能にすることが示唆されている(Cain, 2006)。

第1に,複数の文の情報を統合したり,一般的知識から推測したりすることである。読むことが苦手な児童は,文に直接書かれていないことを推測することが難しいことが示唆されている(Cain & Oakhill, 1999)。

第2に,代名詞などの文法照応形(anaphors)の指示対象を適切に推測することである。たとえば,Yuill & Oakhill(1988)は,読みが苦手な7-8歳児が文法照応形を理解することが難しく,特に,代名詞とその指示対象の距離が大きい(ワーキングメモリの負荷が大きくなる)とその難しさが顕著になることを示した。

第3に,文脈から未知語の意味を推測することである。たとえば,Cainとその共同研究者(Cain et al., 2003; Cain et al., 2004b)は,未知語の関連情報が未知語の遠くに置かれる条件で,読みの苦手な7—8歳児にとって未知語の意味の理解が困難になることを示している。また,未知語の意味の理解は,関連情報が遠くにある条件で,ワーキングメモリと関連していた。

第4に,正しく読めているかどうか,自分の理解をモニタリングすることである。文章内に意味的な矛盾があることに気づく能力は,児童期に加齢に伴い向上し(Markman, 1979),この能力がワーキングメモリの処理容量の増加と関連することが示唆されている(Vosniadou et al., 1988)。Oakhill et al.(2005)は,読みの得意な9-10歳児と苦手な9-10歳児が,矛盾した2文の距離が異なる文章を読んだときの成績を比較した。読みの苦手な者は,距離が近い条件より遠い条件で成績が悪かったが,読みの得意な者ではその違いがなかった。読みの苦手な子どもは,ワーキングメモリの得点が低く,その得点は,両条件で矛盾を見いだす能力と相関していた。

## 2. 文章の情報処理プロセスとワーキングメモリによる制約

　Mayer（2001, 2005）によるマルチメディア学習理論は，Baddeley & Hitch（1974）によるワーキングメモリモデルの考えを取り入れ，言語的情報処理と視空間的情報処理との２つのチャンネルやそれぞれのチャンネルでの処理資源の制約を想定している（図6-2）。文字や絵から学習するとき，学習者は，提示された文字や絵から特定の音韻情報と視空間情報を選択し，ワーキングメモリに加える。選択された音韻情報と視空間情報は，それぞれの処理システムで言語的モデルと視空間的モデルに構成され，それらは，長期記憶で活性化された既有知識と統合される。その際，それぞれのモデルの構成と統合は，個人によって限られたワーキングメモリの処理資源に制約される。

　文章を読むとき，文字の配列は，視空間感覚を通して，順次イメージベースに移行する。イメージベースに移行した文字は，復号化され，いったん音韻表象に変換される（Baddeley et al., 1981; Coltheart et al., 1990; 髙橋, 2007）。髙橋（2007）は，文の音韻変換のプロセスについて，音読と黙読を比較することによって検討を行った。大学生に課題文を黙読または音読させ，その後，正誤判断によって課題文の理解を調べた。その際，足で床をたたくタッピング（二重課題）を行わせる条件とそうでない条件を設定した。また，別の条件では，口頭で「あいうえお」をくり返すことで構音抑制を行う条件で黙読させ，音韻変換を妨害した。その結果，課題文を黙読した場合，タッピングによって理解度が低下したが，音読した場合は，タッピングによって理解度が低下せず，タッピングの干渉効果がみられなかった。また，タッピングがない条件では，黙読と音読の理解度に差はなかったが，構音抑制によって，音韻変換が妨害されると，文の理解度が大きく低下した。髙橋は，このような結果を以下のように解釈している。音読を行うには，個々の単語に注意を向け，発声する必要があるため，一定の注意資源（ワーキングメモリ）が強制的に割り当てられる。そのため，タッピングの有無にかかわらず，結果的に一定の理解に達することができる。小学校低学年児や読解力の低い読み手（ワーキングメモリの容量の少ない読み手）にとって黙読よりも音読によって理解がうながされるのは（たとえば, Elgart, 1978; Miller & Smith, 1985），そのためである。一方，黙読では，読み手が特定の文字への注意の振り向けや音韻変換をコントロールする必要があるため，タッピングによって注意資源の一部を奪われたり，注意資源がもともと少なかったり，音韻変換が妨げられたりすると，文理解が影響を受ける。

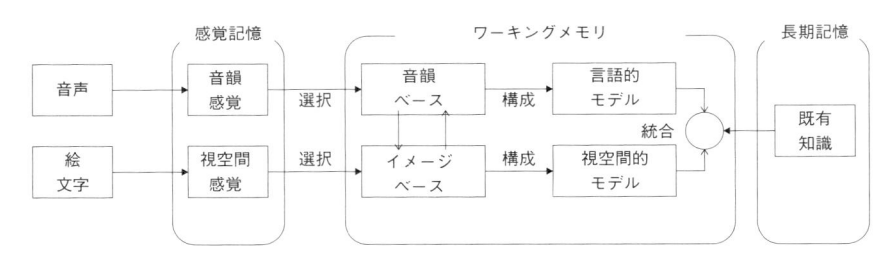

第6章 ワーキングメモリと国語の学習

○図6-2 音声と絵・文字の情報処理モデル（Mayer, 2003, 2005）

　第2節の2.で述べた文字の復号化は，文字のイメージベースから音韻変換されるプロセスに対応するが，初期の文字の学習者以外，自動化され，それ自体に多くの処理資源を取られることはない。一方，リスニング理解は，音韻ベースから言語的モデルの構成，さらに既有知識との統合による状況モデルの構成といったプロセスに主に対応するが，処理資源をどこに，どのように割り当てるかによって適切な言語的モデルや状況モデルの構成が影響を受ける。処理資源をどこに，どのように割り当てるかは，読者の用いる方略に規定される。
　犬塚（2002）は，説明文の読解方略を，7つのカテゴリーに分け，学年による読解方略の使用が異なっていることを示した。7つのカテゴリーは，①「意味明確化」（各文は簡単に言うとどういうことか考えながら読む），②「コントロール」（わからないところはゆっくり読む，一度読んだだけでは理解できないときは，もう一回読んで理解しようとする），③「要点把握」（段落ごとのまとめ〔要約〕を書く，大切なところに線を引く），④「記憶」（覚えるためにくり返し読む，大切なことばを覚えようとする），⑤「モニタリング」（自分がどのくらいわかっているかをチェックするような質問を自分にしながら読む，読みながら内容が正しいか考えながら読む），⑥「構造注目」（次にどういう内容が書かれているか予想しながら読む，題目を考える），⑦「既有知識活用」（自分が今まで知っていることと比べながら読む，具体的な例をあげながら読む）であった。①，②は部分理解方略，③〜⑤は内容学習方略，⑥，⑦は，理解深化方略としてまとめられた。また，部分理解方略は，基礎的な方略として，中学生でもよく用いられたが，内容学習方略や理解深化方略は，読みの熟達した大学生により多く用いられた。後者の方略は，より多くの処理資源（ワーキングメモリ）を必要とすると考えられる。

## 3. マルチメディアによる文章理解の促進

　言語的情報と視空間的情報は，独立に保持することができるため，文字のみから学習するよりも，文字と絵を組み合わせて学習する方が効果的であるが，学習者に文字と絵をどのように提示するかによって，学習がより効果的になったり，逆に，阻害したりすることがある。Mayer（2005）は，マルチメディア学習に関して，処理負荷を軽減し，学習をうながすために，以下のような原理をあげている。たとえば，関連する文字と絵が空間的，時間的に隣接し，対応がわかりやすいこと，絵と文字よりも，絵と音声によって情報が提示されること，同じ情報が文字と絵で2重に提示されたり，余分な情報が提示されたりすることを避けることなどである。

　Pike et al.（2010）は，小学校2年から6年の子どもに，①物語と挿絵が一致している条件，②物語と挿絵が不一致または無関連な条件，③物語のみの条件で，物語と挿絵を提示し，状況モデルの構成（物語のテキストから主人公の行動を予測）への影響を検討した。その結果，2年から4年の子どもでは，挿絵が正しい状況モデルの構成をうながし，逆に，2年生では，不一致または無関連な挿絵が正しい状況モデルの構成を妨げた。他方で，5, 6年生では，挿絵の影響はみられなかった。また，年齢や語彙量を統制しても，言語性ワーキングメモリが正しい状況モデルの構成を予測し，また，状況モデルの正しい構成が文章読解能力を予測した。

　また，Bartholome & Bromme（2009）は植物学のテキストと挿絵を統合して学習するための支援として，"プロンプト"と"マッピング"を提案した。プロンプトは，テキストと絵の処理方法について事前に学習者にモデルを提示するという支援であり，次のような3つのステップからなる。第1に，学習者は，テキスト全体を読み，中心的な概念を選び，それらの関係を考えるようにうながされる。第2に，テキストの中心的な概念に対応するものを挿絵の中から選択する。第3に，対応するテキストと挿絵の部分を比較し，その類似点と相違点を考える。他方，マッピングは，挿絵において，テキストと対応した部分が目立つ工夫をする支援である。たとえば，テキストと対応する挿絵の部分を同じ番号で示すか，コンピュータのモニター上で対応部分をハイライトするといった支援である。これらの支援の結果，視空間的能力の低い学習者にとっては特に植物の分類テストにおいてプロンプト支援が有効であった。そのような学習者はテキストと挿絵を統合することが困難であり，プロンプトが役立ったことが考えられた。

## 第4節
## 外国語の音韻学習

### 1. 言語的短期記憶と外国語の音韻学習

　第1節1.で述べたように，子どもが音声を聞いたとき，短い時間，心にとめておきながら，くり返し言えることは，母語の言葉の学習においてのみならず，外国語の言葉の学習においても，重要な役割を果たしている。外国語の非単語反復課題は，その外国語の語彙習得を予測することが示されている（Gathercole, 2006; Masoura & Gathercole, 1999, 2005; Service, 1992）。

　たとえば，聴覚提示された英語非単語（hampent/hæm. pənt/）をその子どもが正しく反復できたとする。そのことは，その子どもがその音声情報をリハーサルによって言語的短期記憶に維持し，長期記憶へ容易に転送できることを意味している。他方，聴覚提示された別の英語非単語（defermication/diː. fəː. mɪ. kéɪ. ʃn/）の一部または全部を反復できないと，その音声情報を言語的短期記憶に維持することができず，耳で聞きながら直接獲得することが困難であることを意味する。

　非単語反復は，その個人の言語的短期記憶の容量に制約され，defermicationは，hampentよりも長いため，反復することが難しい。一方，非単語反復は，既有の音韻知識の影響を受ける。たとえば，第2言語の非単語反復は，母語の非単語反復より難しいが，それは，第2言語の音韻知識の支えがないだけでなく，母語の音韻知識が第2言語の非単語の反復を制約することがあるからである。また，いったん，ある言語の語彙知識をある程度獲得すると，その知識を利用して，さらに加速的にその言語の語彙を増やすことができる。Masoura & Gathercole（2005）は，学校で第2言語として英語をすでに平均3年間学んだギリシャ人の子ども（平均11歳）を対象に，言語的短期記憶を測定する非単語反復課題と，英語の語彙テストを行い，さらに，英語の未知の単語と絵をペアにした対連合学習課題を行った。その結果，言語的短期記憶の能力は，英語の語彙量と密接に関連していたが，英語の新しい単語を学習するスピードは，言語的短期記憶の能力ではなく，既存の英語の語彙量に強く影響を受けた。

### 2. 日本語母語幼児と中国語母語幼児における英語音韻習得能力

　非単語反復は，言語的短期記憶に当該言語の音声情報を正確に表象し，発声

## 第4節　外国語の音韻学習

する能力，すなわち当該言語の音韻習得能力を反映している（Baddeley et al., 1998; Gathercole, 2006）。このことをふまえて，湯澤ら（2012）は，日本語母語幼児と中国語母語幼児における英語音韻習得能力を比較するために，両母語話者の幼児に対して2～5音節の英語非単語反復課題（Gathercole & Baddeley, 1996）を行った。その結果，日本語母語幼児では，誤反応や無反応が多く，中国語母語幼児に比べると，すべての音節を正確に反復できた完全正答数がずっと少なかった。2～5音節各10個の非単語のうち，中国語母語幼児の完全正答数の平均が3.81, 1.81, 0.71, 0.97であるのに対して，日本語母語幼児のそれは，0.80, 0.43, 0.17, 0.11にすぎなかった。このことは，中国語母語幼児に比べ，日本語母語幼児は，英語の音声情報を言語的短期記憶に正確に表象し，発声する能力が劣っていることを示唆する。

　では，なぜ日本語母語幼児は，英語音声の反復が困難なのであろうか。湯澤ら（2012）は，1非単語あたり，正しく反復できた音節の数（音節再生数）を調べた。音節再生数は，一度に，言語的短期記憶に正確に表象し，発声できた音節の数を示しているが，通常，非単語の音節の増加に伴い，音節再生数も増加する。図6-3に，日本語母語幼児と中国語母語幼児における平均音節再生数を示した。中国語母語幼児では，非単語の音節数の増加とともに，英語母語話者と同様，音節再生数が増加した。一方，日本語母語幼児の音節再生数は，中国語母語幼児のそれより少なく，しかも3音節で頭打ちとなった。これらのことは，日本人幼児が，英語の非単語の反復により多くの負荷をかけるような処理を行っていることを示唆する。

　一方，日本語母語幼児が英語音声の反復に困難を示すことは，英語音声を構成する音韻が日本語のそれと異なっているため（たとえば，日本語では，/l/ と /r/ の区別がない），英語の特定の音韻を知覚・発声することの難しさに起因するかもしれない。湯澤ら（2011）は，英語の音声を構成する主要な音素を，CVという単純な音韻構造で幼児に聴覚提示し，反復再生させた。その結果，/vɪ/, /ðɪ/, /zɪ/, /lɪ/ の刺激に含まれる頭子音の反復が難しかったが，少なくとも2割程度の子どもが，正しく反復することができた。また，CV音韻構造での各音素の正反応率を用いて，1音節英単語反復の正反応率を予測したところ，1音節英単語反復の正反応率のばらつきが18％説明された。このことから，英語の構成音素を知覚・発声することの難しさは，日本語母語幼児が英単語の音声を聞き取り，発声することの難しさの一部であるが，それだけではないと考えられる。

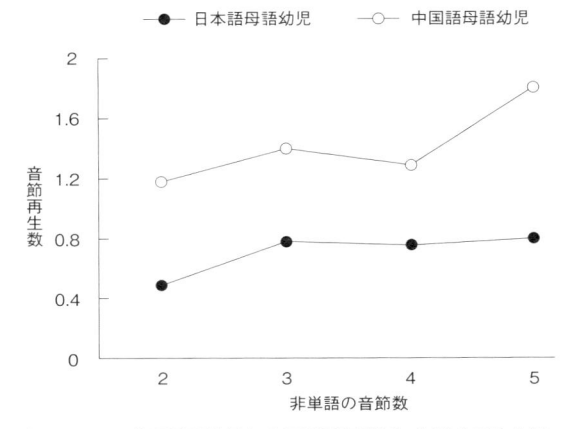

❶図6-3 日本語母語幼児と中国語母語幼児における平均音節再生数（湯澤ら，2012）

## 3. 日本語の韻律が英語音声の分節化に及ぼす影響

　言語には，固有のリズムがあり，英語はストレス，フランス語や中国語は音節，日本語はモーラ（拍）をリズムの単位としている。それぞれの言語の母語話者は，それらのリズムに基づいて連続的音声を分節化し，言葉として知覚する（Cutler & Norris, 1988；Cutler & Otake, 1994；Otake et al., 1996）注。母語の韻律的特徴は外国語の音声知覚にも影響し，日本語母語話者は，モーラ（拍）リズムによって英語などの音声を知覚することが示唆されている（Cutler & Otake, 1994；Otake et al. , 1996）。

　前項2. で述べた日本語母語幼児における英語非単語反復の困難の主要な要因として，水口ら（2013a, b）は，モーラ（拍）リズムによる分節化の影響を指摘する。たとえば，1音節英単語である help /help/ を処理する際，英語母語話者や中国語母語話者は1つの音の纏まりとして知覚するが，日本語母語話者は，"ヘルプ（/helupu/ または /he_l_p/ ＿ は間隔を示す）"のように，モーラのリズムで3つの纏まりに分解したうえで認識する。すると，同じ音を1つの纏まりとして認識するよりも，3つの纏まりとして認識する方が，言語的短期記憶に負荷がかかる。そのため，日本語母語幼児は，複雑な音韻構造の英単語や複数の音節構造の英単語の場合，個々の音素を認識し，それらを発声する間，短期記憶から音韻痕跡が消失してしまうのではないかと考えられる（李ら，2009; 湯澤ら，2012）。

このことを検証するために，水口ら（2013a, b）は，日本語母語幼児，日本語母語大学生，中国語母語幼児に，音韻構造の異なる5つの英単語（CV，CVC，CVCV，CVCC，CVCVC：Cは子音，Vは母音）を用いた記憶スパン課題を行った。長い単語は，より大きな記憶負荷がかかり，記憶スパンが短くなるが，表6-1に示すように，聞き手がモーラで分節化するか，音節で分節化するかのいずれかによって，語長効果による記憶スパンが5つの英単語で異なること予想される。たとえば，モーラで分節化した場合，CVCとCVCVは，2つの纏まりとなるのに対して，CVCCとCVCVCは，3つの纏まりとなるため，後者の方がより記憶負荷がかかり，記憶スパンが短くなる。結果は，表6-1に示したように，英語を学習していない日本語母語幼児だけでなく，6年以上英語を学習した大学生であっても，記憶スパンのパターンは，モーラで分節化した場合に予想されるパターンと一致した。他方で，中国語母語幼児の場合，モーラで分節化したときのパターン，音節で分節化したときのパターンいずれとも一致せず，1音節と2音節の英単語音声を1つのまとまりで認識していることが示唆された。

**◐表6-1 5種類の音韻構造の英単語における分節化数と平均記憶スパン**
（水口ら，2013a, b）

|  | CV | CVC | CVCV | CVCC | CVCVC |
|---|---|---|---|---|---|
| 音素単位 | 2 | 3 | 4 | 4 | 5 |
| 音節単位 | 1 | 1 | 2 | 1 | 2 |
| モーラ単位 | 1 | 2 | 2 | 3 | 3 |
| 日本語母語幼児 | 2.4 | 1.9 | 2.2 | 1.1 | 1.2 |
| 日本語母語大学生 | 3.4 | 2.8 | 2.8 | 2.4 | 2.4 |
| 中国語母語幼児 | 2.7 | 2.2 | 2.4 | 1.8 | 2.2 |

注：日本語のモーラは，音節よりも細かい単位である。たとえば，「日本」（nip.pon）は，「音節」で数えると2つの長さであるが，「モーラ」で数えると4つの長さである。日本語の構成音韻の中で，撥音（ン），促音（っ），長音（—），二重母音の後半（ベイ，エイ）は，音節の一部であるが，独立したモーラを形成するためである。日本語母語話者は，たとえば，concealの/n/よりも，sanityの/n/を認識するのに時間がかかり，また，認識に失敗する確率が高いが，それは，1音節/kən/を/kə/と/n/に分節化しているからであると考えられる。一方，音節をリズムに持つフランス語の母語話者は，音節の単位に基づいて英語音声を認識することが示唆されている。

# 第7章 ワーキングメモリと算数の学習

## 第1節 算数領域における概念とスキルの発達

### 1. 算数学習の基盤としてのインフォーマルな数量概念

　国語の学習と同様,算数(数学)領域の学習にとってもワーキングメモリの重要性を示唆する研究が数多く行われている (Bull & Espy, 2006; Raghubar et al., 2010)。他方で,算数(数学)の学習には,国語の学習と重要な違いがある。国語における文字の学習に対応するのが,算数における数字の学習である。学習者は,文字を覚え,読み書きに熟達化すること自体に,多くの時間と努力を費やすが,一方で,数字を覚え,ものを数えることは,乳幼児期に自然にできるようになる。子どもが生得的な表象システムを基盤に乳幼児期に発達させたインフォーマルな数量概念は,小学校入学後の算数学習の基盤となっている(湯澤, 2012; 湯澤・湯澤, 2011)。算数(数学)の学習は,インフォーマルな数量概念を基盤に,ワーキングメモリの働きによって,計算等の手続きを実行し,そこでの一連の手続きや解答を記憶しながら,数量概念を精緻化し,再構造化していくことである。そのため,算数の学習におけるワーキングメモリの働きを説明するためには,まず,数量概念の発達を述べておく必要がある。そこで,第1節では,乳幼児期から児童期にかけての数量概念の発達について概観する。

### 2. 乳幼児期のインフォーマルな数量概念の発達

　Starkeyらの研究 (Starkey & Cooper, 1980) 以来,乳児による数の弁別に関する研究がさかんに行われるようになった。それらの研究では,同じ刺激を乳児にくり返し提示すると,乳児の注視時間が減少するが,別の刺激を提示すると,

注視時間が回復するという乳児の特性を利用して,対象となる刺激を弁別しているかどうかを調べている。このような方法を用いた研究によって,6か月児が,8個と16個の黒丸や16個と32個の黒丸,8回と16回の聴覚刺激の回数,4回と8回の連続したジャンプの数といった1対2の割合で異なる集合数を区別していることが見出されている(たとえば,Lipton & Spelke, 2003; Wood & Spelke, 2005; Xu & Spelke, 2000; Xu et al., 2005)。9か月児になると,2対3の割合で異なる集合数を区別できるようになり(Lipton & Spelke, 2003),また,5個の事物に5個の事物が加わると10個になり,逆に,10個の事物から5個の事物を取り去ると,5個になることを理解していること(McCrink & Wynn, 2004),さらに,11か月児が1対2の割合で増加する数の序列(たとえば,2, 4, 8; 4, 8, 16)を表象できることが示唆されている(Brannon, 2002)。

このような数量の弁別に関して,乳児は,主に2つの異なる表象システムをもっているという説明がなされている(Carey, 2009; Feigenson & Carey, 2003, 2005; Feigenson et al., 2002a, b)。第1の表象システムは,3〜4個までの事物や事象のセットを同時に表現するものである(parallel individuation,またはobject-file or event-file systemとよばれる)。このシステムは,セットの中の個々の事物や事象に対応した表象(シンボル)をつくり出し,セットの個数や事物や事象の大きさや全体量などの情報を利用できるが,短期記憶容量に制約されるため,同時に3〜4個を越えた事物や事象のセットを表象することはできない。第2の表象システムは,大きな数の概数や連続量(全体量)の多少をアナログ的に表現するものである(analog-magnitude system)。このシステムは,対象の数量の次元に注目し,それに比例したおおよその大きさをコード化する。

これらの2つの表象システムに依拠しながら,4歳ごろまでに,子どもは,同数の個体の集合を選択したり,構成したりすることができるようになり(Mix et al., 2002),自然数の概念を獲得する。また,3,4歳の子どもは,数えるときに,数の名前は数える集合の要素と1対1に対応していなければならない,数の名前の順序が重要であって,数える集合の要素のなかで数える順序は重要でないなどの数えることの基本的な原理を理解していることが示唆されている(Gelman & Gallistel, 1978)。さらに,3歳半ごろまでに,子どもは,相対量や,数量の加減の結果を理解できるようになる(Mix et al., 2002; Shinskey et al., 2009; Starkey, 1992)。ただし,3歳の子どもは,数と量の関係をうまく調整することができない。5歳ごろ,たとえば,3cm×1.5cmのチョコレート2個と3cm×3cmのチョコレート1個が同じであることを理解できるようになり(Frydman & Bryant, 1988),

6歳ごろ，数の言葉，数唱の手続き，1単位量の増減に基づいた基数の知識が，内的な数直線に統合され，重さ，大きさ，長さなどの量を判断することに用いられるようになると考えられている（Case & Okamoto, 1996）。

　たとえば，幼児や児童に0〜100の数を直線上に表現してもらうと，5〜6歳児では，大きい数の間隔は，小さい数の間隔よりもずっと狭く表現されるが，小学生はたいてい，すべての数を均等に配置する（Siegler & Booth, 2004）。このことは，小学生が少なくとも100までの数の言葉と1の均等な増減に基づいた基数の知識を内的な数直線に統合していることを意味する。この課題は，数直線課題（Number Line Task）とよばれ，低学年の児童の数量概念の発達を査定するのに用いられる。

　また，別の課題では，子どもに特定の数（5または9）と一致する絵記号（たとえば，♥）と数字の組み合わせ（たとえば，♥♥♥ -2，♥♥♥♥ -5）を組み合わせの集合の中から一定の時間（60または90秒）でできるだけたくさん選択するように求め，正しい選択数を得点とする。この課題は，数セット課題（Number Set Test）とよばれ（Geary, et al., 2007），短期記憶の表象システム（object-file system）による直感的な数の認識（subitizing），数字と内的な数表象の対応づけ，加算など，初期の数量概念の能力を査定するために用いられる。

## 3. 計数の方略の発達と計算スキルの熟達化

　たとえば，3+5，7-4のような加算や減算の問題を幼児や小学校低学年の児童に与え，答えを出す方法を観察し，必要に応じて，子どもにどのように答えを出したのかを尋ねる。すると，答えを出すために子どもたちは異なる方略を用い，そして，方略の使用に発達的な変化がみられる（たとえば，Fuson, 1982; Geary, 2011; Siegler, 1987）。最も初歩的な方略は，3+6に対して，1，2，3，4，…，8，9とすべて数えて答えを出す方法である。1から計数（count-all）とよばれる。発達的に次の方略は，3+6に対して，3，4，…，8，9と，加える数だけ，加えられる数の続きを数える方法である（count-on）。さらに，効率的な数え方は，3と6を逆転させ，6，7，8，9と小さい方の数字を数える方法である。この方法は，最小方略（min strategy）とよばれる。一方，加算や減算をくり返し行ううちに，単純な計算については解答を記憶するようになる。計算結果を記憶している場合，それを検索して，3+6に答える方法を「記憶からの検索」とよぶ。また，17-9のような計算の場合，17を8+9に分解して，17-9=8+9-9=8と答える方法を「数の分解」とよぶ。Siegler（1987）では，幼稚園児，小学1年生，小学2年生で

それぞれ，記憶からの検索 16%，44%，45%，最小方略 30%，38%，40%，分解 2%，9%，11%，1 からの計算 22%，1%，0%であった。

Cowan et al. (2011) は，小学校 2 年から 3 年にかけて，加算および減算スキルの熟達と算数の学力との関連を検討した。子どもに，17-9 のような問題を与え，正答率を求めるとともに，そのときの解法方略について，指を利用するかどうか，および「記憶からの検索」「数の分解（10+7-9 に分解する）」「数唱（10,11…16,17）」「その他」に分類した。指を用いる子どもは，2 年で 34%，3 年で 25%であった。「記憶からの検索」（2 年 17%，3 年 26%）を用いた場合，誤りは少なかったが，数唱を用いるとき，指を用いると，正しい答えを導くことができた。また，2 年から 3 年までの加算スキルおよび減算スキルの熟達化は，計算原理の知識（たとえば，交換法則，結合法則），数のシステムの知識（たとえば，「7 より 2 大きい数は？」「6 と 7 でどちらが大きいか？」「3 と 6 のうち，2 に近い数は？」）によって部分的に説明された。さらに，算数の学力は，視空間的短期記憶，(言語性) ワーキングメモリ，加算スキルおよび減算スキル，計算原理の知識，数のシステムの知識によって説明された。

他方で，算数障害の子どもは，単純な加算や減算を行うときにも，指で数えるといった低年齢の子どもが利用する方略を使用する（たとえば，Bull & Johnston, 1997; Geary, 1990; Hanich et al., 2001; Jordan et al., 2003b）。そして，健常児や読み障害の子どもが 1 年生から 2 年生にかけて，指で数える方略の使用を減らし，記憶からの検索を増やすのに対して，算数障害の子どもは，指で数える方略を使用し続ける（Geary et al., 2000; Hanich et al., 2001）。すなわち，算数障害の子どもは，基本的な算数の事実を長期記憶へ学習することが難しく，いったん学習しても，長期記憶から検索することが難しく，しばしば間違った計算を行うことがわかっている（Geary, 1990; Jordan et al., 2003a; Mabbott & Bisanz, 2008; Mazzocco et al., 2008）。算数障害の子どもや算数障害と読み書き障害を併せもつ子どもは，児童期にわたって，表 7-1 で示した課題で測定される数量概念，計算の事実的知識，手続き的知識，問題解決スキルなどの発達全般に遅れがみられ，それらの遅れは，第 2 節で述べるように，ワーキングメモリや処理スピードなどの問題とかかわっていることが示唆されている（Anderson, 2010; Geary, 2011; Geary et al., 2012; Geary et al., 2004; Passolunghi & Siegel, 2004）。

第2節 ワーキングメモリと基礎的な算数の学習

○表7-1 算数領域での認知発達を査定するための主要な課題

| 数直線課題<br>(Number Line Task) | Siegler & Opfer (2003) | 両端に0と100が書かれた24本の異なる直線上に，ターゲットの数(e.g., 45, 72) をそれぞれ位置付ける。直線上の数の位置づけが対数線形型から直線型へ発達的に変化する。 |
|---|---|---|
| 数セット課題<br>(Number Set Test) | Geary et al. (2007) | 特定の数（5または9）と一致する●と数字の組み合わせ（●● -3, ●●● -6）を一定の時間（60または90秒）でできるだけたくさん選択する。直感的な数の認識（subitize），数字と数表象の対応づけ，加算など，初期の数量概念の能力を測定する。 |
| 加算と減算の原理のテスト | Hanich et al. (2001) | 第1の問題の答えから第2の問題の答えを計算の原意に基づいて回答する。交換法則（47+86=133, 86+47=?），被減数プラス1（64-36=28, 64-37=?），減法と加法の相補性（153-19=134, 153-134=?），被減数マイナス1（46-28=18, 46-27=?），加法と減法の逆関係（27+69=96, 96-69=?） |
| 計算の記憶検査<br>(Forced retrieval) | Jourdan & Montani (1997) | 3秒以内に，加法または減法の答えを出す。加法10題（e.g., 4+2, 10+8），減法18題（e.g.,10-5, 6-4）。長期記憶からの検索によって回答しているかを調べる。 |
| 計算方略<br>(strategy) 検査 | Geary (2011) | 17-9, 11+5などの計算を求め，その様子を記録し，その後，答えの出し方について質問する。指を使ったかどうか記録する。方略は，記憶から想起，分解（17-9=8+9-9=8），数唱（最小方略 < min strategy >, 1から計数 < count-all >），その他に分類する。 |
| 数知識テスト | Cowan et al. (2011) | 数の配列の知識（e.g., 7より2大きい数に？），数の比較（6と7のどちらが大きい？），数の距離（2と6のうち，3に近い数は？），数の違い（4と2の違い，6と3の違いはどちらが大きい？），数唱（e.g., 25から32, 59,999から60,001まで数えるように，求める） |
| 計数知識の検査 | Gelman & Meck (1983) | 人形がチップ（赤のチップと青のチップが交互に置かれる）を数え，その数え方が正しいか，間違っているか判断する。4タイプの数え方が提示される。正しい数え方（子どもの右から左のチップを順番に数える），逆順の数え方（左から右のチップを順番に数える），疑似エラー（赤を数えてから，青を数える），間違った数え方（最初のチップが2度数えられる） |

第2節
ワーキングメモリと基礎的な算数の学習

## 1. 二重課題による計算とワーキングメモリとの関連性の検討

　計算とワーキングメモリの関連性の検討には，しばしば，二重課題が用いられる。二重課題とは，短期記憶またはワーキングメモリに負荷のかかる課題を行いながら，ターゲット課題を行い，干渉が生じるかどうかを検討するものである。たとえば，同じ文字（a, a…）をくり返し発声したり，手でタッピングを行った

## 第7章 ワーキングメモリと算数の学習

りすることで，言語的短期記憶や視空間的短期記憶に負荷をかけ，または，文字をランダムに発声することで（a, f, v…），言語的短期記憶と言語性ワーキングメモリに負荷をかけるものである。

成人を対象とした研究では，ワーキングメモリへの負荷は，1桁の加減算の遂行に干渉するが，言語的短期記憶や視空間的短期記憶への負荷による干渉の生起は，計算の種類や用いられる方略に依存することが示唆されている（たとえば，De Rammelaere et al., 2001; Hechit, 2002; Imbo & Vandierendonck, 2007a）。1桁の加算や乗算のように，数学的事実を記憶から検索する場合，干渉は生じないが，5+4や9-6のような単純な計算でも，数える方略が用いられると，言語的な二重課題の干渉を受ける（Hechit, 2002; Imbo & Vandierendonck, 2007a）。また，視空間的な二重課題が減算を阻害することも示されている（Lee & Kang, 2002）。さらに，2の加減算の遂行には，繰り上がりや繰り下がり，途中の計算結果の保持が必要となるため，言語的短期記憶と言語性ワーキングメモリへの負荷によって阻害されることが示唆されている（DeStefano & LeFevre, 2004）。

他方，児童を対象とした研究では，成人と同様，計算方略に依存するものの（Imbo & Vandierendonck, 2007b），年齢によって干渉の効果が異なることが示唆されている（McKenzie et al., 2003）。McKenzie et al. (2003) は，6・7歳児と8・9歳児に2種類の計算問題（たとえば，5+7 or 5+7+8）を聴覚的に提示し，音韻的な干渉効果と視空間的な干渉効果を調べた。その結果，6・7歳は音韻的干渉を受けないが，視空間的な干渉を著しく受けた。それに対して，8・9歳児は，両者の干渉効果がみられた。すなわち，低年齢の幼児・児童は，視空間的短期記憶に依拠しながら計算を行うが，8・9歳以降，言語的短期記憶に依拠するようになると考えられる。

また，Imbo & Vandierendonck (2007b) は，10歳から12歳の児童を対象に，合計が10以上の1桁の加算（たとえば，8+6）に対してワーキングメモリへの負荷（音の高低に合わせてキーを押す）の影響を以下の条件で検討した。1) 提示された答え（8+6=14）を読み上げる，2) 自分の選択した方略で答えを出す，3) 記憶からの検索によって答えを出す，4) 数の分解によって答えを出す（9+6=9+1+5=10+5=15), 5) 数唱によって答えを出す(7+4=7,8,9,10,11)。その結果，ワーキングメモリへの負荷は，児童による方略の選択に影響しなかったが，たんに答えを読み上げるだけでも，ワーキングメモリへの負荷が反応時間に影響を及ぼした。特に，答えを記憶から検索しなければならない条件でその影響は大きかった。ただし，年齢とともに，記憶からの検索や数の分解に及ぼすワーキングメモ

リの負荷の影響は小さくなった。

## 2. 計算スキル，算数学力，ワーキングメモリとの関連

　二重課題以外の方法を用いた研究では，関連する要因を統制したうえで，計算などの算数スキルや算数学力とワーキングメモリの構成要素との関連が横断的，または縦断的に検討されている。年齢や研究によって短期記憶についてはやや異なる結果がみられているが，ワーキングメモリは，一貫して，計算スキルや算数学力と関連していることが見いだされている（Berg, 2008; Bull et al., 2008; Bull & Scerif, 2001; Fuchs et al., 2005; Geary, 2011; Hoard et al., 2008; Lee et al., 2011; Noel, 2009; Noel et al., 2004; Passolunghi et al., 2008）。

　幼児を対象として研究として，Noel（2009）は，4・5歳児においては，言語的短期記憶と言語性ワーキングメモリが，数唱，加算，語彙の成績と関連していることを示している。また，Bull et al.（2008）は，4・5歳時点で実行機能（抑制とシフト），言語的短期記憶（数字系列再生），言語性ワーキングメモリ（数字系列逆行再生），視空間的短期記憶（図形系列再生），視空間性ワーキングメモリ（図形系列逆行再生）の課題を行い，その後3年間の算数テストなどの成績との関連を検討した。その結果，実行機能と言語的短期記憶の得点が高いと算数と読解スキルが最初から高く，その傾向は，3年間，維持された。視空間的短期記憶・ワーキングメモリは，各時点で算数の成績を予測したが，実行機能は，学習全般を予測した。さらに，小学校1年入学直後のワーキングメモリと，4か月後の記憶方略の獲得との関連を調べたNoel et al.（2004）では，特に言語的短期記憶の高い児童が正確な加算方略を獲得する一方で，ワーキングメモリが小さい児童は，指を使ってすべてを数える傾向がみられている。同様に，1年次と2年次のそれぞれ最初と最後に，算数に関するスキルやワーキングメモリのテストを行ったPassolunchi et al.（2008）では，1年時点では，短期記憶とワーキングメモリが言語的IQを介して，算数の学力を予測していたが，2年時点の算数の学力は，IQ，音韻認識（第6章参照）や数唱スキルによって予測されず，ワーキングメモリによって直接予測されるようになることが示された。また，Fuchs et al.（2005）は，小学校1年生564名のなかで算数の学習に困難が予想される児童127名の半数を対象に予防的な介入（週3回16週間）を行い，介入前後に，算数に関する知識やスキルを査定すると同時に，ワーキングメモリ，注意，音韻処理（音韻認識の課題と，数字をできる限り速く命名する課題），処理スピード（最初のイメージと同じものをできる限り速く5つの中から選択する課題）などの認知課題を行った。

介入の効果や，注意（集中や注意力に関する教師評定），音韻処理，処理スピードなどの認知的変数の影響を統制した後，言語性ワーキングメモリ（リスニングスパン）は，計算や算数の学習成績，文章題の成績を予測した。

他方，より高学年の児童を含めた研究として，Geary (2011) は，小学校1年で，児童177名を対象に，数量概念に関する課題とともに，ワーキングメモリテスト（WMTB-C: Pickering & Gathercole, 2001），処理スピード課題（単語と数字をできる限り速く命名する），知能テストを行い，その後，5年間にわたる算数および読解の学力テストの結果との関連を検討した。数量概念に関する課題には，数直線課題，数セット課題，計算方略検査，計数知識の検査（表7-1）が含まれていた。その結果，言語性ワーキングメモリと処理スピードは，知能以上に，算数と読解の学力を予測した。また，視空間的短期記憶は算数を，言語的短期記憶は読解を独自に予測した。一方，数セット課題，数の分解と最小方略は，各学年を通して，算数の学力を独自に予測し，また，数直線課題，記憶からの検査は，学年の上昇とともに，算数の学力を独自に予測した。さらに，記憶からの検査は，各学年を通して，読解の学力を独自に予測した。

同様に，小学校3年から6年の児童を対象にした Berg (2008) において，年齢，読み能力，処理スピード，短期記憶の要因を統制した後，言語性ワーキングメモリと視覚性ワーキングメモリが計算成績の個人差を有意に説明した。

## 3. 算数の学習困難とワーキングメモリ

Swanson & Jerman (2006) は，算数の学習に困難を抱える児童とそうでない児童の認知的特徴を比較した28の研究のメタ分析を行った。その結果，年齢，知能，数字や単語の命名速度や短期記憶などの要因を統制後，言語性ワーキングメモリの違いが算数の学習困難を説明することを示した。

ただし，言語性ワーキングメモリを測定する課題の刺激によって，算数の学習困難との関連性の強さが異なる可能性がある。言語性ワーキングを測定する課題のうち，算数の学習に困難を抱える児童は，数字を処理する課題（たとえば，数字系列逆行再生）においてのみ得点が低く，文字を処理する課題（たとえば，文字系列逆行再生，リスニングスパン）ではそうでないことを示す研究がある (Hitch & McAuley, 1991; Siegel & Ryan, 1989)。他方で，算数の学習に困難を抱える児童は，数字を処理する課題と文字を処理する課題の両方において得点が低いことを示す研究もある (Swanson & Sachse-Lee, 2001; Passolunghi & Siegel, 2001, 2004)。また，Passolunghi & Cornoldi (2008) は，算数の学習に困難を抱える3，

5年生が，そうでない児童よりも，処理負荷の大きいワーキングメモリ課題（リスニングスパン課題，数字系列逆行再生，ブロック系列逆行再生）での成績が低いが，短期記憶課題（数字系列再生，単語系列再生，ブロック系列再生）や単語の処理の課題（単語の構音速度，文字系列逆行再生）では両者に差がないことを示している。

　数の処理を要するワーキングメモリ課題は，算数障害を抱える児童がまさに困難を示す領域の情報を取り扱う。算数の学習に困難を抱える児童が，ワーキングメモリと同時に，数量概念において何らかの障害を抱えている可能性があるため，数の処理を要するワーキングメモリ課題は，それらの障害が重複し，特に，問題が顕著に現れると考えられる。算数障害を抱える児童は，数の処理を要するワーキングメモリ課題のうち，カウンティングスパン（counting span：たとえば，黄色と青のドットが同時に提示され，青のドットを数えるという試行を複数回行った後，それらの数を順序通り再生するという課題）によってより一貫して定型発達児と区別されることが示されている（Andersson & Lyxell, 2007; Geary et al., 2004; Hitch & McAuley, 1991; Siegel & Ryan, 1989; Passolunghi & Siegel, 2001, 2004）。一方，逆行数唱スパンの場合，算数障害を抱える児童と定型発達児との間に有意な成績差が見いだされない場合もある（Geary et al., 2000; Landerla et al., 2004; van der Sluis et al., 2005）。このことについて，逆行数唱スパンの遂行は，一般に，言語的短期記憶に数列を保持しながら，逆行の処理を同時に行っていると解釈されているが，参加者によっては，数列をイメージとして視空間的短期記憶に保持しながら，逆行の処理を行うといった方略を用いて遂行している可能性も指摘されている（Berch, 2008; Raghubar et al., 2010）。

　最後に取り上げる問題は，算数の学習困難の原因が，ワーキングメモリのような一般的な認知能力から生じるのか，第1節で述べた乳児期から発達する数量概念における何らかの障害から生じ，結果的にワーキングメモリに影響を及ぼすのかである（Raghubar et al., 2010）。いくつかの研究は，両者の説明が同時に成り立つことを示唆している。

　Fuchs et al.（2010）は，小学1年の秋に（280名），数量概念に関するテスト，一般的な認知的能力（ワーキングメモリ，言語，非言語的知能，注意，処理スピードなど），および計算と算数文章題を行い，次の春に再度，計算と算数文章題を行った。数量概念に関するテストは，数セット課題（Geary et al., 2007）と数直線課題（Siegler & Opfer, 2003）であった（表7-1参照）。その結果，一般的な認知的能力を統制しても，数量概念に関するテストの成績は，計算と算数文章題の発

達を予測した．一方，計算については，数量概念に加えて，計算の発達の個人差を説明するのは，言語性ワーキングメモリの1つの課題（counting span）だけであったが，言語性ワーキングメモリ，言語，非言語的知能，注意が，数量概念と同じ程度，算数文章題の発達の個人差を説明した．

また，Halberda et al., (2008) は，中学3年生（14歳）を対象に，一般的認知能力の16課題（知能，語彙アクセス速度，視空間的推論，ワーキングメモリなど）に加えて，数量概念の基礎となる数の表象システム（analog-magnitude system）のテスト（短時間で提示された2色のドットの多少を評価する）を行った．すると，一般的認知能力の統制後，数の表象システムは，それ以前の数学成績（幼稚園から6年まで）と関連していた．

さらに，Geary et al. (2007) は，小学1年の算数障害のある子ども（15名），学習遅滞のある子ども（44名），定型発達の子ども（46名）を対象に，数の表象システムのテストとして，数セット課題と数直線課題（表7-1参照）を行い，ワーキングメモリ，数の処理スピード，算数スキルを調べた．その結果，算数障害児はすべての課題の成績が健常児よりも低かったが，言語性ワーキングメモリが数唱の間違いの同定，単純な計算の間違い，数直線上の数の評定を説明した．また，言語的短期記憶は，数唱知識に関連し，一方，視空間的短期記憶は，複雑な問題を解くときの最小方略，数直線上の数の評定，数の集合の同定などに関連していた．

Geary et al. (2012) は，算数障害を抱える子ども（16名），学習遅滞のある子ども（29名），定型発達の子ども（132名）を小学1年から5年まで縦断的に追跡した．知能，ワーキングメモリ，文字と数の処理スピード，注意についてのテストを2年以降，また，算数と読解の学力検査，数セット課題，数直線課題，計算方略検査（表7-1参照）を毎年行った．その結果，算数障害を抱える子どもは，小学校入学時，算数と読解のスキルが低かった．算数のスキルの群間差は，数セット課題によって説明され，算数障害を抱える子どもは，集合量や数字のアクセスおよび処理が苦手であることが示唆された．他方，読解スキルの群間差は，文字と数の処理スピードによって説明された．算数障害を抱える子どもと学習遅滞のある子どもは，算数の学力において発達が遅れたが，発達の遅れは，数の処理の遅さ，長期記憶から数の知識を検索すること，数を分割すること，ワーキングメモリ，注意力の欠如によって説明された．

## 第3節 ワーキングメモリと数学的問題解決

### 1. 数学的問題解決のプロセス

算数文章題解決には,まず,問題文の個々の文の意味を理解し,次に,問題文全体の状況モデルを構成し,そこから問題解決の方針を計画し,計画を実行することが求められる(Mayer, 1992)。市川ら(2009)は,このような数学的問題解決のプロセスに必要と考えられる知識とスキルを関連づけ,それぞれをコンポーネントとよび(図7-1),それらを診断するテスト(COMPASS)を開発した。表7-2には,COMPASS のテスト課題の概要を示している。

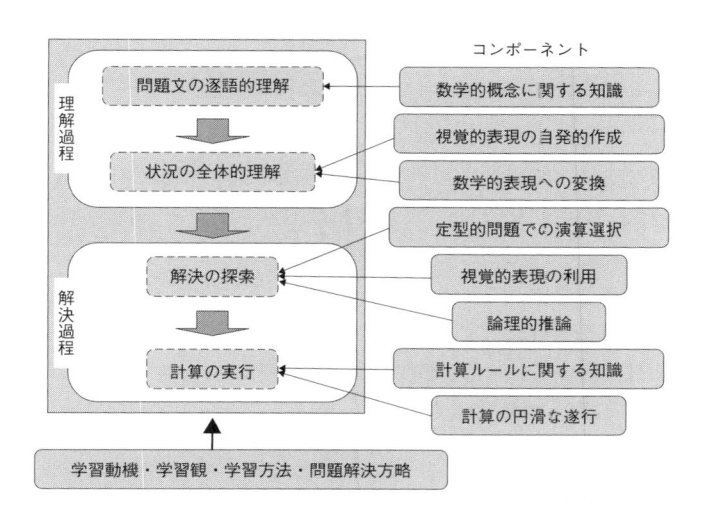

**○図 7-1 数学的問題解決と COMPASS のコンポーネント**(市川ら,2009)

学習者は,まず,「問題文の逐語的理解」から始める。文ごとに意味を理解していくが,そのとき,数学の用語や概念がわからないと,問題文の意味を理解できない。そこには,倍数,逆数,比例などの「数学的概念に関する知識」がかかわっている。第2に,文ごとに意味を理解した後,問題全体としてどのような状況を表しているのかを理解する。そのために問題状況を図表で表現することが役に立つ(「図表作成による表象形成」)。また,グラフ,数表,式,図などの「数

## 表7-2 COMPASSのテスト課題

| 問題解決過程 | コンポーネント | テスト課題 |
|---|---|---|
| **理解過程** | | |
| 問題文の逐語的理解 | 数学的概念に関する知識 | ・数学用語・概念の正誤判断 |
| | | ・数学用語・概念の説明 |
| 状況の全体的理解 | 図表作成による表象形成 | ・統合的表象の形成における図や表の利用 |
| | 数学的表現間の対応 | ・グラフ，図形記号，式などの理解と表現 |
| **解決過程** | | |
| 解法の探索 | 演算の選択 | ・定型的な基本文章題 |
| | 論理的推論 | ・論理的命題の真偽判断 |
| | 図表を用いた解法探索 | ・解法の探索における図や表の利用 |
| 演算の実行 | 計算ルールの基本的知識 | ・基本的四則演算 |
| | | ・小数・分数の計算 |
| | | ・正負の数の計算 |
| | | ・文字式の計算 |
| | 計算の迅速な遂行 | ・単純速算 |
| | | ・工夫速算 |

学的表現間の対応」を理解することが必要である。たとえば，「長方形ABCDの対角線ACとBDの交点P」といった表現を理解できないと，問題文状況をイメージすることができない。第3に，「解法の探索」では，まず定型的な問題に対しては自動的に演算を選択することができるようになる必要がある。何を何で割ればよいか，何と何をかければよいか適切に判断することが，「演算の選択」であり，また，場合によっては，「論理的な推論」を働かせたり，「図表を用いた解法探索」が必要となったりすることもある。最後に，立式して計算を行う（「計算ルールの基本的知識」）。ただし，計算を工夫し，迅速に行うことが求められる。

## 2. 数学的問題解決のプロセスとワーキングメモリ

前項1の数学的問題解決のプロセスでは，理解した意味や構成した状況モデルを保持しながら，同時に，問題解決の方針を考えたり，方針を実行したりするという点で，ワーキングメモリが重要な役割を果たしている。文章題を正しく解決できるかどうかの個人差がワーキングメモリによって説明されることは，多くの研究によって示されている（たとえば，Anderson, 2007; Lee et al., 2009; Swanson & Beebe-Frankenberger, 2004）。

たとえば，Swanson & Beebe-Frankenberger（2004）は，小学1, 2, 3年で，

第3節　ワーキングメモリと数学的問題解決

算数障害のリスクのある児童とそうでない児童に対して，数学的問題解決とWMとの関連を検討した。年少の児童と算数障害のリスクのある児童は，その他の児童よりも，ワーキングメモリ，問題解決，計算，読み，意味処理，音韻処理，抑制において劣っていた。階層的重回帰分析の結果，数学的問題解決は，流動性知能，年齢，読み能力，計算スキル，数学的知識，音韻処理，語彙，数の命名速度，抑制に加えて，言語的短期記憶や言語性ワーキングメモリよっても独自に説明されることが示唆された。同様に，Anderson（2007）は，小学校2-4年生で，読み，流動性知能，年齢を統制したとき，言語性ワーキングメモリと言語的短期記憶を測定する課題成績が数学的問題解決を予測することを示している。また，Lee et al.（2009）は，文単位の理解，問題全体の表象形成，解決方略の生成と計画の決定，計算の実行という数学的問題解決のプロセスにおいて，その個人差をワーキングメモリが約四分の一説明することを示している。

　言語性ワーキングメモリと言語的短期記憶が算数文章題の解決に関与していることは，縦断研究によっても示唆されている（Swanson, 2011; Swanson et al., 2008）。たとえば，Swanson et al.（2008）は，小学校353人の児童を1，2，3年時点で調査し，算数の問題解決とさまざまな認知処理との関連を検討した。1年時の言語性ワーキングメモリと視空間的短期記憶が3年時の文章題の正確な解決を予測し，言語性ワーキングメモリと言語的短期記憶の発達が正確な問題解決の増加と関連していた。ワーキングメモリの発達が，読み，計算スキル，音韻処理，抑制，処理スピードなどの他の認知処理の個人差よりも，算数の問題解決の重要な予測因であることを示唆している。

　他方，ワーキングメモリ以外の別の要因が数学的問題解決により影響を及ぼし，問題解決の困難を説明することを示唆している研究もある（Blair & Razz, 2007; Fuchs et al., 2006, 2012; Fuchs et al., 2008b）。たとえば，Fuchs et al.（2006）は，小学3年生312名について算数の文章題解決にかかわる認知的要因を検討した。算数の文章題解決には，一桁の加減算とアルゴリズム計算（たとえば，247+197）のスキルがかかわっていた。そして，一桁の加減算に対して処理スピード（同じ数字を同定する時間），音韻的コード化が関与し，算数の文章題解決に対して，言語（文法，読解，語彙の能力），非言語的問題解決（非言語的知能），概念形成（事例に共通するルールを同定する能力）が関与していた。しかし，これらのスキルの遂行に関して，言語性ワーキングメモリは有意に説明せず，関与していたのは，注意欠如（注意の欠如や多動に関する教師評定）であった。

　以上のように，ワーキングメモリが数学的問題解決に影響を及ぼすかどうかは，

研究によって一致した結果が得られていない。このような不一致の原因として，数学的問題解決にはさまざまな要因がかかわっており，研究によって測定に用いられる課題や対象となる社会的階層が異なっていることなどが考えられる（瀬尾，2010）。

## 3. 数学的問題解決の支援とワーキングメモリ

　算数障害を抱える児童・生徒に対する数学的問題解決の支援は，図7-1に示したような数学的問題解決のコンポーネントのうち，当該児童・生徒が躓いているところに焦点を当てた支援を行う必要がある。算数障害を抱える児童・生徒に対する支援の効果を検討したこれまでの研究では，「定型的問題での演算選択」に焦点を当てたものが多い。たとえば，Jitendraとその共同研究者による一連の研究では（Jitendra et al., 1998, 2002, 2007; Jitendra & Hoff, 1996; Xin et al., 2005），さまざまな年齢の算数障害児や算数困難児を対象に，文章題の意味的なタイプに対するスキーマの学習をうながし，適切なスキーマの利用に基づく解決を指導することで，問題解決の成績が向上している。

　文章題の意味的なタイプとして，加減法を用いる文章題のなかには，変化，結合，比較，等価などが区別される（Carpenter & Moser, 1983）。「変化」は，当初の量に，加減が生じる場面についての問題である。たとえば，「太郎は，3枚カードをもっていました。お母さんがさらに2枚買ってくれました。太郎は，全部で何枚カードをもっていますか？」といったものである。「結合」は，ある集合とその2つの下位集合との関係についての問題である。たとえば，「太郎は，8枚カードをもっています。3枚は，ポケモンのカードです。残りは，遊戯王のカードです。太郎は，遊戯王のカードを何枚もっていますか？」といったものである。「比較」は，2つの異なる集合に関係に関する問題である。たとえば，「太郎は，3枚カードをもっています。次郎は，5枚カードをもっています。太郎は，次郎よりも何枚もっているカードが少ないでしょうか？」といったものである。最後に，「等価」は，変化と同様にある集合の量に加減が生じるが，それと異なる集合との関係を尋ねる問題である。たとえば，「太郎は，4枚カードをもっています。さらに3枚増えると，次郎と同じ枚数になります。次郎は，何枚もっているでしょうか？」といった問題である。

　それぞれの文章題のタイプのなかには，3つの量が含まれている。たとえば，「変化」の場合，当初の量，加減する量，さらに，最後の量である。このうち，いずれか1つの量が未知の数で，その数を求めるための3種類の問題が考えられ，さ

らに，加わるか，減じるかによって，合計 3 × 2 の 6 種類の異なる文章題が考えられる。このような文章題の意味的なタイプ，必要な演算，未知数の位置によって，文章題の難易度が異なること（Carpenter & Moser, 1983, 1984; Riley et al., 1983），そして，その影響が特に算数障害を抱える児童において大きいことがわかっている（García et al., 2006）。

スキーマの学習は，文章題を問題タイプに分ける練習から始めて，次に，それぞれのタイプの問題で（たとえば，「変化」の問題の場合），当初の量（St），変化した量（C），最後の量（E）を子どもに確認させ，変化の加減に応じて，St ± C=E の式を考えさせる。Fuchs とその共同研究者は，このような学習に加えて，学習を新しい問題の解決に生かすこと（転移）の重要性を指摘し，表面上異なった問題（問題文中で情報の提示方法を変える，問題文のキーワードを変える，問題に余分な質問を加える，大きな問題に中に下位問題として埋め込む）を考えさせ，既知問題タイプを探すトレーニングを行った。そして，このようなトレーニングが定型発達児のみならず，算数障害を抱える児童，さらに算数障害と読み障害を併発する子どもにとっても，数学的問題解決の成績を向上させることを示している（Fuchs et al., 2008a; Fuchs et al., 2003, 2004, 2009）

文章題の意味的なタイプに対するスキーマの形成によって，問題解決者は，問題解決時に利用するワーキングメモリを節約することができる。たとえば，「太郎は，3 枚カードをもっていました。お母さんがさらに 2 枚買ってくれました。太郎は，全部で何枚カードをもっていますか」という問題が出されたとき，通常，図 7-1 のプロセスを順次遂行する必要があり，ワーキングメモリに大きな負荷がかかる。しかし，その問題のスキーマをもっていれば，「買ってくれました」といったキーワードによって，変化のスキーマを思い起こし，問題文中の数字を St，C に対応づけ，St+C の演算を自動的に実行することができる。

最後に，当該児童・生徒が躓いている数学的問題解決のコンポーネントのアセスメントを行い，直接，そこに働きかけることが効果的である。遠藤（2010）は，乗除算の算数文章題の解決に困難を示す中学生を対象に，認知特性およびつまずきのアセスメントを行い，それに応じた問題解決の支援を行った。対象児童は，言語的な処理が加わる場合の短期記憶，すなわち，ワーキングメモリに問題を抱えていると推測された。算数の文章題解決プロセスのなかで，(a) 図式化を考えるうちに，設問内容を忘れてしまい，立式が困難であること，(b) 未知数を把握し，演算子を決定することができないことの問題が考えられた。図 7-1 の COMPASS において，(a) は，視覚的表現の自発的作成による状況の全体的理

解,(b)は,定型的問題での演算の選択による解法探索に対応すると考えられる。遠藤は,具体物を動かしながら立式を行う学習支援を行い,また,設問中の特定のキーワードを抽出して,演算子を決定する方略を教えることで,対象生徒の問題解決がうながされることを示した。

# 第8章
# 子どもの認知的特性をふまえた支援技術

## 第1節
## 特別な学習支援を必要とする子どもたち

　小学校，中学校の通常学級では，およそ4～5％の子どもが読みや書きなどの学習に困難のある状態を示し（文部科学省，2003, 2012），近年，その理解と子どもへの支援体制の充実が進んできた（柘植，2013）。学習に困難を抱える子どもに対しては，一般的な学習指導の方法が，必ずしも十分な効果を発揮しない場合がある。たとえば，漢字の書字学習のために字をくり返し書いて覚える反復書記は，教科書，ノート，市販のドリル教材を通じて用いられる一般的かつ重要な学習方法であるが，学習に困難を抱える子どもの場合，くり返し書くだけでは漢字の書きの定着につながらない場合のあることが報告されている（たとえば，湯澤ら，2013b）。つまり，一人ひとりの認知的特性をふまえた支援が求められている。

　全般的な知的発達に遅れはないが，読み，書き，計算などの学習に困難を示す状態はLD（学習障害）とよばれる（文部科学省，2003）。LD児に短期的な記憶の困難があることは古くから知られており（たとえば，Jorm, 1983; Torgesen, 1978），その困難は成人期を含めた長い期間にわたって存在するとされる（Siegel, 1994）。そうした学習に困難を抱える個人の認知的特性を明らかにしようと，近年，個別式知能検査のWISC-Ⅳ（Wechsler Intelligence Scale for Children-Fourth Edition）にワーキングメモリ指標が取り入れられたり（Wechsler, 2003），児童のワーキングメモリをテストバッテリにより把握する研究（Alloway, 2012; Gathercole & Pickering, 2001; Swanson, 1996）が進められるようになってきた。同時に，こうした認知的特性をふまえた支援についても研究が始まってきた（たとえば，湯澤ら，2013b）。特に，学習支援を必要とする子どもたちに対して，一人ひとりの学習上の躓きを把握しながら，特定の学習領域にターゲットを絞り，

### 第8章 子どもの認知的特性をふまえた支援技術

　子どもの認知的特性に応じた支援を行うことは，支援の効果を上げやすい。
　そこで，本章では，学習に困難を示す子どもたちに対する支援技術の方法を個別指導の文脈から，紹介することを目的とする。まず，第2節では，支援アプローチに基づく支援技術を分類し，様々な支援の方法と本章で紹介する支援技術の位置づけを整理する。第3節では，読み，書き，読解に関する具体的な支援技術の方法を紹介しながら，そこで得られた支援の成果を事例研究を中心に集められたデータから示す。そして，第4節では，本章で紹介する支援技術の意義を議論する。

## 第2節
## 支援アプローチに基づく支援技術の分類

　学習に困難のある子どものワーキングメモリに焦点をあてた支援技術は，その方向性を，上田（1983）のあげたリハビリテーションの基本的アプローチのうち3つのアプローチを取り出して考えると理解しやすい。
　第一は「治療」的アプローチである。このアプローチは子どもの認知的特性における弱さや困難に焦点を当てて能力の向上をめざし，その結果，認知的特性における弱さから生じていた学習の困難の改善を意図するものである。ワーキングメモリのいくつかの機能を向上させ学習到達度の向上を期待するようなワーキングメモリ・トレーニング（たとえば，Holmes et al., 2010；第1章参照）はこのアプローチにあたる。
　第二は「適応」的アプローチであり，本章で紹介する事例研究はこれを重視したものである。このアプローチは現存機能の発揮と補助的手段の使用を組み合わせたものである。つまり子どもの現在の認知的特性の状態に基づいて学習を行うもので，たとえば視空間情報の記憶に困難があるため漢字の書き学習に苦手さのある子どもに対して，教材の工夫によって視空間情報の記憶の弱さを支えるヒントを示したり，言語的情報の記憶の強さを生かし，「青」を「じゅうにがつ（十二月）」のように分解し言葉に置き換えて学習するやり方である。長所活用型指導（藤田ら，1998）は，適応的アプローチの支援方法としてよく知られたものであり，必然的に子どもの記憶の特性に配慮した方法が多くみられる。
　第三は「環境改善」的アプローチである。このアプローチは社会環境の方が困難のある子どもの立場に近づくもので，ここでは子どもを取り巻く学習の環境を子どもの特性に応じたものに改善するあり方ととらえることができる。たとえば，通常学級の指導において教師の授業の進め方，発問の仕方など，どのような要因

がワーキングメモリに困難のある子どもの理解を深めやすいかを検討する（湯澤ら，2013a）ことは，環境改善的なアプローチといえる。

　なお，これら3つのアプローチはどのアプローチを優先すべきなのか，たとえば計算の苦手な子どもに計算力の向上をめざすのか，それとも計算機の使用をうながすほうが適切なのか（たとえば，佐々木ら，1990）が，議論の対象となることもある。実際の支援では子どもの認知的特性や取り組んでいる学習の内容などによってこれらのアプローチを使い分けるので，重要なことは，どれか特定のアプローチにかたよるのではなく，いずれのアプローチも併行して考えられるべきこと（上田，1983）であり，それぞれのアプローチの長所と短所，解決可能性と限界について明らかにしていく必要がある。

## 第3節　ワーキングメモリの困難に配慮した特別な支援

　学習に困難のある子どもに対する学習支援の効果を明らかにしようとするとき，認知的特性，学習到達度，環境要因，生育歴に関する多様性のために子どもを均質な群として扱うことや対照群を設けることが現実には難しい場合がある。この場合，事例的な研究が行われることが多い。事例研究は，支援に後続して正の効果がみられたとしても，自然発達との区別に難しさがあること，一般化した結論を導きにくいこと，実践としての価値を保ちながら研究として条件を統制するのが難しいことなど短所や制約もあるが，グループデータを扱った研究に比べると直接的に個人の支援効果を検証できる長所がある。

　以下では，学習に困難のある子どもを対象とし，河村ら（2004）で使用したワーキングメモリテストを実施してワーキングメモリの特性を把握した上で，学習支援の実践のなかでいくつかの条件下で学習を行い，支援の成果の検証を試みた事例研究を紹介する。

### 1．語彙量の少ない子どもへの語彙学習支援

　河村（2013）は，言語的短期記憶とワーキングメモリがともに小さい小学3年生のA児と，言語的短期記憶は年齢相応であるが，ワーキングメモリが小さい小学4年生のB児を対象として語彙学習支援を行い，その長期的な効果を検討した。

　両対象児は学校で使用する教科書の音読は知らない漢字を除いてできたが，読めても意味のわからない言葉が多く，学校のテストの設問には答えられないこと

## 第8章 子どもの認知的特性をふまえた支援技術

も多かった。週1回5か月間の学習支援の時間を通じて、学校で使用する教科書のなかで子どもが「知らない」と答えた言葉を調べ、A児では58個をB児では56個を未知単語と同定した。それらのうち半分の単語について、「音のイメージ化」をうながす語彙学習を行った（湯澤ら、2013b 参照）。

「りゅうぼく」を例にあげると次のようになる。まず、意味的なイメージを定着させるために、視覚的に理解しやすい場面を表した文をプリント上に提示する。「橋に（りゅ○○○）がひっかかった」（ヒント　流れてきた木）のように、学習する単語は伏せ字で示されていて、こたえは支援者から音声で伝えられる。子どもは語頭の文字と単語の意味とをヒントにしながら単語を学習する。次に「流れてきた木」といった意味のヒントに対していくつかの単語が書いてあるもののなかから「りゅうぼく」を選ぶ。このようなやり取りを繰り返しながら単語の音韻や意味を学習していく。

すべての語彙学習が終わった後で、学習単語と未学習単語を使った文つくりのテストを行ったところ、図8-1のように正答率が2名とも学習単語は70％に近かったのに対して、未学習単語は30％程度だった。また1年後、2年4か月後の再テスト時においても学習単語が未学習単語よりも高く、同じ傾向が維持されていた。

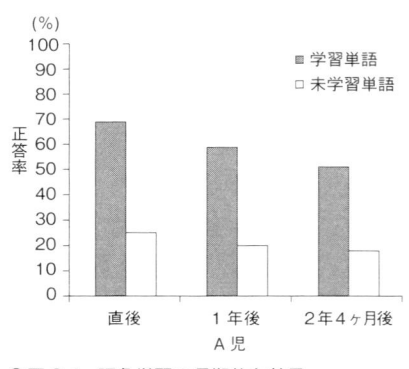

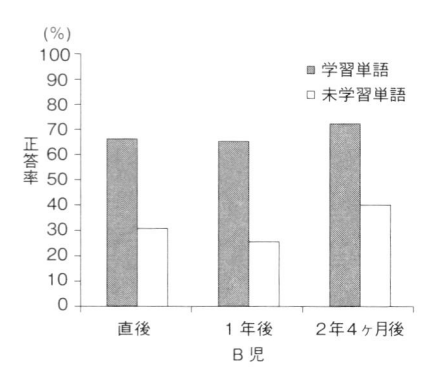

○図 8-1　語彙学習の長期的な効果

「音のイメージ化」を通して、子どもは言語的短期記憶の小ささを長期記憶で補うことができた。視覚的に理解しやすい場面を表した文脈の中で未知単語を学習することや、「りゅ○○○」といった視覚的補助情報によって、言葉の音そのものについての認識の弱さが補われると考えられる。語彙の定着には、子どもの認知的特性や学習経験に応じた、複数の支援技術の活用が必要となる。

第３節　ワーキングメモリの困難に配慮した特別な支援

## 2. 読み困難のある子どもへの読み学習支援

### (1) 読みの正確性についての支援

河村（2011a）は，言語的短期記憶が小さい中学１年生のＣ児と小学４年生のＤ児の２名を対象に，語彙学習に焦点をあてた漢字の読み学習支援を行い，支援技術の妥当性を検討した。

両対象児の漢字の読み到達度は，両名とも小学３年生時に小学１年生以下であった。対象児にとって読めない漢字熟語の中から既知単語のもの60熟語と未知単語のものを60熟語を取り上げ，意味学習に重点をおいたワークシート（湯澤ら，2013bを参照）と，音韻学習に重点を置いたワークシート（意味は学習せず読みだけを学習する）の両者を用い，それぞれ30熟語ずつ学習した。

意味学習用のワークシートは４つに区分されている（漢字熟語を用いた文章・読み仮名・意味のヒント・漢字熟語）。「入学」を例にあげると次のようになる。１つのワークシートで，子どもは５つの漢字熟語を学習する。まず，漢字熟語の意味を示すものとして，「一年生が入学した」（ヒント　学校にはいること）といった文章を提示する。文脈のなかで５つの熟語の読み方と意味を学習した後で，子ども自らが読みを想起する。次に，意味を推測させるために，「がっこうにはいること」といった意味のヒントを提示し，５つの熟語の読み仮名が書いているもののなかから，「にゅうがく」を選ぶ。最後に，「入学」の読み仮名を，漢字の右側に書くというものである。

結果，図8-2に示すように，学習から一週間後の読み正答率は既知単語のものを意味学習した条件，既知単語のものを音韻学習した条件，未知単語のものを意

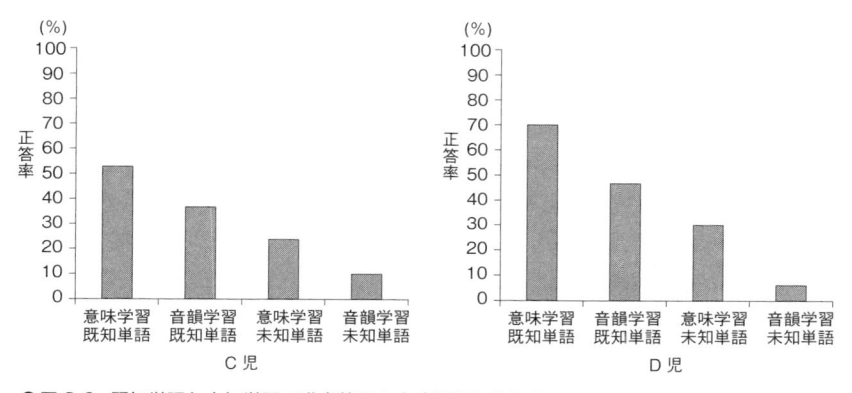

❶図8-2　既知単語と未知単語の漢字熟語の意味学習と音韻学習における一週間後の読み正答率

味学習した条件の順に正答率が高く，最も低いのは未知単語のものを音韻学習した条件であった。このことは漢字の読み学習においてそもそも言葉の意味を知っていることの重要性を示しており，したがって読み学習の際に語彙学習を行うことの重要性を示唆していた。

そこで漢字の読み学習支援における語彙の事前学習の有用性を新たな漢字学習によって検証した。図8-3に概要を示すように読み学習を行う前に，語彙学習に焦点化した支援を行って未知単語の意味を十分に学習した単語を学習単語として加え，既知単語，学習単語，未知単語の漢字熟語について意味学習と音韻学習を行った。漢字熟語の読み学習のなかで意味学習においては既知単語と学習単語が30熟語ずつ，音韻学習においては学習単語と未知単語が30熟語ずつ含まれていた。

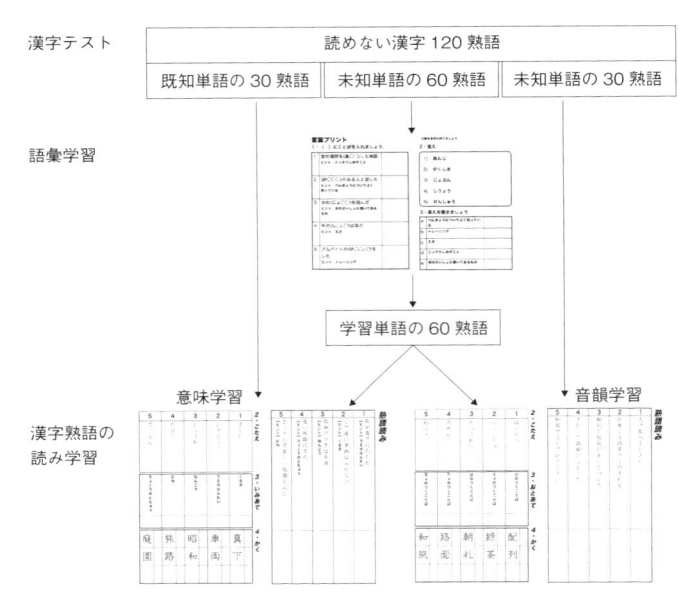

◯図8-3 漢字熟語の読み学習における既知単語と未知単語，学習単語の配分の概要

その学習の結果を図8-4に示す。図8-4では図8-2のなかで最も正答率の高かった意味学習における既知単語の漢字熟語の正答率は左端に，最も正答率の低かった音韻学習における未知単語の漢字熟語の正答率は右端に示している。ここでも前者の正答率は高く，後者の正答率は低い。しかし本来は未知単語だったが，語

彙学習によって子どもの既知の単語となった学習単語については，意味学習においては既知単語と同じ程度の正答率に，音韻学習においては未知単語の正答率を上回り，読み学習に先立つ語彙学習の重要性が示された。

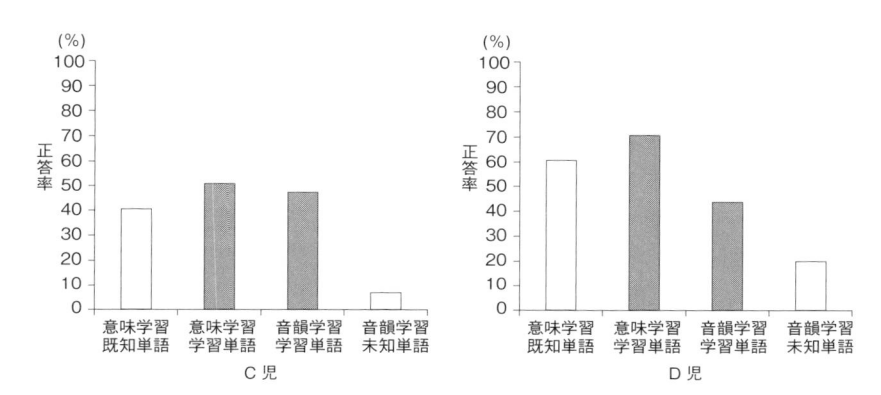

○図8-4 既知単語，未知単語，学習単語の漢字熟語の，意味学習と音韻学習における一週間後の読み正答率

　漢字熟語の読み学習を行う場合，漢字の形態に関する視覚情報に，音声情報を対応させていく必要があり，両者を同時に結びつけ覚えることは，記憶に負荷がかかる。そこで，まずは漢字熟語の言葉の意味としての語彙を長期記憶に定着させることで，漢字熟語の読み学習の際に，長期記憶にある漢字の意味的側面からの情報を支えとして言語的短期記憶の小ささを補うことが，効果的に作用したといえる。

### (2) 読み速度についての支援

　読みに困難のある子どもでは文字を正確に読めるようになっても，読みの速度が十分に速くならないことがある。ひらがなや漢字を読む速さが遅いと，書いてある内容を理解することは難しい。たとえば一文字一文字をゆっくりと読む子どもを観察すると，文字を音声へ変換することに時間がかかりすぎて，先ほど読んだいくつかの文字の音を忘れてしまい，今読んだ文字の音を合わせて単語として認識することが難しい場合がしばしばある。また文中に未知単語があると，未知単語の部分で極端に読みが遅くなったり，未知単語の音韻の系列や単語の示す意味を覚えておくことが難しく，文章全体の理解に影響している場合もみられる。

#### 第8章 子どもの認知的特性をふまえた支援技術

　河村（2013）は，言語的短期記憶やワーキングメモリが小さく，LDと診断されていた小学6年生1名を対象とし，読み速度を向上させるための効果的な支援技術を検討した。

　対象児は文章の音読に際して全般的に読み速度が遅かったが，特に未知単語の部分で著しく読み速度が遅くなるようすが観察されていた。そこで3つの未知単語を用いた3文からなる短文を36課題作成して読み速度を計測しプレテストを実施した。これらを，図8-5に示すように，未知単語の意味を学習する語彙学習条件と未知単語の意味は学習せず音韻の系列を5回唱える反復学習条件，そして学習はせずに同じ課題を読むだけの再読条件にそれぞれ12課題ずつ割り当てた。最初の2条件では学習後に，再読条件ではプレテストの後に，再度同じ課題を読んで読み速度を計測しポストテストとした。プレテストと比較してポストテストで読み速度がどの程度向上するか検討した。

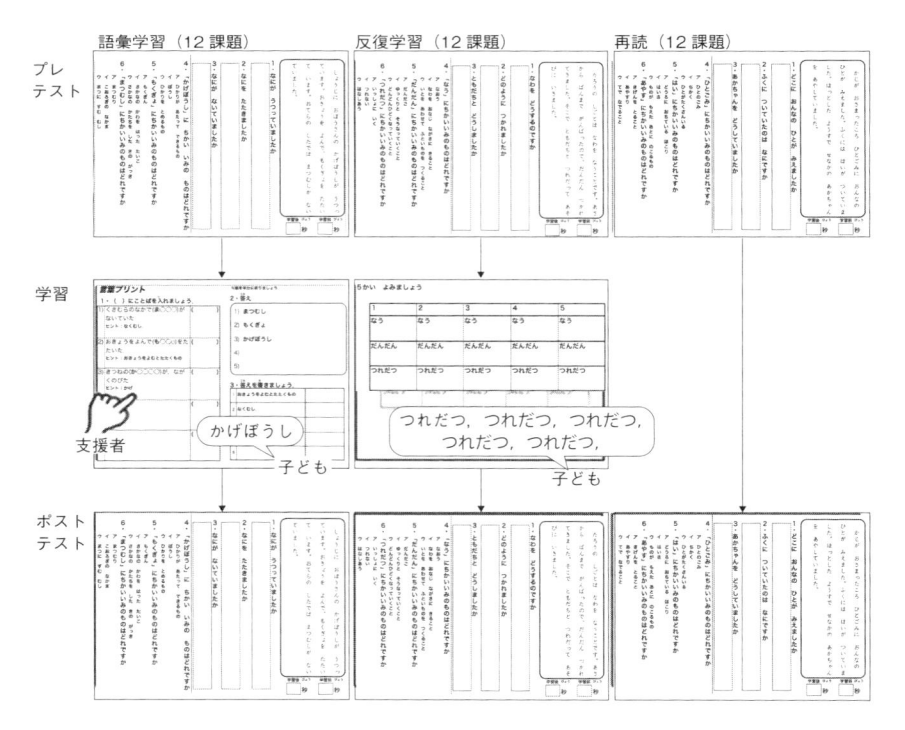

❶図8-5　読み速度に焦点を当てた読み学習の概要

その結果，図8-6のように直後のポストテストでは語彙学習条件と反復学習条件では2倍近くまで読み速度が向上したのに対し，再読条件では1.2倍程度にすぎなかった。また，文章中に表れた未知単語の意味について問う設問については，ポストテストでは語彙学習条件が80％程度正答したのに対して，反復学習条件と再読条件では20％以下の正答率であった。3か月後に再度読み速度を計測した結果，プレテストと比較して語彙学習条件では1.6倍を超える読み速度であったのに対して，他の条件は1.2～1.3倍にすぎなかった。

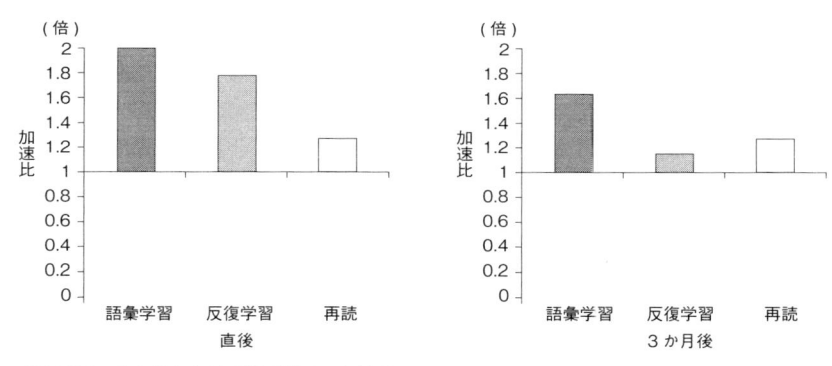

○図8-6　各条件における読み速度の加速比

　つまり，対象児ではたんに読むことをくり返すだけでは，読み速度についての長期的効果は得られにくかった。そしてすでに見てきたように語彙学習の効果は長期にわたり維持するため，ここでも未知単語の意味を学習した文章では読み速度が速いまま保たれていた可能性がある。ただし子どもによっては語彙学習や反復学習の効果がみられない場合もあるため，今後のさらなる広範囲な検討が必要である。

## 3. 書き困難のある子どもへの書き学習支援

### (1) つづり

　言語的短期記憶が著しく小さい子どもの場合，単語を正しい配列で書けない事例がある。たとえば，「こいのぼり」という音韻の系列を正確に反復できなかったり，あいまいに覚えていたりするため，何回練習しても「こいのぼり」と書けずに「こいもり」と書くなどである。ここではこれをつづりの困難とよぶ。河村(2011b) では，言語的短期記憶が著しく小さい小学3年生の子ども1名を対象

## 第8章 子どもの認知的特性をふまえた支援技術

としてつづりの学習支援を行った。

対象児は，読みにおいても困難は示したものの，特につづりの困難が著しかった。ひらがなについては一文字ずつであれば，特殊音節を除いて，提示された音声について正確に書くことができた。特殊音節については「きゃ」を「ちゃ」と書くような誤りがみられ，「き」と「や」と分けて口頭提示されれば書くことができていた。対象児が学校で使用している教科書から，既知単語であるがつづりが不正確な3～7モーラ（拍）の60単語を選び出し，視写の際に単語を2～3モーラずつ分割してつづる分割学習と，単語をそのままつづる反復学習をそれぞれ30単語ずつ行った。単語の平均モーラ数と特殊音節数は2条件でそれぞれ同じになるようにした。

その結果，図8-7に示すように1週間後の正答率は分割学習条件において70%，反復学習条件において37%であり，分割学習をする方が正答率が高かった。

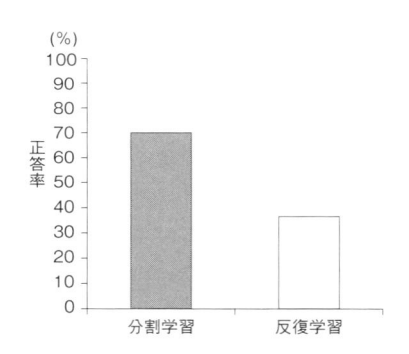

**○図8-7　つづりの分割学習と反復学習における一週間後の正答率**

分割学習の効果は，次のように考えられる。「ふきとばす」を学習する際に反復学習では「ふ」「き」「と」「ば」「す」と5つの音韻の刺激を学習するのに対し，分割学習では「ふき」「とばす」と分割することで情報を，2つに区切ることで学習を進めることができる。記憶の容量は，通常，チャンクが単位となる（たとえば，「ぬへらめれよ」という非単語は，6つの情報量から構成されるが，いぬ・とり・ねこの場合は，既知の単語が3つであるため，情報量は3となる）。分割学習の場合，大きなまとまりに区切ることにより，記憶の負担が軽減したと考えられる。

## （2）漢字の書き学習

　言語的短期記憶やワーキングメモリに問題がみられず，文字の読み学習は年齢相応であったり，促進したりしていても，文字の書き学習に顕著な困難を示す子どもがいる。

　河村（2010）では，中学1年生の読み書きに困難のあるE児と，小学4年生の高機能自閉症があり書きの困難が大きいF児の2名を対象として漢字の書き学習の支援を行った。E児は言語的短期記憶課題と，視空間的短期記憶課題の一部で困難を示し，読み学習と書き学習の両方において困難があった。F児は言語的短期記憶課題は高い得点を示しているにもかかわらず，視空間的短期記憶課題では概して低く，読み学習に困難はなく書き学習に困難があった。

　漢字の書き学習において，学習をスモールステップ化し，漢字の細分化と情報の統合をする際，子どもの認知的特性を活かし，言語的方略あるいは視覚的方略を用いるよううながす支援技術とその効果を以下に紹介する。

　図8-8に示すように方略学習条件では最初に，対象児の考えを可能な限り生かしながら漢字を絵や言葉によって分解する。たとえば漢字の「雲」を「雨の下にカサがある」と分解し，しかも絵で表示したいのであれば，それに合わせてコンピュータ教材とプリント教材を作成する。対象児の考えを修正せざるを得ないとき，たとえば漢字の「受」を学習する際に「ノツワ又」と4つの要素に分解したいといったとき，最大で3つの要素数にするため「ノツ」を1つにするか，「ツワ」で1つにするかは，対象児と支援者で相談して決める。コンピュータ教材には対象児が考えた分解の仕方を支援者がその覚え方の音声とともに取り込み，対象児がそれを学習する。最後にプリントを用いて漢字の書き学習を行う。なおE児は三分の一程度の漢字を絵のような視覚的方略によって分解し，三分の二は言葉による言語的方略で分解した。F児はほぼすべてを言語的方略で分解した。それぞれの対象児における反復書記の効果を確認するため，方略学習条件と画数を等しくした漢字を反復書記によって学習し，反復書記学習条件とした。方略条件と反復書記学習条件ではそれぞれ30漢字ずつ書き学習を行い，一週間後の事後テストの正答率を比較した。

　その結果，図8-9，図8-10に示すように，E児，F児では事後テストにおいては方略学習条件の正答率が高く反復書記学習条件の効果はほとんどみられなかった。ただし，9か月後に行った維持テストでは，方略学習条件の正答率がF児では30％程度の低下にとどまったが，E児では70％程度低下して反復書記条件との違いがみられなくなった。

**第8章** 子どもの認知的特性をふまえた支援技術

①漢字の分解

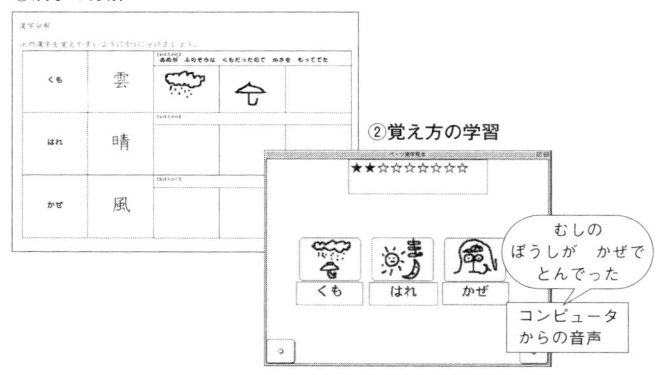

②覚え方の学習

③覚え方を構成する学習1

④覚え方を構成する学習2

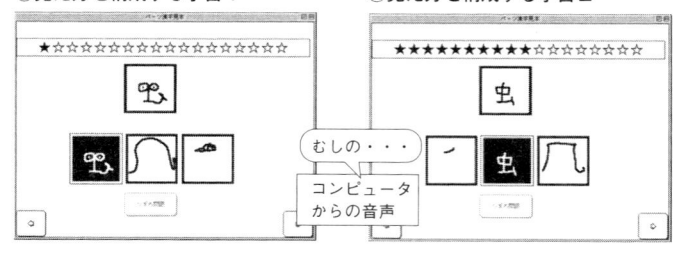

⑤プリント学習

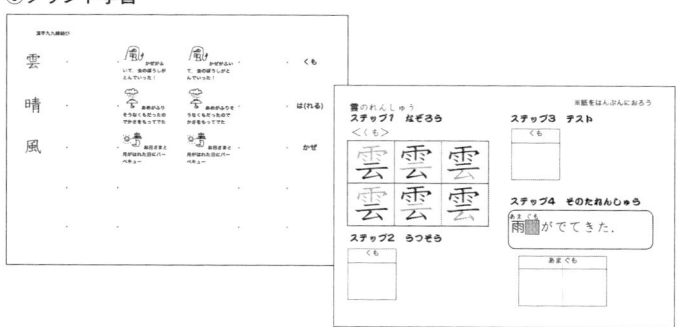

**○図8-8 漢字の書字学習の概要**
子どもが漢字を言語的に分解したときは，②では各漢字を絵ではなく漢字で表示し，③の画面は使用しない．

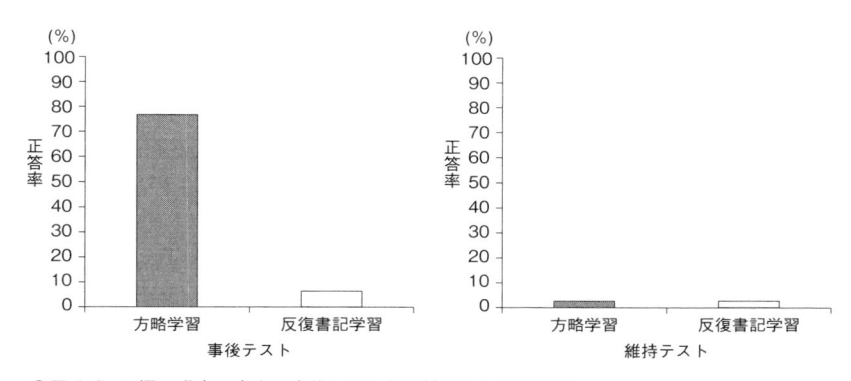

第3節　ワーキングメモリの困難に配慮した特別な支援

❶図8-9　E児の漢字の書きの事後テストと維持テストの正答率

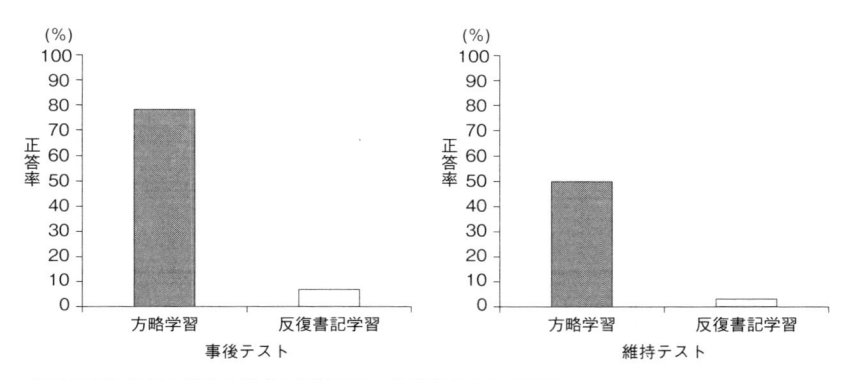

❶図8-10　F児の漢字の書きの事後テストと維持テストの正答率

　子どもの認知的な特性に応じながら漢字を分解することで，各部位に注意を向けつつ，言語的方略，視覚的方略を用いて学習することで，漢字の書きの定着がうながされることが示唆されたが，長期的な定着に関しては，E児においては課題が残った。E児とF児との違いについては，読みと書きの障害の重複の程度や，ワーキングメモリにおける特性の違いや困難の程度，あるいは漢字を分解する方略の違いの影響が考えられるが，原因は明らかではない。今後の課題である。

## 4．読解困難のある子どもへの読解学習支援

　漢字の読みや教科書の音読など読みに著しい困難はないが，文章についての設問に正しく答えられない子どもがいる。河村（2012）では，読解の困難を主訴とし，

第8章 子どもの認知的特性をふまえた支援技術

　言語的短期記憶ならびにワーキングメモリが小さい小学5年生のG児とH児の2名を対象として読解学習の支援を行った。
　対象児は文章の要約が著しく苦手なため，「主人公の心情を30字以内で説明しなさい」など，必要な言葉を使って状況を説明する問題を極端に不得手としていた。まず10の説明文のうち5つは概括条件として操作的な手続きに従って内容に関する情報を生成して文を書く学習に取り組んだ（教材の詳細は湯澤ら，2013bを参照）。残りの5つは読み条件としてたんに文章を読んだ。文章の難易度の影響を除外するため，両対象児で各説明文を提示する順番は同じにしたうえで，提示順が奇数番の説明文をG児では概括条件，H児では読み条件に，偶数番の説明文をG児では読み条件，H児では概括条件に，交互に割り当てた。その後内容について質問する事後テストを実施した。その結果，図8-11のように読み条件に比べると概括条件の方が正答率が2倍程度高かった。

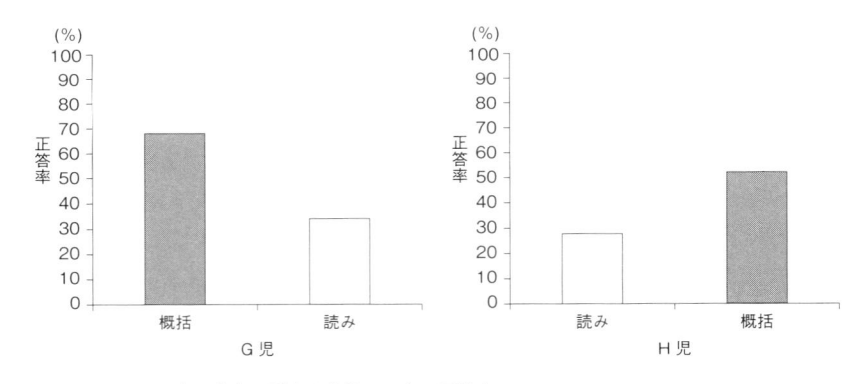

○図8-11　説明文の内容に関する事後テストの正答率

　次に20の物語文のうち10は概括条件として操作的な手続きに従って内容に関する情報を生成し絵を描く学習に取り組んだ。残りの10は解答条件として内容についての設問に答える学習に取り組んだ。
　その結果概括条件の方が事前要約に対する事後要約の字数が大きく増えており，解答条件ではほとんど増えなかった（図8-12）。これらのことから，この研究で対象としたワーキングメモリに困難のある子どもは，文章を読んだり設問に答えるだけでは文章の内容を事後のテストのために覚えておくことは難しいが，文章の内容についての情報を生成することで情報を覚えやすくなり，それを材料として用いることで要約字数が増える可能性が考えられた。

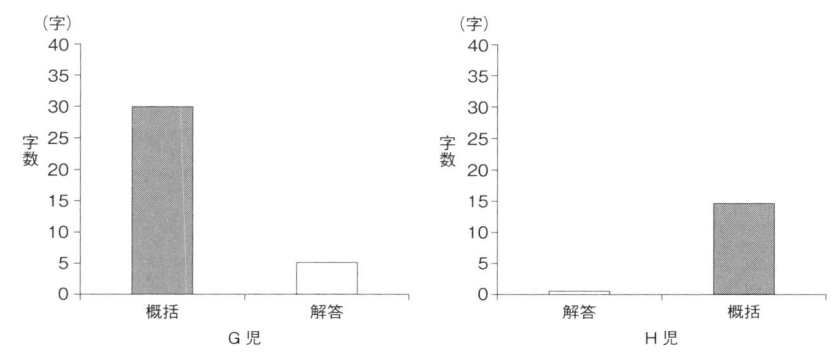

**❶ 図 8-12　物語文の要約字数の増加**

　ここまで語彙学習，読み学習，書き学習，読解学習についての事例研究を紹介してきた。これらは少数の事例に基づいているため，結果を一般化するには慎重でなければならない。しかし，そもそも子どものワーキングメモリの特性，動機付け等によって個々に生じる支援の効果は相当程度異なる場合があるので，支援実践のなかで一人ひとりの子どもについて支援の効果を検証しようとすると，最終的には各事例において直接的に分析を行う必要がある。そのためには一事例において支援の条件を操作する方法により得た学習支援の効果を，蓄積することが重要である。もちろんさまざまな子どもに対応できる支援技術を成立させたり，支援効果の程度や支援技術の適用範囲を明らかにしたりするためには，グループデータによる検証が欠かせないため，目的に応じた適切な方法を組み合わせることが必要となる。

## 第4節　ワーキングメモリの困難を支援する技術科学とその必要性

　ワーキングメモリに困難のある子どもへの特別な支援の技術について，「技術科学」という概念をもとに考えていくと，その位置づけを理解しやすいと筆者は考える。上田（1983）が述べた技術科学の構造を図 8-13 に示す。
　まず科学とは対象の客観的法則性の認識を指す。たとえば，ワーキングメモリの発達と学習到達度との関連から，学習に困難のある子どもにおけるワーキングメモリの認知的特性を明らかにした研究などはこれに当たる。
　次に技術学とは技術の客観的法則性の認識を指す。たとえば，語彙学習支援の

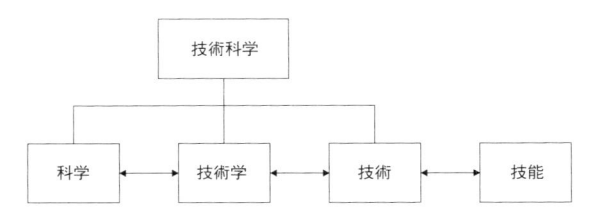

第8章 子どもの認知的特性をふまえた支援技術

○図 8-13 技術科学の概念の構造（上田，1983 より作成）

技術や読解学習支援の技術を実際に子どもに適用したとき，どのような条件でどのような効果があるのかを検証した研究はこれにあたり，本章で紹介した事例研究もここに含まれる。上田（1983）が述べるように，対象の客観的法則性の認識だけからは具体的な支援の効果がおのずと明らかになるとは限らないので，科学における研究とは別に，技術と対象の相互作用に焦点を当てて研究する必要がある。

そして技術とは科学と技術学で明らかになった法則性の目的意識的適用であり，そのための体系的・実際的な指示のことである。たとえばワーキングメモリに困難のある子どもへの読解学習支援の技術など具体的な方法についてである。支援技術を適用する実践においては，科学と技術学から演繹的に導かれて成立する技術もあるが，経験的に成立した技術の機能を後から科学的あるいは技術学的に明らかにし再構成する場合もあるように，技術は科学や技術学から相対的に独立して存在する。

最後に技能とは個人に体得された技術的能力のことを指す。たとえば，同じ技術についても個々人の支援者の技能は異なる場合があるように，技術と技能とは区別して理解する必要がある。

図 8-14 はこのような技術科学の構造を学習支援の実践に適用して技術を作成した一例である。ここでは齊藤（2000）の提案したモデルに対応させて作成した語彙学習支援の技術（湯澤ら，2013b）を示している。齊藤（2000）は，音韻ループの機能とメカニズムを認知システム全体のなかで検討するアプローチから，言語システムに埋め込まれた音韻ループ・モデルを提案した。音韻ループの機能は言語知覚過程と言語産出過程の相互作用から生まれ，記憶スパン課題の成績の背景に安定した音韻表象の生成と，発話運動プランニングとが関与していることが指摘された。

この言語知覚と言語産出に対応させて筆者は2種類の語彙学習の教材を作成した（湯澤ら，2013b）。支援技術の1つは支援者が音声をくり返し提示し，子ど

第4節　ワーキングメモリの困難を支援する技術科学とその必要性

言語システムに埋め込まれた音韻ループ・モデル
（齊藤，2000から作成）

2種類の語彙学習支援の技術例
（湯澤ら，2013b）

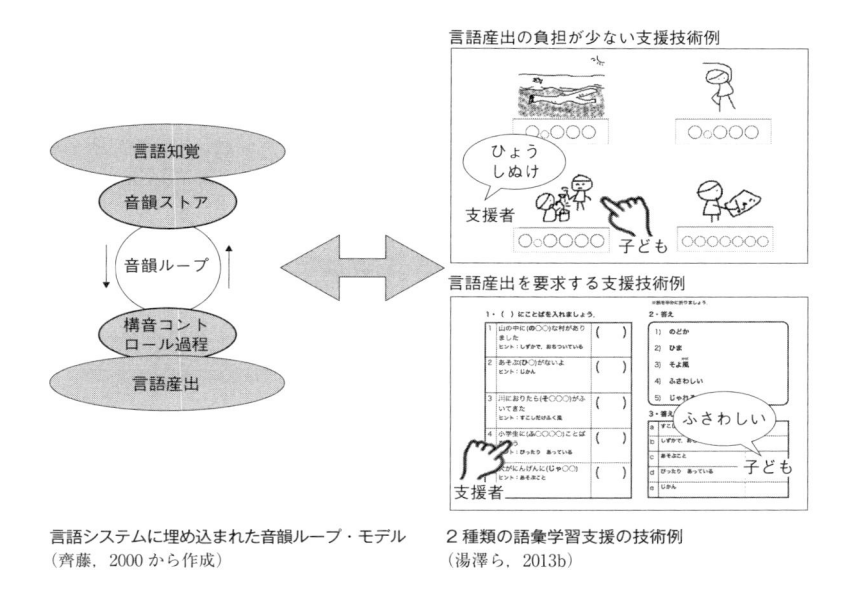

○図8-14　技術科学の構造を実践に適用した一例

もは外的に発話をすることなく解答できるものである。言語的短期記憶が小さく，新しい言葉を学習することに重い困難を示す子どものなかには，言葉を正確に反復できず，声に出して反復することを拒否する者もいる。このような場合は，まず安定した音韻表象を生成できるようにクイズ形式のなかでくり返し言葉を聞き，声に出さずに言葉を学習するような教材が必要となる。もう1つの支援技術は，子どもが支援者から聞いた言葉を文脈のなかで覚え，子ども自身が言葉を発話して解答するものである。学習した音韻表象を正確に学習することでより確かなものにするため，あるいは，正確に学習できているかどうかを支援者が確かめるためには言語産出を行うような教材が必要となる。

さて本章で紹介した語彙学習の効果に関する検証は後者の言語産出を要求する支援技術についてのものであった。支援技術として先行して作成されたのは，この言語産出を要求する語彙学習支援の教材であったが，効果の検証を行った結果，それだけでは学習が難しい子どももいた。そこで心理学的モデルを参照して，言語産出を要求しない支援技術を，後に作成した。学習の支援技術について科学と技術とは相対的に独立して存在するが，このように技術学的な理解を通じて明らかとなった限界を乗り越えるため，科学を参照して別の新しい技術をつくること

があるように，科学・技術学・技術とは相互に作用しながら効果的で適切な支援へつながっていくように思われる。

# 第9章 ワーキングメモリと授業研究

## 第1節 ワーキングメモリの小さい子どもの授業態度

### 1. ワーキングメモリと学習との関連

　これまでの章で見てきたように，ワーキングメモリは，すべての学齢期において，国語，算数（数学），理科などの学習進度と密接に関連していること，そして，発達障害のある子どもの多くがワーキングメモリに問題を抱えていることが明らかになっている（Alloway, 2010/2011; Gathercole & Alloway, 2008/2009）。ワーキングメモリの小さいことは，学習遅滞のリスク要因であり，ワーキングメモリの小さい子どもを早期に同定し，その子どもに何らかの介入を行うことで，学習遅滞を防ぐことができる。そのことをめざした研究として，2つの流れがある。第1に，ワーキングメモリそのものを訓練し，その容量を増大させようとするものである。このタイプの研究については，第2章で取り上げた。第2に，子どものワーキングメモリの特徴を把握し，教育場面でその特徴に合わせた学習環境を提供しようとするものである。本章で取り上げるのは，第2のタイプの研究であり，しかも，学校のクラスで行う授業を研究領域とするものである。

### 2. ワーキングメモリの小さい子どもの授業態度

　Gathercole & Alloway（2008/2009）は，ワーキングメモリの小さい子ども（ワーキングメモリテストの得点が同一年齢の下位10％）の授業態度として以下のような特徴を指摘している。第1に，仲間と仲良くすることはできるが，クラスでの話し合いでは口数が少なくなる。第2に，教師の指示通りできない。第3に，情報の保持と負荷のかかる心的処理が組み合わされた課題を遂行するのが難しい。

第4に，複雑な課題で自分の進行状況を把握することが難しい。第5に，さまざまなことを忘れてしまうため，不注意で，気が散りやすいと教師に見なされている。

では，なぜ，ワーキングメモリの小さい子どもは，このような授業態度を示し，また，学習遅滞に陥るのであろうか。Gathercole & Alloway（2008/2009）は，その原因について以下のように解釈している。学校での活動の多くは，複数の作業の組み合わせからなり，ワーキングメモリに大きな負荷をかける。そのため，ワーキングメモリが小さいと，ワーキングメモリの負荷に対処できず，課題に失敗する。その積み重ねが，学習遅延につながる。ワーキングメモリが小さいと，国語の時間，教科書の文章を読みながら，思考を働かせること，たとえば，登場人物の気持ちを推測したり，次の場面での行動を予測したりすることがうまくできない。また，算数（数学）の時間，文章題の解き方を考えているとき，もとの文章の情報を忘れてしまい，計算することに失敗したりする。

## 3. ワーキングメモリの小さい子どもの授業態度と環境要因

Gathercole & Alloway（2008/2009）の解釈によると，ワーキングメモリの小さい子どもにおける落ち着きのなさは，それらの子どもが教師の発問や指示を覚えながら，考えて挙手したり，課題を遂行したりすることの難しさに起因するとされる。ワーキングメモリは，児童期，加齢とともに増加するが，同じ年齢内でも大きな個人差がある。たとえば，7歳のクラスのなかに，10歳の平均的なワーキングメモリの子どももいれば，4歳の平均に満たないワーキングメモリの子どももいる。そのような個人差のあるクラスで授業を進めるとき，教師は，クラスの子どもの平均的なワーキングメモリを想定し，それに応じた発問や説明を行うことになるだろう。すると，7歳の平均的なワーキングメモリを想定した教師の発問や指示，説明，また，他児の発言は，4歳の平均に満たないワーキングメモリの子どもにとっては，長すぎたり，複雑な内容を含んでいたりするだろう。

湯澤ら（2013a）は，国立大学の附属小学校1年のクラスでワーキングメモリの小さい児童の授業観察を行い，授業中における態度の特徴を調べた。その小学校では，入学に際し，選抜を行うため，クラスの児童のワーキングメモリは，同年齢の児童よりも全体的に大きく，クラスのなかで最もワーキングメモリが小さい児童も同年齢集団のなかでは平均的であり，発達障害などの問題を抱えていることはなかった。もしクラスのなかでワーキングメモリが小さい児童が挙手したり，授業の話し合いに参加したりすることが少ないとしたら，ワーキングメモリの小さい子どもにおける落ち着きのなさが環境的な要因に起因するとする

## 第 1 節　ワーキングメモリの小さい子どもの授業態度

Gathercole & Alloway（2008/2009）の主張を裏付けることになる。

　まず，湯澤ら（2013a）は，小学校 1 年生 2 クラスの児童全員を対象にコンピュータベースのワーキングメモリテストを行った。ワーキングメモリテストは，Automated Working Memory Assessment（AWMA）（Alloway, 2007）の日本語版であった。AWMA は，ワーキングメモリの 4 つの構成要素，言語的短期記憶（SM），言語性ワーキングメモリ（WM），視空間的短期記憶（SM），視空間性ワーキングメモリ（WM）それぞれ測定する 3 課題，合計 12 課題から構成されている。4 つの構成要素の合計点がそれぞれのクラスで最も少ない者を 3 名ずつ選び，観察対象児とした。それぞれのクラスで平均 0，標準偏差 1 となるように標準化した得点は，1 組の観察対象児（A，B，C とよぶ）で，-1.45, -1.79, -2.43 であり，2 組の観察対象児（D，E，F とよぶ）で，-2.14, -1.63, -1.98 であった。ただし，同一の課題を行ったイギリスの児童のデータを参照すると，同年齢の集団のなかで，A，B，C，D，E，F の視空間的短期記憶の標準得点は，0.67, 1.87, 0.53, 0.73, -0.20, 0.07，視空間性ワーキングメモリの標準得点は，-0.20, 0.87, 0.27, 0.33, 0.93, 0.20 であり，これらの児童は，同年齢の集団のなかで，平均かそれ以上のワーキングメモリをもっていると推測される。

　国語と算数の授業 37 時間で観察を行い，教師の発問に対する挙手の割合を調べ，また，発問場面以外で，教師がクラス全体に向けて発話した授業場面を 4 つに分けて，それぞれの場面で観察対象児が授業に参加しているかどうかを調べた。4 つの場面は，教師指示，板書，他児発言，教師説明であった。「教師指示」は，教科書を読むなど児童に具体的な行動を指示する場面であり，観察対象児がそれに対応した行動を行った場合，「授業参加」とした。「板書」は，教師が板書している場面であり，観察対象児がノートに書き写したとき，「授業参加」とした。「他児発言」は，観察対象児以外の児童が発言している場面であり，観察対象児が聞いていると判断できる場合，「授業参加」とした。最後に，「教師説明」は，教師が課題や教材について説明を行ったり，児童の発言の補足などを行ったりする場面であり，観察対象児が聞いていると判断できる場合，「授業参加」とした。さらに，気になる行動や特徴がみられた場合，メモをとった。

　表 9-1 に，授業における観察対象児の挙手率および授業参加率の平均を示した。観察対象児によって挙手率および授業参加率に違いがみられたが，挙手をほとんどしない児童が含まれ，また，授業参加がクラスの児童全般において高い中，授業参加率も低かった。たとえば，B は，よく手を上げるものの，教師の質問とは異なる答えを言ったり，他の児童と同じ答えを言ったりした。また指名されても

答えるまでにかなり時間がかかり，教師の手助けや誘導を受けた。このような事例から，Bの挙手は，教師の発問を十分に理解したものではないことが推測される。また，DやEは，特に，授業参加率が低いが，そのことを以下のような事例から見て取れる。すなわち，授業中に指示と違うことをしていたり，手遊びをしていたりして，しばしば，教師から注意を受けていた。また，他の児童が準備し終えてから，周りを見渡して，ようやく準備に取りかかったり，逆に，算数の時間の冒頭に毎回計算プリントをするとき，終了を知らせるタイマーが鳴っても，鉛筆を置かずに続けていたりした。さらに，全員で音読する場面で，どこを読むのかわからず，隣の児童に教えてもらったり，机間指導をしている教師から指導されたりすることもあった。

⬇ 表9-1 授業における観察対象児の挙手率および授業参加率
（湯澤ら，2013a）

|  | 挙手率 | | | 授業参加率 | | |
|---|---|---|---|---|---|---|
| 1組 | A | B | C | A | B | C |
| 国語（11時間） | .14 | .60 | .17 | .84 | .70 | .81 |
| 算数（8時間） | .14 | .71 | .16 | .84 | .65 | .73 |
| 2組 | D | E | F | D | E | F |
| 国語（10時間） | .18 | .17 | .31 | .39 | .48 | .64 |
| 算数（8時間） | .09 | .08 | .28 | .36 | .39 | .65 |

次に，授業参加について，「教師指示」「板書」「他児発言」「教師説明」に分けて，表9-2に示した。4種類の場面のうち，「板書」と「教師指示」での授業参加率はいずれの観察対象児においても全般に高く，指示に応じた行動をおおむね行っていた。他方で，「他児発言」「教師説明」の場面では，ほとんどの観察対象児の授業参加率が低下した。

⬇ 表9-2 授業における観察対象児の場面別授業参加率（湯澤ら，2013a）

|  | 教師指示 | | | 板書 | | | 他児発言 | | | 教師説明 | | |
|---|---|---|---|---|---|---|---|---|---|---|---|---|
|  | A | B | C | A | B | C | A | B | C | A | B | C |
| 国語 | .87 | .86 | .93 | 1.00 | 1.00 | 1.00 | .89 | .54** | .79 | .75** | .52 | .73** |
| 算数 | .90 | .79 | .92 | .91 | .94 | .97 | .84 | .56** | .65** | .72 | .67 | .61 |
|  | D | E | F | D | E | F | D | E | F | D | E | F |
| 国語 | .62 | .73 | .91 | 1.00 | .33 | 1.00 | .14** | .27** | .48** | .50 | .33 | .38** |
| 算数 | .64 | .71 | .85 | 1.00 | 1.00 | 1.00 | .22 | .13** | .51** | .13** | .27** | .51 |

**$p<.01$：他の場面よりも参加率が有意に小さい場面

以上の観察結果から，クラスでワーキングメモリの小さい児童は，課題や教材についての教師の説明や，他児の発言を聞くことが容易でないことが示唆される。また，そのことが一因となって，挙手し，授業の話し合いに参加することが少ないと考えられる。このような授業態度は，その児童の特性そのものではなく，全体的にクラスの児童のワーキングメモリが高い中で，教師の発問や指示，説明，また，他児の発言が，ワーキングメモリの小さい児童にとって，長すぎたり，複雑な内容を含んでいたりするといった環境的な要因に起因することが窺える。ワーキングメモリには，発達的な個人差があるため，集団的な学習において，ワーキングメモリの小さい児童は，不利な状況に置かれる。特に，日本の小学校では，集団的な話し合いが重視されるため，ワーキングメモリの小さい児童は，話し合いに参加できず，そのような状態が継続すると，学習にネガティブな影響を及ぼすことが予想される。

# 第2節　クラスでワーキングメモリの小さい子どもに対する教師の支援

## 1. ワーキングメモリの小さい子どもに対する授業場面での支援

　ワーキングメモリに着目した学習支援には，授業場面での支援と個別支援の2つのアプローチがあるが，ここでは，前者を取り扱う（個別支援については，第8章参照）。

　授業場面での支援は，子どもが課題を遂行するとき，ワーキングメモリにかかる負荷を減らすことである。ワーキングメモリに問題を抱える子どもは，特に，処理と保持の両者が求められる課題において失敗することが観察されている（たとえば，Gathercole & Alloway, 2008/2009）。ワーキングメモリにかかる認知的負荷の観点から教材の選択や学習活動の配置をデザインする研究は，認知的負荷理論（cognitive load theory）として発展してきた（Pass et al., 2003；第2章参照）。ワーキングメモリが小さい子どものつまずき（ワーキングメモリエラー）を防ぐために，教師は学習のねらいを明確化したうえで，子どものワーキングメモリ能力に合わせて認知的負荷を最適化することが求められる（Alloway, 2009/2010; Gathercole & Alloway, 2008/2009）。Gathercole & Alloway（2008/2009）は，ワーキングメモリの観点からの介入（支援）原理として以下の7点をあげている。

①ワーキングメモリエラーに気づく。

　ワーキングメモリエラーとは，過大な負荷によって生じるワーキングメモリからの情報の消失である。教師は，まず，子どもがワーキングメモリエラーを起こしていないかどうか気づく必要がある。ワーキングメモリエラーのサインとして，子どもが課題遂行に必要な情報の一部または全部を忘れてしまっていること，指示通りにできないこと，作業の進行状況を把握できないこと，課題を途中で投げ出すことなどがあげられる。

②子どもをモニターする。

　授業中，①のサインが子どもに生じていないかどうか，子どもの状況をモニターする必要がある。そして，ときに，子どもに，直接，今，何をしているのか，次に何をしようとしているのかを質問することが有効である。

③課題によるワーキングメモリの負荷を評価する。

　ワーキングメモリに対する過大な負荷は，長すぎる情報，なじみがなく，意味的なつながりのない内容，負荷の高い心的な処理活動によって生じる。そこで，教師は，子どもに一度に与える情報が長すぎることがないか，課題が子どもにとってなじみがあり，複数の作業間のかかわりが子どもにとってわかりやすいものであるかどうかを確認する必要がある。

④必要ならばワーキングメモリの負荷を減じる。

　子どものワーキングメモリにとって課題の負荷が高いとき，負荷を軽減する必要がある。具体的に，覚えなくてはならない情報の量を減らす，情報に意味をもたせ，慣れ親しませる，心的な処理を単純化し，複雑な課題の構造を変えるなどによって，課題を修正する必要がある。

⑤重要な情報をくり返す。

　ワーキングメモリの小さい子どもに対しては，学級運営に関する一般的な指示，課題中の指示，活動の細かい内容などについての情報を教師がていねいにくり返す必要がある。ときに，ワーキングメモリの小さい子どもを，ワーキングメモリの大きい子どもといっしょに活動させることも有効である。

⑥記憶補助ツールの使用をうながす。

　ワーキングメモリの小さい子どもに対して，ポスター，単語帳，個人用辞典，ブロック，計算機，数直線，九九表，カード，録音機，コンピュータなどの記憶補助ツールの使用をうながすことも学習に役立つ。

⑦ワーキングメモリを支える子ども自身の方略の使用をうながす。

　ワーキングメモリの小さい子ども自身が，必要なとき教師の支援を求める，リ

ハーサルなどの記憶方略を用いる，ノートをとる，長期記憶を利用する，進行状況を把握し，課題を構造化するための方略を利用するなど，ワーキングメモリを支える方略の使用をうながす。

## 2. 授業への参加から学習へ

　小貫（2013）は，発達障害を抱える子どもの授業での学びを，図9-1のように，参加，理解，習得，活用の4つのレベルに区別している。たとえば，ADHD傾向のある子どもは，その特性として気が散りやすく，刺激を求める。そのため，彼らがそもそも学習に参加するためには，彼らの注意を引きつける刺激を周囲からなくし，学習に集中できるような環境を設定する必要がある。教室の前の提示物をカーテンで隠すなどの工夫を行う。一方，自閉症スペクトラムの子どもは，こだわりが強く，注意の切り替えが苦手である。そのため，彼らに授業における活動の進行をあらかじめ示しておくと，安心して学習に参加できるようになる。このような発達障害を抱える子どもの発達特性を考慮した支援方略についての知識が学校現場に広がり，クラスの数名の発達障害児に振り回され，授業が成り立たないという状況はおさまりつつある。つまり，発達障害を抱える子どもが授業に参加するための環境が整いつつある。それとともに，次に問題になるのは，図9-1における理解以降のレベルであり，発達障害を抱える子どもの学力をどのように伸ばすかである（湯澤ら, 2013b）。

　ところで，第1章，第2章などで述べられたように，ワーキングメモリは, 抑制，更新，シフトの実行機能のうち，ワーキングメモリは更新に密接にかかわっている（Miyake et al., 2000）。3者は, 相互依存的であるが, 独立しており, 中でも更新，すなわちワーキングメモリが知能と関連することが示されている（Friedman et al., 2006; 湯澤, 2011）。これは，ワーキングメモリが学習成績と関連することを示した研究と符合する。この枠組で考えたとき，自閉症スペクトラムのある子どもは，シフトに問題があり，課題の切り替えが困難である一方，ADHDのある子どもは, 抑制に問題があると考えられる。そして，それらの問題は，更新（ワーキングメモリ）の問題とは独立しており，それらの問題への対処・支援とは別に，ワーキングメモリの問題への対処・支援が必要である。

## 第9章 ワーキングメモリと授業研究

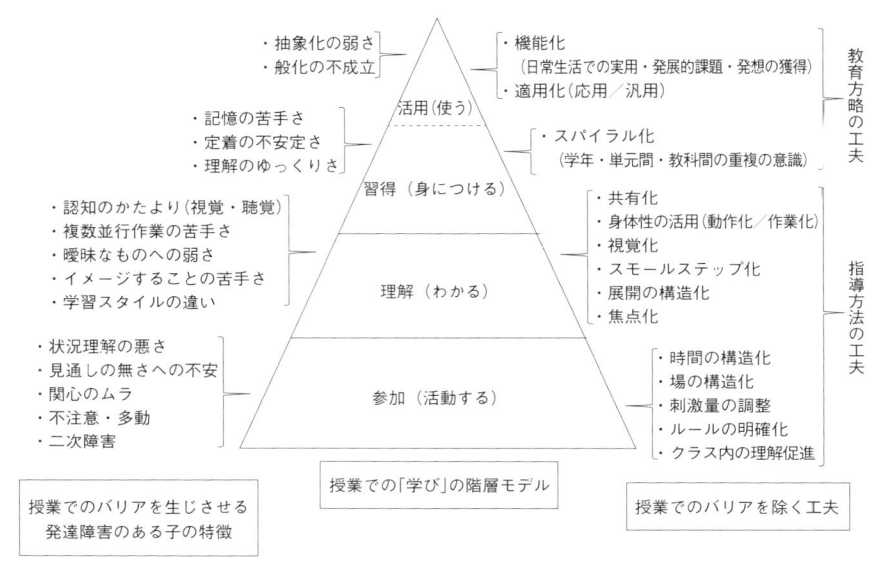

```
                    ・抽象化の弱さ        ・機能化
                    ・般化の不成立          (日常生活での実用・発展的課題・発想の獲得)     教
                              活用(使う)   ・適用化(応用／汎用)                    育
         ・記憶の苦手さ                                                       方
         ・定着の不安定さ                  ・スパイラル化                         略
         ・理解のゆっくりさ                  (学年・単元間・教科間の重複の意識)         の
                            習得(身につける)                                 工
・認知のかたより(視覚・聴覚)                 ・共有化                             夫
・複数並行作業の苦手さ                       ・身体性の活用(動作化／作業化)
・曖昧なものへの弱さ                         ・視覚化                           指
・イメージすることの苦手さ                     ・スモールステップ化                    導
・学習スタイルの違い          理解(わかる)    ・展開の構造化                        方
                                      ・焦点化                            法
                                                                      の
・状況理解の悪さ                            ・時間の構造化                        工
・見通しの無さへの不安                        ・場の構造化                         夫
・関心のムラ                               ・刺激量の調整
・不注意・多動              参加(活動する)    ・ルールの明確化
・二次障害                                ・クラス内の理解促進

   授業でのバリアを生じさせる      授業での「学び」の階層モデル      授業でのバリアを除く工夫
   発達障害のある子の特徴
```

**◯図 9-1 発達障害を抱える子どもの授業での学びのレベル（小貫, 2013）**

## 3. ワーキングメモリ理論に基づいた授業のユニバーサルデザイン

　湯澤ら（2013b）は，ワーキングメモリの観点から，表9-3のように，発達障害等の学習の問題を抱える児童・生徒に対する支援方略を4つに整理している。

　第1に，情報の構造を簡潔に提示する「情報の構造化」と，子どもが得意とするチャンネルで情報を受け取れたり，情報を補えたりできるよう，情報を聴覚的・視空間的側面から提示する「多重符号化」である。前者では，授業の冒頭，学習目標を板書するといったこと，後者では，「教科書の○ページ」を開くよう指示をしながら，そのページを板書することなどがそれに当たる。

　第2に，「情報の最適化」，すなわち，「スモールステップ」，「情報の統合」「時間のコントロール」である。「スモールステップ」は，課題を細かいステップに区切ったり，指示を短くしたりすることであり，「情報の統合」は，最後に，学習した内容のまとめを板書するといった方法である。「時間のコントロール」とは，課題にかかる時間を想定しながら，時間の設定を調整する方法である。

　第3に,「記憶方略の活用」「長期記憶の活用」「補助教材の活用」といった「記

第2節 クラスでワーキングメモリの小さい子どもに対する教師の支援

● 表9-3 ワーキングメモリ理論から分類した授業での支援方略（湯澤ら，2013b）

| 授業の場面 \ 支援方略 | 情報の整理<br>情報の構造化<br>多重符号化 | 記憶のサポート<br>情報の細分化<br>スモールステップ<br>情報の統合<br>時間のコントロール | 情報の最適化<br>記憶方略の活用<br>長期記憶の活用<br>補助教材の活用 | 注意のコントロール<br>選択的注意<br>自己制御 |
|---|---|---|---|---|
| 授業の構成 | ・学習（活動）の目標を明確にする（子どもを主語にして，「～する」「～できる」と表現する） | ・授業を短いユニットに分ける<br>・学習（課題解決）のプロセスを細かく区切る<br>・最後に授業を振り返り，まとめる | ・最初に前回の授業の内容を確認する<br>・学習の流れをパターン化する | ・学習の流れを明示し（板書またはカード），見通しを持たせる<br>・学習の自己評価をさせ，シールなどのトークンシステムを採用する |
| 学習形態・学習環境・学習のルール | ・音声情報，視空間情報，触覚など多感覚を利用する<br>・作業の手順を図式化するなど，視覚的に提示する | ・考える時間や問題解決の時間を十分にとる<br>・課題の量を子どもに応じて調整する | ・漢字や九九など，子どもが分からないとき，すぐに参照できるカードなどを準備する | ・ペア，グループで活動する<br>・学習のルール（支援が必要なとき，話すとき，聞くとき，姿勢など）をあらかじめ決める |
| 指示の出し方・発問や説明の仕方 | ・大切な指示は文字で示す<br>・「教科書の○ページ」のように，説明に対応する箇所を板書するなどして明示する | ・短い言葉で簡潔に指示する<br>・指示や発問を繰り返す<br>・発問を選択式にする<br>・「要点を3つ話します」のように聞きやすい工夫をする<br>・指示代名詞は使わない | ・あらかじめ話の要点や関連する事例をあげる<br>・必要な情報を覚えるための記憶方略の利用を促す | ・注目させてから（「はい，聞きましょう」など）指示を出す<br>・子どもに指示や話の内容を復唱させるなどして，理解度のモニタリングを促す<br>・活動の途中，こまめに声をかける<br>・全体指示の後，必要な子どもに個別に指示をする |
| 教材・教具 | ・絵やイラストなどの視空間的情報を使い説明する<br>・考え方が分かるようなワークシートを準備する | ・ワークシートを活用し，授業のユニットごとに，目標とする活動に子どもが専念できるようにする | ・よく知っている事例や具体物を使い，説明する<br>・ワークシートで類似した問題を解かせる | ・必要な教材以外は，机の中に片づける |
| 板書の工夫・ノート指導 | ・発音の似ている言葉や聞き誤りやすい言葉を板書する<br>・マス目や線を利用して文字や数字の位置を見分けられるようにする | ・話を聞くときと書くときは時間を分ける<br>・ノートをとる箇所は，「ノート」と書いたカードを示す | ・板書の仕方やノートの取り方をパターン化する | ・色チョークや色ペンを効果的に用いる（大事なところ，キーワードに線を引く，漢字の偏やつくり，部首を色分けするなど） |
| 子どもの発表・作文 | ・子どもの発表後，教師がそのポイントを整理する | ・教師が子どもの発表を適宜，区切り，リヴォイシングを行う<br>・ワークシートを活用し，子どもが文章を補い，作文を完成させる | ・教師が子どもの発表を教材や分かりやすい事例と対応づける<br>・よく知っているテーマや経験した出来事を取り上げる | ・発表の仕方のルールを決めて，カード等に明示する<br>・作文の手がかりを書いたカードを利用するよう促す（「いつ」「だれが」「どこで」などの5W1H，「はじめに」「つぎに」などの接続詞） |

憶のサポート」である。「記憶方略の活用」には，たとえば，音声情報を口頭でくり返す音声リハーサルを利用することがある。「長期記憶の活用」には，前回の授業内容のふり返りを行い，新たな学習内容をすでにもっている知識との関連づけを行うといった方法がある。「補助教材の活用」は，たとえば，九九表を近くにおくなど，覚えておくべき情報や参照すべき情報などを外部記憶に頼れるように環境を調整することである。

最後に，「選択的注意」と「自己制御」である。「選択的注意」とは，学ぶべきことがらに注意を向けやすくするための支援方法であり，たとえば，いったん，子どもの注目を集めてから（「はい，聞きましょう」など），指示を出すといった方法を含んでいる。「自己制御」は，たとえば，子ども自身に，自らの学習の理解度や進度をモニタリングするよううながしたりするなど，メタ認知を活用しながら学習に自ら取り組めるように支援する方法である。

表9-3の支援方略は，発達障害を抱える子どもの個別指導を行うときの指導原理であるだけでなく，第3節で示すように，クラスでの授業に取り入れることで，ワーキングメモリの小さい児童・生徒も含めたクラスのすべての児童・生徒にとってわかりやすい授業になると考えられる。その点で，表9-3の支援方略に基づいて，学校ごとに，その学校独自の授業のユニバーサルデザインを教師全体で話し合い，つくり上げることで，学年や担任の教師が替わっても，ワーキングメモリの小さい児童・生徒が安心して授業を受け，学力を伸ばしていくことのできる体制をつくることが大切である。

## 第3節
## ワーキングメモリ理論に基づいた授業研究

### 1．授業研究の2つのタイプ

第3節では，ワーキングメモリ理論に基づいた授業研究を紹介する。授業研究の目的は，ワーキングメモリの小さい児童・生徒も含めたクラスのすべての児童・生徒の学力を高め，考える力を伸ばす授業のデザインである。その意味で，第2節の表9-3であげた個々の支援方略がワーキングメモリの小さい児童・生徒に及ぼす実際の効果の検証でもある。以下に紹介する研究は，第1に，クラスでワーキングメモリの小さい児童・生徒を観察し，そのような児童・生徒が参加しやすい授業場面や授業スタイルを調べるものである。第2に，より積極的に授業で特

定の支援方略を実践し、ワーキングメモリの小さい児童・生徒の授業態度への影響を調べるものである。

## 2. ワーキングメモリの小さい子どもの挙手をうながす授業方略

湯澤ら（2013a）は、先に紹介したワーキングメモリの小さい児童の授業観察において、観察対象児の挙手をうながす教師の授業方略を検討した。挙手が少なかった観察対象児A, C, D, Eの4人において、最初、挙手しなかったが、途中で、挙手した場面に注目し、そのような場面で教師がどのような発問の仕方をしたのかを調べた。すると、そのような場面では、教師が以下のような方略を用いていることがわかった。

　　①発問の前に児童に考える時間を与えてから発問する。
　　②発問をもう一度くり返す。
　　③いくつかの具体的な選択肢を教師が提示した上で発問する。

### (1) 考える時間の付与

考える時間を与えると、ワーキングメモリの小さい児童が挙手できるようになることがあった。時間の与え方として、一度児童に発問を投げかけた後、挙手をしている児童が少ない場合に、たとえば、もう一度児童全員に教科書を読むように指示したり、隣の席の児童と話し合うように指示したりすることで、考える時間を与える場合があった。たとえば、以下のような事例である。

【"このように私たちは…を伝えることができます"という文章から何を伝えることができるのかを考える授業】

> 教師：「相手に伝えることができるって書いてあるね。何を？　何かを伝えるんよね？　何を伝えるの？」
> （児童の何人かが挙手する）
> 教師：「何かを伝えるんでしょ？　伝える中身があるはずね。私たちは何かを伝えるんだけど、何を伝えるの？」
> （A, Cは手を挙げていない）
> 教師：「はい、もう一回読む時間あげる。はい読む時間あげる。何を伝えてるのかな？」
> （Aが挙手しかけるが、すぐ手を下ろし、もう一度教科書を読みなおす）
> 教師：「何を伝えるのかな？　何を伝えるの？」
> （Aが挙手し、指名される）

上記のような場合以外に，最初に「今からこういうことを質問するから，少し考えてみてね」といった指示をしてから時間を与える場合があり，時間の与え方として，教師が板書している間に各自で考えさせる，先にノートに自分の意見をまとめさせてから後でノートに書いた内容を発表させる，隣の席の児童と話し合う時間を与えてから発表させるなどがあった。たとえば,以下のような事例である。
**【一桁の数字どうしの引き算の式が書かれた計算カードをある法則に従って並べて描かれた表を見て，そこにどのような法則があるのかを考える授業】**

> 教師：「約束事を見つけてノートに書いていってください。終わったら他にないかどうか考えてください」（児童がノートに考えたことを書き，教師は，机間巡回する）
> 教師：「それではどんな約束事がありましたか？」
> （Cが手を挙げ，指名される）

### (2) 発問のくり返し
　教師が発問をしたとき，児童の挙手が少なかった場合に，すぐに当てずに，もう一度発問の内容をくり返すと，ワーキングメモリの小さい児童が挙手できるようになることがあった。たとえば，以下のような事例である。
**【黒板上にサルが何匹か描かれた絵を見て文章題をつくり，式を立てる授業】**

> 教師：（サルが描かれた絵を指しながら）「ここには何匹いるか考えてみてください。ここには何匹いるでしょう？」
> （児童が手を挙げ始める）
> 教師：「見てますか？ここには何匹いるでしょう？これはみんながわからないといけないよ。手が挙がってない人見てないぞ」
> （挙手する児童が増えるが，AとCは挙手していない）
> 教師：（再び絵を指しながら）「ここには何匹いるでしょう？」
> （A，Cも含めたクラスのほとんどの児童が挙手し，Aが指名される）

### (3) 具体的な選択肢の提示
　最初，オープンクエスチョンで発問をするが，ワーキングメモリの小さい児童は答えにくく，挙手する児童も少ない場合の方略である。挙手をした何人かの児童を指名し，発表を聞いた後，教師がそれまで出た意見をまとめ，そこから選択肢をいくつかあげ，いずれかに挙手するように求める。教師から「○○と思う人？いや，□□だと思う人？」といったように，具体的な回答の選択肢を与えられると，ワーキングメモリの小さい児童は，話し合いの流れを理解し，答えやすくなる。たとえば，以下のような事例である。ただし，この事例では，最後の発問の

前に，隣どうしで話し合う時間を設けるといった（1）の方法も含まれている。
【"このようにわたしたちは…"という文章から，わたしたちは誰をさすのかを考える授業】

> 教師：「"このように"をのけたら，"わたしたち"からスタートするでしょ？この"わたしたち"，これ誰のことでしょう？」
> （D，Eは挙手せず，児童3名が指名される）
> 児童1：「男の子とか女の子」
> 児童2：「わたしたちって女の子がわたしって言うけど，男の子も含めてわたしたちって…全員のこと」
> 児童3：「地球上にいるアメリカ人とか動物とかも全部含めて…」
> 教師：「今の人たちと違うって人？」
> （観察対象児は挙手せず，他の児童3名が指名される）
> 児童4：「人間」
> 児童5：「世界中の人」
> 児童6：「わたしは自分のことだけど，"たち"がついたら，みんなのこと」
> 教師：「まだ違う考えだって人？」
> （観察対象児は挙手せず，他の児童が指名される）
> 児童6：「動物も生き物だから，ぜーんぶ入っている」
> （隣どうしでわたしたちが誰のことを指しているのかについて話し合う）
> 教師：「じゃあちょっと聞いてみますよ。わたしたちっていうのは，人間のことをいってると思う人？ いや，わたしたちっていうのは人間と他の生き物も全部含めて言ってるっていう人？ あ，じゃあその間…全部じゃないけど人間と他の生き物もちょっと入ってるっていう人？」
> （観察対象児3名とも，いずれかの選択肢に挙手する）

（1）の【"このように私たちは…を伝えることができます"という文章から何を伝えることができるのかを考える授業】での事例に続く場面

> 教師：「今から手を挙げてもらいます。身ぶりを伝えてると思う人？ じゃあ気持ちや考えを伝えてると思う人？」
> （それまで手を挙げなかったCが挙手をする）

## 3．ワーキングメモリの小さい子どもが参加しやすい授業

　湯澤ら（2012）は，湯澤ら（2013a）に続き，同じ小学校の3年生2クラス，4年生2クラスの児童全員を対象にコンピュータベースのワーキングメモリテストを行い，ワーキングメモリの4つの構成要素（言語的SM，言語性WM，視空間

的SM，視空間性WM）の合計点がそれぞれのクラスで最も少ない者3名ずつをWM低群とした。そして，前年度1年生であったWM低群の児童も含めて，2〜4年生2クラスの児童18名（各学年6名）について，国語，算数，理科（3，4年のみ）の授業で，湯澤ら（2013a）と同様の手続きで観察を行った。また，ワーキングメモリの4つの構成要素の合計点がクラスの平均に近い児童を3名選び（WM中群），同様に，観察を行った。ただし，WM中群の観察を，WM低群と同時に行った授業は，WM低群の観察を行った授業の一部であり，観察を行わなかった教科もあった。

表9-4に，WM低群（A〜O），およびWM中群の挙手率および授業参加率の平均を示した。WM低群の挙手率は，WM中群の挙手率よりも全般に低いが，WM中群の挙手率が学年とともに低下しているので，3，4年生では，あまり違いがみられない。それに対して，WM中群の授業参加率は，3年1組と4年1組で観察した1時間の算数授業が全体的に騒がしく，集中に欠けていたので，低かった以外は，高くなっている。一方，WM低群の授業参加率は，4年1組，2組の理科以外では，WM中群に比べ，低くなっている。以上の観察結果は，クラスでワーキングメモリの小さい児童が，課題や教材についての教師の説明や，他児の発言を聞くことが容易でないため，授業参加が低いといった状態が1年以降も続いていることを示唆している。

ここで注目すべきなのは，4年理科の授業におけるWM低群およびWM中群の授業参加率が，他の授業に比べ，高くなっていることである。4年1組と2組は，同じ教師が担当し，毎時の授業の展開に以下のような共通した特徴がみられた。①授業の冒頭，前回の授業内容をふり返らせ，児童に発言させ，その後にその時間の内容を説明する。

以下，授業の冒頭の事例である。

```
教師：「前回，何しましたか？」
児童1：「醤油さしを，押すと，さがる」
教師：「そうですよね。上から押して，醤油さしが下がるようすを見てもらったと思う
　　　んだけど，その原理，なぜですか？」
児童2：「えっと，醤油さしの空気が減る」
教師：「そうそう。○○くん，もういっぺんくり返して言ってみて」
児童3：「醤油さしの，空気が縮む」
教師：「その通り。で，みんなは押した後もどってきたよね。でも，隣のクラスはもど
　　　らなかったって。それは何で？」
```

第3節　ワーキングメモリ理論に基づいた授業研究

● 表9-4　授業におけるWM低群（A～O），WM中群の挙手率および授業参加率（湯澤ら，2012）

| 2年1組 | 時間数 | 挙手率 A | B | C | 授業参加率 A | B | C | WM中群（3名平均） 時間数 | 挙手率 | 参加率 |
|---|---|---|---|---|---|---|---|---|---|---|
| 国語 | 5 | .13 | .59 | .33 | .82 | .71 | .80 | 1 | .59 | 1.00 |
| 算数 | 3 | .07 | .49 | .10 | .72 | .56 | .71 | 1 | .35 | .91 |
| 2年2組 |  | D | E | F | D | E | F |  |  |  |
| 国語 | 6 | .15 | .08 | .18 | .48 | .39 | .64 | 2 | .50 | .91 |
| 算数 | 3 | .06 | .04 | .18 | .26 | .51 | .41 | 2 | .23 | .85 |
| 3年1組 |  | G | H | I | G | H | I |  |  |  |
| 国語 | 4 | .15 | .46 | .42 | .48 | .64 | .78 |  |  |  |
| 算数 | 3 | .03 | .19 | .06 | .30 | .77 | .55 | 1 | .09 | .55 |
| 理科 | 4 | .38 | .39 | .38 | .68 | .57 | .79 | 4 | .44 | .81 |
| 3年2組 |  | J | K | L | J | K | L |  |  |  |
| 国語 | 7 | .27 | .33 | .26 | .64 | .66 | .89 | 2 | .36 | .90 |
| 算数 | 3 | .15 | .34 | .09 | .44 | .64 | .72 | 1 | .31 | .99 |
| 理科 | 4 | .16 | .19 | .20 | .47 | .55 | .55 | 4 | .32 | .75 |
| 4年1組 |  | M | N | O | M | N | O |  |  |  |
| 国語 | 5 | .15 | .28 | .33 | .53 | .66 | .62 |  |  |  |
| 算数 | 3 | .00 | .10 | .17 | .27 | .13 | .55 | 1 | .06 | .41 |
| 理科 | 3 | .14 | .16 | .19 | .95 | .84 | .98 | 3 | .30 | .94 |
| 4年2組 |  | P | Q | R | P | Q | R |  |  |  |
| 国語 | 4 | .14 | .19 | .03 | .87 | .74 | .69 |  |  |  |
| 算数 | 3 | .17 | .17 | .02 | .79 | .49 | .64 |  |  |  |
| 理科 | 6 | .13 | .27 | .08 | .91 | .85 | .63 | 5 | .35 | .92 |

② 2～3種類の選択肢を児童に提示した上で，まずノートに意見のみ記入させる。その後で児童に理由をノートに記入させる。

　以下，事例である。

> 教師：「今日は，水の体積について学習したいと思います。ノート開いて」と言い，黒板に以下を記入。立場をノートに書かせる。
>
> > 水をこおらせると体積はどうなるでしょうか。
> > （自分の考え）
> > ・体積はへる
> > ・　　ふえる
> > ・　　かわらない
>
> 実験の準備をさせ，水が凍るのを待つ間に，各自の立場を聞く。

第9章 ワーキングメモリと授業研究

> 教師:「まず人数聞かないと。体積は減ると思う人？ 増えると思う人？ 変わらないと思う人？」と言ってそれぞれ挙手をさせ、黒板に人数を記入。
> 教師:「はい、じゃあ理由書いて」
>
> しばらく時間を置く。
>
> 教師:「はい、じゃあ少ない方から聞きたいと思います。減ると思う人、理由どうぞ」
>
> この後、増えるという意見の児童にも同様に理由を聞く。

③児童の発言の後、簡潔にまとめたりわかりやすい表現に言い換えたりする（リヴォイシング）。

以下、②の事例の続きである。増える派が理由を発表している。

> 児童4:「結露って勉強したじゃないですか。冷やしたら周りに水がつくから、たとえば冷凍庫とかだったら、中に水蒸気とかあると思うから、冷やしたらそれがくっついて、増える」
> 教師:「その水蒸気が、足されるってこと？」
> 児童5:うなずく。
> 教師:「なるほどー」

また、ろうは固体になると体積が増えるのか、確かめる前に結果の予想をする場面でのやりとりである。

> 児童6:「〇月△日の授業で」
> 教師:「うん、〇月△日の授業で？」
> 児童7:「水が固体になると体積が1.1倍増えるってわかったから」
> 教師:「1.1倍増える、やりましたね。それで？」
> 児童7:「だから、ろうも」
> 教師:「だから、ろうも増えるんじゃないのーって」

①から③のような特徴は、表9-3の支援方略の一部であり、4年理科を担当した教師の授業は、以下の点で、授業参加のための認知的負荷が少なく、ワーキングメモリの小さい児童が参加しやすいものとなっていると考えられる。第1に、毎回の授業の流れが同じように、構造化され、次に行う活動が予想できることである。第2に、前回の授業の復習から授業を始めるため、学習した知識（長期記憶）の活性化と利用がうながされることである。第3に、第2節の1で見たように、具体的な選択肢を提示し、それを黒板に明示することで、児童がそれぞれの可能性を考え、選択しやすくしていることである。第4に、ワーキングメモリの

小さい児童にとって，他児の発言は，長く，複雑な内容を含んでいるため，耳を傾け，理解することが難しいが，それを教師が簡潔にまとめ，わかりやすい表現に言い換えていることである。

## 4. 支援方略がワーキングメモリの小さい子どもの授業態度へ及ぼす影響

　Elliot et al.（2010）は，学習におけるワーキングメモリの役割，ワーキングメモリの小さい子どもの困難，ワーキングメモリの小さい子どもに対する支援方法（第2節の1を参照）などについての講習プログラムを小学校教師に実施し，担当するクラスの児童の学習に及ぼす効果を検討した。しかし，そのようなプログラムがその後の1年間，クラスの児童のワーキングメモリや学習成績に及ぼす明確な効果はみられなかった。

　Elliot et al.（2010）による教師向け講習プログラムに効果がみられなかった理由として，支援方法を授業場面に適用することの難しさが考えられる。講習を受けた教師は，支援方法がワーキングメモリの小さい子どもに役立つことを理解した。しかし，実際に支援方法を個々の授業場面に適用するためには，クラスの子どものワーキングメモリの大きさに合わせて，教示や説明をその場その場で適宜調整する必要があり，また，子どもの発言を教師が簡潔にまとめ，わかりやすい表現に言い換えるなどの熟練した教授スキルが求められると考えられる。また，教科や単元，また教材によってワーキングメモリに対する負荷を軽減する方法が異なっており，毎時の授業において「負荷を軽減する」方法を工夫することは難しい。そのため，ある授業で課題の負荷を軽減し，ワーキングメモリの小さい子どもの授業参加をうながすことができても，他の授業では必ずしもそうではなく，全体として学習成績に及ぼす効果が小さかったのかもしれない。

　立石ら（2012, 2013）は，クラスでワーキングメモリの小さい子どもの学習支援に有効な教授方略を国語の授業で実践し，その効果を検討した。そこでは，第3節の3で述べたように，クラスの児童全員にワーキングメモリのアセスメントを行い，クラスで最も得点の小さい者3名（WM低群）を観察対象児とした。そして，ふだんの授業での観察対象児の挙手および授業態度をベースラインとして，特定の授業方略を実践した研究授業での挙手および授業態度と比較した。ふだんの授業に比べて，研究授業でワーキングメモリの小さい子どもの挙手および授業参加がうながされれば，その教授方略は，ワーキングメモリの小さい子どもにとってだけでなく，他の子どもにとっても，有効であると考えられる。

　まず，立石ら（2012）は，小学校3年国語の授業6時間で観察を行い，教師ま

たは児童の発話に応じて，観察対象児の挙手および授業態度の記録を行った。そのうち，1時間は，研究授業として，演劇ボード上で人物のカードを動かしながら，文章で描かれた場面を具体的に考え，主人公の気持ちを推測するという教授方略を実践した。その結果，少なくとも観察対象児1名の挙手や参加率を高める効果が示唆された。演劇ボードを用いることで，児童にとって，状況モデルを内的に記憶しておく負荷が軽減され，児童は，文章の個々の表現に注目し，状況モデルとの対応関係を考えることに注意を向け，集中することができたと考えられる。

　また，立石ら（2013）は，小学校4年国語の授業6時間で観察を行い，教師または児童の発話に応じて，観察対象児の挙手および授業態度の記録を行った。また，おおまかな文章全体の把握から部分への精緻化と，構成部分相互の比較を通した全体への統合化を順次行いながら，文章の状況モデルを構成するという文章理解のプロセスを，マトリックス（黒板）に表現し，可視化するという研究授業を3時間行い，観察対象児の観察を行った。表9-5に，研究授業における読みのステップと教授活動の概要を示している。その結果，ふだんの授業に比べ，研究授業では，観察対象児の挙手率や授業参加率が高くなる傾向がみられた（表9-6）。また，研究授業で観察対象児の挙手率や授業参加率が高くなった理由として，教師が児童の発言を短く区切り，以下のように，そこで言及された段落（文）を，黒板の全文章で1つずつ確認したため，特に他児の発言を聞くことが難しいワーキングメモリの小さい児童にとって，他児の発言に注意を向け，理解することが容易になったことがあげられる。

---

児童1：「1回目は花壇の花を使って．」
教師：「どこに書いてある？」
児童1：「5段落目．赤・黄・紫・青」〔教師が黒板の文章に線を引く〕。「で，実験をしたら，においで花を探しているって気づいて，でもまだ決めるのは早いから，造花を使って．」
教師：「どこに書いてある？」
児童1：「9段落」〔教師が黒板の文章に線を引く〕「で，実験をしたら，形と色に絞って，色紙でやってみたら，色で花を探していることに気づいた」
児童2：「1回目は，花で．」
教師：「どこに書いてある？」
児童2：「5段落の「〜（本文）」のところ」〔教師が黒板の文章に線を引く〕「で，2回目は造花で．」
児童2：「どこに書いてある？」
児童2：「9段落の「〜（本文）」のところ」〔教師が黒板の文章を指さす〕

第3節 ワーキングメモリ理論に基づいた授業研究

教師:「これ何色の造花?」
児童2:「赤・黄・紫・青。3回目は色紙で,」
教師:「それ何色?」
児童2:「赤・黄・紫・青」
教師:「どこに書いてある?」
児童2:「11段落の「~(本文)」です」〔教師が黒板の文章を指さす〕。

**◐表9-5 読みのステップと教授活動**(立石ら,2013)

| | ステップ | 主要な問い | 活動とそのねらい | 黒板(話し合ったことの表現) |
|---|---|---|---|---|
| 研究授業前:「花を見つける手掛かり」の文章全体を読み,感想を書く。 | | | | |
| 研究授業1 | 1) 文章全体からまとまりをつかむ | 何回実験をしたか | 実験の数を話し合い,文章全体がいくつの意味段落にまとめられるかを考える | 段落別に番号を付けた文章全体を印刷した模造紙をはり,模造紙上で分ける。 |
| 研究授業1 | 2) まとめた理由を話し合う | それぞれ実験の準備,結果,考えたことはどこか | まとまりの根拠について話し合い,それぞれの実験が,準備,結果,考えたことの段落で書かれたことに気づく | 実験の準備,結果,考えたことの順に色カードを模造紙上部3カ所にはっていき,それぞれのまとまりを示す。 |
| 研究授業2 | 3) まとめられた部分どうしの比較 | それぞれの実験の違いは何か | それぞれの実験の共通点と差異点について話し合い,各部分の内容を明確にする | それぞれの実験の違いを示すカード(花,造花,色紙それぞれの絵と言葉)を模造紙上部にはる。違いを示す文に線を引く。 |
| 研究授業3 | 4) まとめられた部分の役割 | それぞれの実験の目的は何か | それぞれの実験の目的について話し合い,文章全体における各部分の役割(各実験で明らかにしたこと)を明確にする | 各実験の目的,結果をまとめた言葉や文を黒板やカードに書き(とりあえずの予想を作る,におい×,紫◎),文に線を引く。 |
| 研究授業3 | 5) 文章の主題(筆者の主張) | 筆者の言いたいことは何か | それぞれの実験の目的や結果を踏まえ,文章全体の主題(筆者の主張)を明確にする | |
| 研究授業後:「花を見つける手がかり」から分かったことを文章にまとめる。 | | | | |

**◐表9-6 普段の授業および研究授業における観察対象児の挙手および授業態度**

| 日 | 単元 | 発問場面 | 挙手率 A | 挙手率 B | 挙手率 C | 観察回数[1] | 授業参加率 A | 授業参加率 B | 授業参加率 C |
|---|---|---|---|---|---|---|---|---|---|
| 普段の授業 | 大きな力を出す | 3 | .33 | .0 | .25 | 17 | .83 | .94 | .94 |
| | 大きな力を出す | 3 | .33 | 欠席 | .33 | 43 | .26 | 欠席 | .63 |
| | 漢字学習 | 14 | .21 | 欠席 | .7 | 112 | .47 | 欠席 | .55 |
| | 動いて,考えて,また動く | 16 | .13 | .13 | .13 | 47 | .57 | .32 | .51 |
| | 一つの花 | 8 | .13 | .13 | .13 | 40 | .8 | .23 | .48 |
| | 一つの花 | 12 | .42 | .33 | .33 | 33 | .28 | .27 | .61 |
| | 平均 | | 23 | 18 | 18 | | 40 | 36 | 57 |
| 研究授業 | 花を見つける手がかり1 | 17 | .67* | .29 | .27 | .38 | .55 | .25 | .67 |
| | 花を見つける手がかり2 | 5 | .75+ | .0 | .20 | .21 | .65+ | .50 | .86* |
| | 花を見つける手がかり3 | 17 | .43 | .18 | .13 | .40 | .53 | .09 | .50 |

注. *p<.05, +p<.10:普段の授業の挙手率または授業参加率よりも有意に高い.
[1] 平均観察回数

## 5. ワーキングメモリ理論に基づいた授業研究の課題

　本章の冒頭で述べたように，ワーキングメモリの小さいことは，学習遅滞のリスク要因であり，ワーキングメモリの小さい子どもを早期に同定し，その子どもに何らかの介入を行うことで，学習遅滞を防ぐことができる。また，クラスでワーキングメモリの小さい子どもに注目することで，クラスの子ども全員の参加をうながすような授業改善を試みることができる。その点で，ワーキングメモリ理論に基づいた授業研究は，ますますの発展が期待される。以下，今後の課題をあげる。

　第1に，ワーキングメモリのアセスメントの問題である。湯澤ら（2012, 2013）では，AWMA（Alloway, 2007）の日本語版を用いたが，1対1の個別調査で，しかも1人あたりで1時間30分程度の時間がかかった。そのような現状を考えると，クラスの担任教師がワーキングメモリアセスメントを手軽に行うには，子どもたちがそれぞれのペースで，集団で行うことのできるようなテストの開発が望まれる。そのようなテストとして，英語版では，AWMA Ⅱ が現在利用可能であり，また，広島大学では，第1著者が中心になって，HUCRoW（Hiroshima University Computer-based Rating of Working Memory）を作成している。

　第2に，Elliot et al.（2010）が示唆するように，表9-3のような支援方略を授業で実施するために，教師が支援方略の具体的なイメージをもつ必要がある。そのためには，たとえば，第3節2で取り上げた理科の授業のように，具体的な授業案が作成されていると便利である。表9-3にあげた支援方略の多くを取り入れた授業として，「先行学習」（市川・鏑木, 2009；鏑木, 2012, 2013）がある。先行学習では，教科書の予習を前提として，「学習の結論の共書（教師が黒板に書くとのと同時に，児童・生徒がノートに書く）→理解の自己評価→教師による補足説明→活用問題→理解の自己評価」といった流れで授業の活動が統一されている。予習をさせて子どもに学習内容についての予備知識をもたせること，授業の冒頭で学習の結論の共書をし，学習の目標を明確にすること，授業を細かく区切り，パターン化すること，板書とノートの取り方をパターン化することなどは，表9-3の支援方略と一致し，子どものワーキングメモリに対する負荷を軽減し，ワーキングメモリの小さい子どもにとっても学習に集中しやすい授業環境を構成している。鏑木（2012, 2013）は，多くの教科，学年，単元で先行学習の授業案を提案している。今後，ワーキングメモリ理論の観点から「先行学習」を検討することが有益かもしれない。

# ■引用文献■■■

## ●第 1 章

Atkinson, R. C., & Shiffrin, R. M. (1968). Human memory: A proposed system and its control processes. In K. W. Spence (Ed.), *The psychology of learning and motivation*. Vol. 2. New York: Academic Press. pp. 89–195.

Ayres, P., & Paas, F. (2012). Cognitive load theory: New directions and challenges. *Applied Cognitive Psychology*, **26**, 827–832.

Baddeley, A. D. (1986). *Working memory*. Oxford: Oxford University Press.

Baddeley, A. D. (2000). The episodic buffer: A new component of working memory? *Trends in Cognitive Sciences*, **4**, 417–423.

Baddeley, A. D. (2007). *Working memory, thought, and action*. Oxford: Oxford University Press.

Baddeley, A. D. (2012). Working memory: Theories, models, and controversies. *Annual Review of Psychology*, **63**, 1–29.

Baddeley, A. D., Allen, R. J., & Hitch, G. J. (2011). Binding in visual working memory: The role of the episodic buffer. *Neuropsychologia*, **49**, 1393–1400.

Baddeley, A. D., Gathercole, S. E., & Papagno, C. (1998). The phonological loop as a language learning device. *Psychological Review*, **105**, 158–173.

Baddeley, A. D., Hitch, G. J., & Allen, R. J. (2009). Working memory and binding in sentence recall. *Journal of Memory and Language*, **61**, 438–456.

Barrouillet, P., Bernardin, S., & Camos, V. (2004). Time constraints and resource sharing in adults' working memory spans. *Journal of Experimental Psychology: General*, **133**, 83–100.

Barrouillet, P., & Camos, V. (2012). As time goes by: Temporal constraints in working memory. *Current Directions in Psychological Science*, **21**, 413–419.

Barrouillet, P., Portrat, S., & Camos, V. (2011). On the law relating processing to storage in working memory. *Psychological Review*, **118**, 175–192.

Beilock, S. L., Rydell, R. J., & McConnell, A. R. (2007). Stereotype threat and working memory: Mechanisms, alleviation, and spillover. *Journal of Experimental Psychology: General*, **136**, 256–276.

Camos, V., Lagner, P., & Barrouillet, P. (2009). Two maintenance mechanisms of verbal information in working memory. *Journal of Memory and Language*, **61**, 457–469.

Chandler, P., & Sweller, J. (1991). Cognitive load theory and the format of instruction. *Cognition and Instruction*, **8**, 293–332.

Chase, W. G., & Ericsson, K. A. (1982). Skill and working memory. In G. H. Bower (Ed.), *The psychology of learning and motivation*. Vol. 16. New York: Academic Press. pp. 1–58.

Cohen, G. L., Garcia, J., Apfel, N., & Master, A. (2006). Reducing the racial achievement gap: A social-psychological intervention. *Science*, **313**, 1307–1310.

Cohen, G. L., Garcia, J., Purdie-Vaughns, V., Apfel, N., & Brzustoski, P. (2009). Recursive processes in self-affirmation: Intervening to close the minority achievement gap. *Science*, **324**, 400–403.

Cohen, G. L., & Sherman, D. K. (2014). Self-affirmation interventions: Catalyzing change in attitudes and behavior. *Annual Review of Psychology*, **65**, 333-371.

Domin, D. S. (2007). Students' perceptions of when conceptual development occurs during laboratory instruction. *Chemistry Education Research and Practice*, **8**, 140–152.

Engle, R. W., Kane, M. J., & Tuholski, S. W. (1999a). Individual differences in working memory capacity and what they tell us about controlled attention, general fluid intelligence and functions of the prefrontal cortex. In A. Miyake & P. Shah (Eds.), *Models of working memory: Mechanisms of active maintenance and executive control*. New York: Cambridge University Press. pp. 102–134.

Engle, R. W., Tuholski, S. W., Laughlin, J. E., & Conway, A. R. A. (1999b). Working memory, short-term memory, and general fluid intelligence: A latent variable approach. *Journal of Experimental Psychology:*

# 引用文献

*General*, **128**, 309-331.
Ericsson, K. A., & Delaney, P. F. (1999). Long-term working memory as an alternative to capacity models of working memory in everyday skilled performance. In A. Miyake and P. Shah (Eds.), *Models of working memory: Mechanisms of active maintenance and executive control*. New York: Cambridge University Press. pp. 257-297.
Ericsson, K. A., & Kintsch, W. (1995). Long-term working memory. *Psychological Review*, **102**, 211-245.
Healey, M. K., & Miyake, A. (2009). The role of attention during retrieval in working-memory span: A dual-task study. *Quarterly Journal of Experimental Psychology*, **62**, 733-745.
Hodson, D. (1996). Laboratory work as scientific method: Three decades of confusion and distortion. *Journal of Curriculum Studies*, **28**, 115-135.
Kane, M. J., Brown, L. E., McVay, J. C., Silvia, P. J., Myin-Germeys, I., & Kwapil, T. R. (2007). For whom the mind wanders, and when: An experience-sampling study of working memory and executive control in daily life. *Psychological Science*, **18**, 614-621.
Kane, M. J., & McVay, J. C. (2012). What Mind Wandering Reveals About Executive-Control Abilities and Failures. *Current Directions in Psychological Science*, **21**, 348-354.
Low, R., & Sweller, J. (2005). The modality principle. In R. E. Mayer (Ed.), *The Cambridge handbook of multimedia learning*. New York: Cambridge University Press. pp. 147-158.
McDaniel, M. A., Einstein, G. O., Dunay, P. K., & Cobb, R. E. (1986). Encoding difficulty and memory: Toward a unifying theory. *Journal of Memory and Language*, **25**, 645-656.
McNamara, D. S., Kintsch, E., Butler-Songer, N., & Kintsch, W. (1996). Are good texts always better? Interactions of text coherence, background knowledge, and levels of understanding in learning from text. *Cognition and Instruction*, **14**, 1-43.
McVay, J. C., & Kane, M. J. (2012). Why does working memory capacity predict variation in reading comprehension? On the influence of mind wandering and executive attention. *Journal of Experimental Psychology: General*, **141**, 302-320.
McVay, J. C., Kane, M. J., & Kwapil, T. R. (2009). Tracking the train of thought from the laboratory into everyday life: An experience-sampling study of mind-wandering across controlled and ecological contexts. *Psychonomic Bulletin & Review*, **16**, 857-863.
Miyake, A., Kost-Smith, L. E., Finkelstein, N. D., Pollock, S. J., Cohen, G. L., & Ito, T. A. (2010). Reducing the gender achievement gap in college science: A classroom study of values affirmation. *Science*, **330**, 1234-1237.
Miyake, A., & Shah, P. (Eds.) (1999). *Models of working memory: Mechanisms of active maintenance and executive control*. New York: Cambridge University Press.
三宅　晶・齊藤　智 (2001). 作動記憶研究の現状と展開　心理学研究, **72**, 336-350.
Moreno, R., & Park, B. (2010). Cognitive load theory: Historical development and relation to other theories. In J. L. Plass, R. Moreno, & R. Brunken (Eds.), *Cognitive load theory*. New York: Cambridge University Press. pp. 9-28.
Mrazek, M. D., Smallwood, J., Franklin, M. S., Baird, B., Chin, J. M., & Schooler, J. W. (2012). The role of mind-wandering in measurements of general aptitude. *Journal of Experimental Psychology: General*, **141**, 788-798.
Paas, F., & Sweller, J. (2012). An evolutionary upgrade of cognitive load theory: Using the human motor system and collaboration to support the learning of complex cognitive tasks. *Educational Psychology Review*, **24**, 27-45.
Risko, E. F., Anderson, N., Sarwal, A., Engelhart, M., & Kingstone, A. (2012). Everyday attention: Variation in mind wandering and memory in a lecture. *Applied Cognitive Psychology*, **26**, 234-242.
齊藤　智 (2005). 短期の記憶　海保博之（編）認知心理学（朝倉心理学講座2）第2章　朝倉書店　pp.10-29.
齊藤　智 (2011). 注意とワーキングメモリ　原田悦子・篠原一光（編）注意と安全 第3章　北大路書房　pp. 61-84.
Schmader, T. (2010). Stereotype threat deconstructed. *Current Directions in Psychological Science*, **19**, 14-18.

Schmader, T., & Johns, M. (2003). Converging evidence that stereotype threat reduces working memory capacity. *Journal of Personality and Social Psychology*, **85**, 440–452.

Schmader, T., Johns, M., & Forbes, C. E. (2008). An integrated process model of stereotype threat effects on performance. *Psychological Review*, **115**, 336–356.

Sherman, D. K., & Cohen, G. L. (2006). The psychology of self-defense: Self-affirmation theory. In M. P. Zanna (Ed.), *Advances in experimental social psychology*. Vol. 38. San Diego, CA: Academic Press. pp. 183–242.

Skuballa, I. T., Schwonke, R., & Renkl, A. (2012). Learning from narrated animations with different support procedures: Working memory capacity matters. *Applied Cognitive Psychology*, **26**(6), 840–847.

Smallwood, J., Fishman, D. J., & Schooler, J. W. (2007). Counting the cost of an absent mind: Mind wandering as an underrecognized influence on educational performance. *Psychonomic Bulletin & Review*, **14**, 230–236.

Sweller, J. (1988). Cognitive load during problem solving: Effects on learning. *Cognitive Science*, **12**, 257–285.

Sweller, J. (2010). Cognitive load theory: Recent theoretical advances. In J. L. Plass, R. Moreno, & R. Brunken (Eds.), *Cognitive load theory*. New York: Cambridge University Press. pp. 29–47.

Sweller, J. (2011). Cognitive load theory. In J. Mestre, & B. Ross (Eds.), *The psychology of learning and motivation: Cognition in education*. Vol. 55. Academic Press, Oxford. pp. 37–76.

Szpunar, K. K., Khan, N. Y., & Schacter, D. L. (2013a). Interpolated memory tests reduce mind wandering and improve learning of online lectures. *Proceedings of the National Academy of Sciences of the United States of America*, **110**(16), 6313–6317.

Szpunar, K. K., Moulton, S. T., & Schacter, D. L. (2013b). Mind wandering and education: From the classroom to online education. *Frontiers in Psychology*, **4**. doi: 10.3389/fpsyg.2013.00495

Unsworth, N., & Engle, R. W. (2007a). The nature of individual differences in working memory capacity: Active maintenance in primary memory and controlled search from secondary memory. *Psychological Review*, **114**, 104–132.

Unsworth, N., & Engle, R. W. (2007b). On the division of short-term and working memory: An examination of simple and complex span and their relation to higher order abilities. *Psychological Bulletin*, **133**, 1038–1066.

Unsworth, N., McMillan, B. D., Brewer, G. A., & Spillers, G. J. (2012). Everyday attention failures: An individual differences investigation. *Journal of Experimental Psychology: Learning, Memory, and Cognition*, **38**, 1765–1772.

Unsworth, N., & Spillers, G. J. (2010). Working memory capacity: Attention control, secondary memory, or both? A direct test of the dual-component model. *Journal of Memory and Language*, **62**, 392–406.

Wheeler, S. C., & Petty, R. E. (2001). The effects of stereotype activation on behavior: A review of possible mechanisms. *Psychological Bulletin*, **127**, 797–826.

Williamson, V., Baddeley, A. D., & Hitch, G. J. (2010). Musicians' and nonmusicians' short-term memory for verbal and musical sequences: Comparing phonological similarity and pitch proximity. *Memory & Cognition*, **38**, 163–175.

Wong, A., Leahy, W., Marcus, N., & Sweller, J. (2012). Cognitive load theory, the transient information effect and e-learning. *Learning and Instruction*, **22**, 449–457.

## ●第2章

Alloway, T. P., & Alloway, R. G. (2009). The efficacy of working memory training in improving crystallized intelligence. *Nature Precedings*. Retrieved from http://precedings.nature.com/documents/3697/version/1/files/npre20093697-1.pdf

Baddeley, A. D. (2012). Working memory: Theories, models, and controversies. *Annual Review of Psychology*, **63**, 1–29.

Banich, M. T. (2009). Executive function: The search for an integrated account. *Current Directions in Psychological Science*, **18**, 89–94.

Boot, W. R., Simons, D. J., Stothart, C., & Stutts, C. (2013). The pervasive problem with placebos in psychology: Why active control groups are not sufficient to rule out placebo effects. *Perspectives in Psychological*

# 引用文献

*Science, 8*, 445–454.

Chooi, W.-T., & Thompson, L. A. (2012). Working memory training does not improve intelligence in healthy young adults. *Intelligence, 40*, 531–542.

Cohen, J. (1988). *Statistical power analysis for the behavioral sciences* (2nd ed.). Hillsdale, NJ: Lawrence Erlbaum Associates.

Diamond, A. (2012). Activities and programs that improve children's executive functions. *Current Directions in Psychological Science, 21*, 335–341.

Diamond, A. (2013). Executive functions. *Annual Review of Psychology, 64*, 135–168.

Diamond, A., Barnett, W. S., Thomas, J., & Munro, S. (2007). Preschool program improves cognitive control. *Science, 318*, 1387–1388.

Diamond, A., & Lee, K. (2011). Interventions shown to aid executive function development in children 4 to 12 years old. *Science, 333*(6045), 959–964.

Duckworth, A. L., & Kern, M. L. (2011). A meta-analysis of the convergent validity of self-control measures. *Journal of Research in Personality, 45*, 259–268.

Duncan, J. (2010). The multiple-demand (MD) system of the primate brain: Mental programs for intelligent behaviour. *Trends in Cognitive Sciences, 14*(4), 172–179.

Duncan, J. (2013). The structure of cognition: Attentional episodes in mind and brain. *Neuron, 80*, 35–50.

Dunning, D. L., Holmes, J., & Gathercole, S. E. (2013). Does working memory training to lead to generalized improvements in children with low working memory? *Developmental Science, 16*, 915–925.

Ecker, U. K. H., Lewandowsky, S., Oberauer, K., & Chee, A. E. H. (2010). The components of working memory updating: An experimental decomposition and individual differences. *Journal of Experimental Psychology: Learning, Memory, and Cognition, 36*(1), 170–189.

Farah, M. J., Betancourt, L., Shera, D. M., Savage, J. H., Giannetta, J. M., Brodsky, N. L., Malmud, E. K., & Hurt, H. (2008). Environmental stimulation, parental nurturance, and cognitive development in humans. *Developmental Science, 11*, 793–801.

Farran, D., Lipsey, M., & Wilson, S. (2011). Experimental evaluation of the Tools of the Mind Pre-K Curriculum. Working paper available online (95 pages).

Friedman, N. P., & Miyake, A. (2004). The relations among inhibition and interference control functions: A latent-variable analysis. *Journal of Experimental Psychology: General, 133*(1), 101–135.

Friedman, N. P., Miyake, A., Young, S. E., Defries, J. C., Corley, R. P., & Hewitt, J. K. (2008). Individual differences in executive functions are almost entirely genetic in origin. *Journal of Experimental Psychology: General, 137*(2), 201–225.

Friedman, N. P., Miyake, A., Robinson, J. L., & Hewitt, J. K. (2011). Developmental trajectories in toddlers' self-restraint predict individual differences in executive functions 14 years later: A behavioral genetic analysis. *Developmental Psychology, 47*, 1410–1430.

Gerstadt, C. L., Hong, Y. J., & Diamond, A. (1994). The relationship between cognition and action: Performance of children 3 1/2-7 years old on a Stroop-like day-night test. *Cognition, 53*(2), 129–153.

Gioia, G. A., Isquith, P. K., Guy, S. C., & Kenworthy, L. (2000). Behavior rating inventory of executive function. *Child Neuropsychology, 6*(3), 235–238.

Hallett, P. (1978). Primary and secondary saccades to goals defined by instructions. *Vision Research, 18*, 1279–1296.

Hofmann, W., Friese, M., Schmeichel, B. J., & Baddeley, A. D. (2010). Working memory and self-regulation. In K. D. Vohs & R. F. Baumeister (Eds.), *Handbook of self-regulation: Research, theory, and applications*. 2nd ed. New York: Guilford Press. pp. 204–225.

Hofmann, W., Schmeichel, B. J., & Baddeley, A. D. (2012). Executive functions and self-regulation. *Trends in Cognitive Sciences, 16*(3), 174–80. doi:10.1016/j.tics.2012.01.006

Holmes, J., Gathercole, S. E., & Dunning, D. L. (2009). Adaptive training leads to sustained enhancement of poor working memory in children. *Developmental Science, 12*, F9–F15.

Hughes, C. (2011). Changes and challenges in 20 years of research into the development of executive functions.

*Infant and Child Development*, **20**, 251–271.

Jaeggi, S. M., Buschkuehl, M., Jonides, J., & Perrig, W. J. (2008). Improving fluid intelligence with training on working memory. *Proceedings of the National Academy of Sciences of the United States of America*, **105**(19), 6829–6833.

Jaeggi, S. M., Buschkuehl, M., Jonides, J., & Shah, P. (2011). Short- and long-term benefits of cognitive training. *Proceedings of the National Academy of Sciences of the United States of America*, **108**(25), 10081–10086.

Kane, M. J., Hambrick, D. Z., Tuholski, S. W., Wilhelm, O., Payne, T. W., & Engle, R. W. (2004). The generality of working memory capacity: A latent-variable approach to verbal and visuospatial memory span and reasoning. *Journal of Experimental Psychology: General*, **133**, 189–217.

Kirchner, W. K. (1958). Age differences in short-term retention of rapidly changing information. *Journal of Experimental Psychology*, **55**(4), 352–358.

Klingberg, T. (2010). Training and plasticity of working memory. *Trends in Cognitive Sciences*, **14**(7), 317–324. doi:10.1016/j.tics.2010.05.002

Kolkman, M. E., Hoijtink, H. J. A., Kroesbergen, E. H., & Leseman, P. P. M. (2013). The role of executive functions in numerical magnitude skills. *Learning and Individual Differences*, **24**, 145–151.

Kray, J., Karbach, J., Haenig, S., & Freitag, C. (2011). Can task-switching training enhance executive control functioning in children with attention deficit/-hyperactivity disorder? *Frontiers in Human Neuroscience*, **5**(January), 180. doi:10.3389/fnhum.2011.00180

Lee, K., Bull, R., & Ho, R. M. H. (2013). Developmental changes in executive functioning. *Child Development*. doi: 10.1111/cdev.12096

Lillard, A., & Else-quest, N. (2006). The early years: Evaluating Montessori education. *Science*, **313**, 1893–1894.

Logan, G. D. (1994). Spatial attention and the apprehension of spatial relations. *Journal of Experimental Psychology: Human Perception and Performance*, **20**, 1015–1036.

Mayr, U., & Kliegl, R. (2000). Task-set switching and long-term memory retrieval. *Journal of Experimental Psychology: Learning, Memory, and Cognition*, **26**, 1124–1140.

Melby-Lervåg, M., & Hulme, C. (2013). Is working memory training effective? A meta-analytic review. *Developmental Psychology*, **49**(2), 270–291. doi:10.1037/a0028228

Meltzer, L. (Ed.) (2007). *Executive function in education: From theory to practice*. New York: Guilford Press.

Meltzer, L. (2010). *Promoting executive functions in the classroom*. New York: Guilford Press.

Mischel, W., Ayduk, O., Berman, M. G., Casey, B. J., Gotlib, I. H., Jonides, J., Shoda, Y. (2011). "Willpower" over the life span: Decomposing self-regulation. *Social, Cognitive, and Affective Neuroscience*, **6**, 252–256.

Minear, M., & Shah, P. (2008). Training and transfer effects in task switching. *Memory & Cognition*, **36**(8), 1470–1483. doi:10.3758/MC.336.8.1470

Miyake, A., Emerson, M. J., Padilla, F., & Ahn, J. (2004). Inner speech as a retrieval aid for task goals: The effects of cue type and articulatory suppression. *Acta Psychologia*, **115**, 123–142.

Miyake, A., & Friedman, N. P. (2012). The nature and organization of individual differences in executive functions: Four general conclusions. *Current Directions in Psychological Science*, **21**(1), 8–14.

Miyake, A., Friedman, N. P., Emerson, M. J., Witzki, A. H., Howerter, A., & Wager, T. D. (2000). The unity and diversity of executive functions and their contributions to complex "Frontal Lobe" tasks: A latent variable analysis. *Cognitive Psychology*, **41**(1), 49–100.

Moffitt, T. E., Arseneault, L., Belsky, D., Dickson, N., Hancox, R. J., Harrington, H., & Caspi, A. (2011). A gradient of childhood self-control predicts health, wealth, and public safety. *Proceedings of the National Academy of Sciences of the United States of America*, **108**, 2693–2698.

Monsell (2003). Task switching. *Trends in Cognitive Sciences*, **7**(3), 134–140.

森口佑介 (2012). わたしを律するわたし　京都大学出版会

Morris, N., & Jones, D. M. (1990). Memory updating in working memory: The role of the central executive. *British Journal of Psychology*, **81**, 111–121.

Munakata, Y., Herd, S. A., Chatham, C. H., Depue, B. E., Banich, M. T., & O'Reilly, R. C. (2011). A unified framework for inhibitory control. *Trends in Cognitive Sciences*, **15**(10), 453–459.

引用文献

Munakata, Y., Snyder, H. R., & Chatham, C. H. (2012). Developing cognitive control: Three key transitions. *Current Directions in Psychological Science*, 21(2), 71-77.
Olesen, P. J., Westerberg, H., & Klingberg, T. (2003). Increased prefrontal and parietal activity after training of working memory. *Nature Neuroscience*, 7, 75-79.
Redick, T. S., Shipstead, Z., Harrison, T. L., Hicks, K. L., Fried, D. E., Hambrick, D. Z., Kane, M. J., & Engle, R. W. (2013). No evidence of intelligence improvement after working memory training: A randomized, placebo-controlled study. *Journal of Experimental Psychology: General*, 142, 359-379.
Robinson, K. M., & Dubé, A. K. (2013). Children's additive concepts: Promoting understanding and the role of inhibition. *Learning and Individual Differences*, 23, 101-107.
Rogers, R. D., & Monsell, S. (1995). Costs of a predictable switch between simple cognitive tasks. *Journal of Experimental Psychology: General*, 124, 207-231.
Rose, S. A., Feldman, J. F., & Jankowski, J. J. (2012). Implications of infant cognition for executive functions at age 11. *Psychological Science*, 23(11), 1345-1355.
齊藤　智 (2011). 注意とワーキングメモリ　原田悦子・篠原一光（編）注意と安全　第3章　北大路書房　pp. 61-84.
Shah, P., Buschkuehl, M., Jaeggi, S., & Jonides, J. (2012). Cognitive training for ADHD: The importance of individual differences. *Journal of Applied Research in Memory and Cognition*, 1, 204-205.
Shipstead, Z., Hicks, K. L., & Engle, R. W. (2012a). Cogmed working memory training: Does the evidence support the claims? *Journal of Applied Research in Memory and Cognition*, 1, 185-193.
Shipstead, Z., Redick, T. S., & Engle, R. W. (2012b). Is working memory training effective? *Psychological Bulletin*, 138(4), 628-654.
Shipstead, Z., Redick, T. S., & Engle, R. W. (2010). Does working memory training generalize? *Psychologica Belgica*, 50, 245-276.
Stroop, J. R. (1935). Studies of interference in serial verbal reactions. *Journal of Experimental Psychology*, 28, 643-662.
Thompson, T. W., Waskom, M. L., Garel, K.-L. A., Cardenas-Iniguez, C., Reynolds, G. O., Winter, R., Chang, P., Pollard, K., Lala, N., Alvarez, G. A., & Gabrieli, J. D. E. (2013). Failure of working memory training to enhance cognition or intelligence. *PLoS ONE*, 8(5), e63184.
Thorell, L. B., Lindqvist, S., Bergman Nutley, S., Bohlin, G., & Klingberg, T. (2009). Training and transfer effects of executive functions in preschool children. *Developmental Science*, 12(1), 106-113.
Toplack, M. E., West, R. F., & Stanovich, K. E. (2013). Practitioner review: Do performance-based measures and ratings of executive function assess the same construct? *Journal of Child Psychology and Psychiatry*, 54, 131-143.
Vygotsky, L. S. (1956). 柴田義松（訳）(2001). 思考と言語　新読書社
Wiebe, S. A., Espy, K. A., & Charak, D. (2008). Using confirmatory factor analysis to understand executive control in preschool children: I. Latent structure. *Developmental Psychology*, 44, 557-587.
Wiebe, S. A., Sheffield, T. D., Nelson, J. M., Clark, C. A. C., Chevalier, N., & Espy, K. A. (2011). The structure of executive function in 3-year-old children. *Journal of Experimental Child Psychology*, 108, 436-452.
Willoughby, M. T., Blair, C. B., Wirth, R. J., Greenberg, M., & The Family Project Investigators (2012). The measurement of executive functions at age 5: Psychometric properties and relationship to academic achievement. *Psychological Assessment*, 24, 226-239.
Winsler, A., Fernyhough, C., & Montero, I. (Eds.) (2009). *Private speech, executive functioning, and the development of verbal self-regulation*. New York: Cambridge University Press.
Yeniad, N., Malda, M., Mesman, J., Van IJzendoorn, M. H., & Pieper, S. (2013). Shifting ability predicts math and reading performance in children: A meta-analytical study. *Learning and Individual Differences*, 23, 1-9.
Yntema, D. B. (1963). Keeping track of several things at once. *Human Factors*, 5, 7-17.
Young, S. E., Friedman, N. P., Miyake, A., Willcutt, E. G., Corley, R. P., Haberstick, B. C., & Hewitt, J. K. (2009). Behavioral disinhibition: Liability for externalizing spectrum disorders and its genetic and environmental relation to response inhibition across adolescence. *Journal of Abnormal Psychology*, 118, 117-130.

Zelazo, P. D., & Carlson, S. M. (2012). Hot and cool executive function in childhood and adolescence: Development and plasticity. *Child Development Perspectives*, **6**(4), 356-360.

Zelazo, P. D., Frye, D., & Rapus, T. (1996). An age-related dissociation between knowing rules and using them. *Cognitive Development*, **11**, 37-63.

● 第3章

Awh, E., Jonides, J., Smith, E. E., Schumacher, E. H., Koeppe, R. A., & Katz, S. (1996). Dissociation of storage and rehearsal in verbal working memory: Evidence from PET. *Psychological Science*, **7**, 25-31.

Baddeley, A. (2000). The episodic buffer: A new component of working memory? *Trends in Cognitive Sciences*, **4**, 417-423.

Baddeley, A., & Hitch, G. (1974).Working memory. In G. H. Bower (Ed.), *The psychology of learning and motivation*. New York: Academic Press.

Brodmann, K. (1909). *Vergleichende Lokalisationlehre der Grosshirnrinde*. Leipzig: Barth.

Cohen, J. D., Perlstein, W. M., Braver, T. S., Nystrom, J. E., Noll, D. C., Jonides, J., & Smith, E. E. (1997). Temporal dynamics of brain activation during a working memory task. *Nature*, **386**, 604-608.

藤井俊勝 (2000). ワーキングメモリの神経基盤　苧阪直行 (編) 脳とワーキングメモリ　京都大学学術出版会　pp. 93-114.

Fuster, J. M. (2008). *The prefrontal cortex*. London: Academic Press.

Jacobsen, C. F. (1935). Functions of frontal association area in primates. *Archives of Neurology and Psychiatry*, **33**, 558-569.

Golman-Rakic, P. S. (1998). The frontal landscape: Implications of functional architecture for understanding human mentation and the central executive. In Roberts, A. C., Robbin, T. W., & Weiskrantz, L. (Eds.), *The prefrontal cortex*. Oxford: Oxford University Press.

Jonides, J., Smith, E., Koeppe, R., Awh, E., Minoshima, S., & Mintun, M. (1993). Spatial working memory in human as revealed by PET. *Nature*, **363**, 623-625.

Klingberg, T. (2009). *The overflowing brain: Information overload and the limitation of working memory*. Oxford: Oxford University Press. 苧阪直行 (訳) (2011). オーバーフローする脳—ワーキングメモリの限界への挑戦—　新曜社

Logie, R. H. (1995). *Visuo-spatial working memory*. Hove: Erlbaum.

苧阪満里子・苧阪直行 (1994). 読みとワーキングメモリ容量—リーディングスパンテストによる検討, **65**, 339-345.

苧阪直行 (1998). 心と脳の科学　岩波書店

苧阪直行 (編) (2000). 脳とワーキングメモリ　京都大学学術出版会

苧阪直行 (編) (2008). ワーキングメモリの脳内表現　京都大学学術出版会

苧阪直行 (編) (2010). 脳イメージング—ワーキングメモリと視覚的注意からみた脳　培風館

苧阪直行 (編) (2012). 社会脳科学の展望—脳から社会をみる (社会脳シリーズ第1巻)　新曜社

Osaka, N., Logie, R., & D'Esposito, M. (Eds.) (2007). *The cognitive neuroscience of working memory*. Oxford: Oxford University Press.

Osaka, N., Osaka, M., Morishita, M., Kondo, H., Fukuyama, H., & Shibasaki, H. (2004). The neural basis of executive function in working memory: An fMRI study based on individual differences. *Neuroimage*, **21**, 623-631.

Passingham, R. E., & Wise, S. P. (2012). *The neurobiology of the prefrontal cortex*. Oxford: Oxford University Press.

Paulesu, E., Frith, C. D., & Frackowiak, R. S. J. (1993). The neural correlates of the verbal component of working memory. *Nature*, **326**, 342-345.

Petrides, M., Alivisatos, B., Meyer, E., & Evans, A. C. (1993). Functional activation of the human frontal cortex during the performance of verbal working memory tasks. *Proceedings of the National Academy of Sciences USA*, **90**, 878-882.

Rypma, B., & D'Esposito, M. (1999). The role of prefrontal brain regions in components of working memory:

Effects of memory load and individual differences. *Proceedings of the National Academy of Sciences USA*, **96**, 6558-6563.

Smith, E. E., & Jonides, J. (1997). Working memory: A view from neuroimaging. *Cognitive Psychology*, **33**, 5-42.

●第 4 章

Ackerman, P. L., Beier, M. E., & Boyle, M. O. (2002). Individual differences in working memory within a nomological network of cognitive and perceptual speed abilities. *Journal of Experimental Psychology: General*. **131**, 567-589.

Ackerman, P. L., Beier, M. E., & Boyle, M. O. (2005). Working memory and intelligence: The same or different construct? *Psychological Bulletin*, **31**, 30-60.

Alloway, T. P. (2007). *Automated working memory assessment manual*. London: Pearson Assessment.

Alloway, T. P. (2009). Working memory, but not IQ, predicts subsequent learning in children with learning difficulties. *European Journal of Psychological Assessment*, **25**, 92-98.

Alloway, T. P. (2011). *Improving working memory: Supporting Students' learning*. London: Sage. 湯澤美紀・湯澤正通（訳）(2011). ワーキングメモリと発達障害　教師のための実践ガイド 2　北大路書房

Alloway, T. P. (2012). *Alloway Working Memory Assessment, Second Edition. Interpretive Report sample*. Pearson Education Limited. http://www.pearsonclinical.co.uk/Psychology/ChildCognitionNeuropsychologyandLanguage/ChildMemory/awma-2/PDFReports/Sample.pdf (December 31, 2012)

Alloway, T. P., & Alloway, R. G. (2010). Investigating the predictive roles of working memory and IQ in academic attainment. *Journal of Experimental Child Psychology*, **106**, 20-29.

Alloway, T. P., & Gathercole, S. E. (2005). The role of sentence recall in reading and language skills of children with learning difficulties. *Learning and Individual Differences*, **15**, 271-282.

Alloway, T. P., Gathercole, S. E., Adams, A. M., Willis, C. S., Eaglen, R., & Lamont, E. (2005). Working memory and phonological awareness as predictors of progress towards early learning goals at school entry. *British Journal of Developmental Psychology*, **23**, 417-426.

Alloway, T. P., Gathercole, S. E., Holmes, J., Place, M., & Elliott, J. (2009). The diagnostic utility of behavioral checklists in identifying children with ADHD and children with working memory deficits. *Child Psychiatry & Human Development*, **40**, 353-366.

Alloway, T. P., Gathercole, S. E., & Kirkwood, H. J. (2008). *Working memory rating scale manual*. London: Pearson Assessment.

Alloway, T. P., Gathercole, S. E., Kirkwood, H. J., & Elliott, J. G. (2008). Evaluating the validity of the Automated Working Memory Assessment. *Educational Psychology*, **28**, 725-734.

Alloway, T. P., Gathercole, S. E., & Pickering, S. J. (2006). Verbal and visuo-spatial short-term and working memory in children: Are they separable? *Child Development*, **77**, 1698-1716.

Alloway, T. P., Gathercole, S. E., Willis, C. S., & Adams, A. M. (2004). A structural analysis of working memory and related cognitive skills in young children. *Journal of Experimental Child Psychology*, **87**, 85-106.

Alloway, T. P., & Passolunghi, M. C. (2011). The relations between working memory, IQ and mathematical skills in children. *Learning and Individual Differences*, **21**, 133-137.

Baddeley, A. D. (1986). *Working memory*. New York: Oxford University Press.

Baddeley, A. D. (2000). The episodic buffer: A new component for working memory? *Trends in Cognitive Science*, **4**, 417-423.

Baddeley, A. D. (2007). *Working memory, thought, and action*. New York: Oxford University Press. 井関龍太郎・齊藤　智・川崎惠理子（訳）(2012). ワーキングメモリ　思考と行為の心理学的基礎　誠信書房

Baddeley, A. D., Gathercole, S. E., & Papagno, C. (1998). The phonological loop as a language learning device. *Psychological Review*, **105**, 158-173.

Baddeley, A. D., & Hitch, G. J. (1974). Working memory. In G. Bower (Ed.), *Recent advances in learning and motivation*: Vol. Ⅷ. New York: Academic Press. pp. 47-90.

Baddeley, A. D., Logie, R., Bressi, S., Della Sala, S., & Spinnler, H. (1986). Dementia and working memory. *Quarterly Journal of Experimental Psychology*, **38A**, 603-618.

# 引用文献

Bayliss, D. M., Jarrold, C., Gunn, D. M., & Baddeley, A. D. (2003). The complexities of complex span: Explaining individual differences in working memory in children and adults. *Journal of Experimental Psychology: General*, **132**, 71-92.

Bayliss, D. M., Jarrold, C., Baddeley, A. D., Gunn, D. M., & Leigh, E. (2005). Mapping the developmental constraints on working memory in span performance. *Developmental Psychology*, **41**, 579-597.

Bull, R., & Scerif, G. (2001). Executive functioning as a predictor of children's mathematics ability: Shifting, inhibition and working memory. *Developmental Neuropsychology*, **19**, 273-293.

Case, R., Kurland, M., & Goldberg, J. (1982). Operational efficiency and growth of short term memory span. *Journal of Experimental Child Psychology*, **33**, 386-404.

Cattell, R. B., & Horn, J. L. (1978). A check on the theory of fluid and crystallized intelligence with description of new subtest designs. *Journal of Educational Measurement*, **15**, 139-164.

Colom, R., Rebollo, I., Palacios, A., Juan-Espinosa, M., & Kyllonen, P. C. (2004). Working memory is (almost) perfectly predicted by g. *Intelligence*, **32**, 277-296.

Conway, A. R. A., Cowan, N., Bunting, M. F., Therriault, D. J., & Minkoff, S. R. B. (2002). A latent variable analysis of working memory capacity, short-term memory capacity, processing speed, and general fluid intelligence. *Intelligence*, **30**, 163-183.

Conway, A. R. A., Kane, M. J., Bunting, M. F., Hambrick, D. Z., Wilhelm, O., & Engle, R. W. (2005). Working memory span tasks: A methodological review and user's guide. *Psychonomic Bulletin and Review*, **12**, 769-786.

Cowan, N., & Alloway, T. (2009). Development of Working Memory in Childhood. In M. L. Courage & N. Cowan (Eds.), *The development of memory in infancy and childhood*. Hove: Psychology Press. pp.303-342.

大六一志 (2008). 新世代ウェクスラー知能検査の展開―知能因子理論の発展と言語性IQ―動作性IQの終焉 K-ABCアセスメント研究, **10**, 65-78.

Daneman, M., & Carpenter, P. A. (1980). Individual differences in working memory and reading. *Journal of Verbal Learning and Verbal Behavior*, **19**, 450-466.

Daneman, M., & Carpenter, P. A. (1983). Individual differences in integrating information between and within sentences. *Journal of Experimental Psychology: Learning, Memory and Cognition*, **9**, 561-583.

Daneman, M., & Merikle, P. M. (1996). Working Memory and language comprehension: A meta-analysis. *Psychonomic Bulletin & Review*, **3**, 422-433.

De Renzi, E., & Nichelli, P. (1975). Verbal and nonverbal short term memory impairment following hemispheric damage. *Cortex*, **11**, 341-353.

Della Sala, S., Gray, C., Baddeley, A. D., Allamano, N., & Wilson, L. (1999). Pattern span: A tool for unwelding visuo-spatial memory. *Neuropsychologia*, **37**, 1189-1199.

D'Esposito, M., Detre, J. A., Alsop, D. C., Shin, R. K., Atlas, S., & Grossman, M. (1995). The neural basis of the central executive system of working memory. *Nature*, **378**, 279-281.

Engel, P. M. A., Santos, F. H., & Gathercole, S. E. (2008). Are working memory measures free of socioeconomic influence? *Journal of Speech, Language, and Hearing Research*, **51**, 1580-1587.

Engle, R. W., Carullo, J. J., & Collins, K. W. (1991). Individual differences in the role of working memory in comprehension and following directions. *Journal of Educational Research*, **84**, 253-262.

Engle, R. W., Tuholski, S. W., Laughlin, J. E., & Conway, A. R. A. (1999). Working memory, short term memory, and general fluid intelligence: A latent-variable approach. *Journal of Experimental Psychology: General*, **128**, 309-331.

藤田和弘・石隈利紀・青山真二・服部　環・熊谷恵子・小野純平 (2011). 日本版KABC-Ⅱの理論的背景と尺度の構成　K-ABCアセスメント研究, **13**, 89-99.

Gathercole, S. E., & Alloway, T. P. (2006). Short-term and working memory impairments in neurodevelopmental disorders: Diagnosis and remedial support. *Journal of Child Psychology & Psychiatry*, **47**, 4-15.

Gathercole, S. E., & Baddeley, A. D. (1993). *Working Memory and Language Processing*. Hove: Psychology Press.

Gathercole, S. E., & Pickering, S. J. (2000). Assessment of working memory in six- and seven-year old children.

# 引用文献

*Journal of Educational Psychology*, **92**, 377-390.
Gathercole, S. E., Pickering, S. J., Ambridge, B., & Wearing, H. (2004). The structure of working memory from 4 to 15 years of age. *Developmental Psychology*, **40**, 177-190.
Gathercole, S. E., Service, E., Hitch, G. J., Adams, A. M., & Martin, A. J. (1999). Phonological short-term memory and vocabulary development: Further evidence on the nature of the relationship. *Applied Cognitive Psychology*, **13**, 65-77.
Gersten, R., Jordan, N. C., & Flojo, J. R. (2005). Early identification and interventions for students with mathematics difficulties. *Journal of Learning disabilities*, **38**, 293-304.
Hamilton, C. J., Coates, R. O., & Heffernan, T. (2003). What develops in visuo-spatial working memory development? European *Journal of Cognitive Psychology*, **15**, 43-69.
Hantley, J. R., Young, A. W., & Pearson, N. A. (1991). Impairment of the visuo-spatial sketch pad. *Quarterly Journal of Experimental Psychology*, **43A**, 101-125.
Hulme, C., Maughan, S., & Brown, G. D. A. (1991). Memory for familiar and unfamiliar words: Evidence for a long-term memory contribution to short-term memory span. *Journal of Memory and Language*, **30**, 685-701.
石王敦子・苧阪満里子 (1994). 幼児におけるリスニングスパン測定の試み　教育心理学研究, **42**, 50-56.
Jarrold, C., & Towse, J. N. (2006). Individual differences in working memory. *Neuroscience*, **139**, 39-50.
Jarvis, H. L., & Gathercole, S. E. (2003). Verbal and nonverbal working memory and achievements on national curriculum tests at 11 and 14 years of age. *Educational and Child Psychology*, **20**, 123-140.
Just, M. A., & Carpenter, P. A. (1992). A capacity theory of comprehension: Individual differences in working memory. *Psychological Review*, **99**, 122-149.
Kane, M. J., & Engle, R. W. (2002). The role of prefrontal cortex in working-memory capacity, executive attention, and general fluid intelligence: An individual-differences perspective. *Psychonomic Bulletin and Review*, **9**, 637-671.
小坂圭子 (1999). リスニング能力を指標とした就学前児の文章理解：作動記憶容量と既有知識の影響　発達心理学研究, **10**, 77-87.
小坂圭子・山崎　晃 (2000). 就学前児のテキスト理解に及ぼす作動記憶容量の影響　教育心理学研究, **48**, 343-351.
Kyllonen, P. C., & Christal, R. E. (1990). Reasoning ability is (little more than) working-memory capacity? *Intelligence*, **14**, 389-433.
Logie, R. H., Gilhooly, K. J., & Wynn, V. (1994). Counting on working-memory in arithmetic problem solving. *Memory & Cognition*, **22**, 395-410.
前川久男 (2007). DN-CAS（Das Naglieri Cognitive Assessment System）とその哲学的背景―Luriaの文化―歴史的心理学と神経心理学から　K-ABCアセスメント研究, **9**, 81-99.
Miller, D. C., & Hale, J. B. (2008). Neuropsychological Applications of the WISC-Ⅳ and WISC-Ⅳ Integrated. In Prifitera, A., Saklofske, D. H., & Weiss, L. G. (Eds.), *WISC-Ⅳ Assessment and Intervention 2e*. San Diego, CA: Academic Press. pp. 445-495.
Pickering, S. (2006). Assessment of working memory. In S. Pickering (Ed.), *Working memory and education*, London: Elsevier Press. pp. 241-271.
Prifitera, A., Saklofske, D. H., & Weiss, L. G. (2008). *WISC-Ⅳ Clinical assessment and intervention 2e*. San Diego, CA: Academic Press.
Redick, T. S., Broadway, J. M., Meier, M. E., Kuriakose, P. S., Unsworth, N., Kane, M. J., & Engle, R. W. (2012). Measuring working memory capacity with automated complex span tasks. *European Journal of Psychological Assessment*, **28**, 164-171.
Reuhkala, M. (2001). Mathematical skills in ninth-graders: Relationship with visuospatial abilities and working memory. *Educational Psychology*, **21**, 387-399.
Russell, J., Jarrold, C., Henry, L. (1996). Working memory in children with autism and with moderate learning difficulties. *Journal of Child Psychology and Psychiatry*, **37**, 673-686.
齊藤　智 (2011). ワーキングメモリ研究の実用可能性―湯澤論文へのコメント心理学評論, **54**, 95-97.
Shah, P., & Miyake, A. (1996). The separability of working memory resources for spatial thinking and language

processing: An Individual differences approach. *Journal of Experimental Psychology: General*, **125**, 4–27.
Smith, E. E., & Jonides, J. (1997). Working memory: A view from neuroimaging. *Cognitive Psychology*, **33**, 5–42.
Smith, E. E., & Jonides, J., & Koeppe, R. A. (1996). Dissociating verbal and spatial memory using PET. *Cerebral Cortex*, **6**, 11–20.
Stauffer, J. M., Ree, M. J., & Carretta, T. R. (1996). Cognitive components tests are not much more than g: An extension of Kyllonen's analyses. *Journal of General Psychology*, **123**, 193–205.
Swanson, H. L. (1992). Generality and modifiability of working memory among skilled and less skilled readers. *Journal of Educational Psychology*, **84**, 473–488.
Swanson, H. L. (1994). Short-term memory and working memory: Do both contribute to our understanding of academic achievement in children and adults with learning disabilities? *Journal for Learning Disabilities*, **27**, 34–50.
立石泰之・湯澤正通・青山之典・渡辺大介・伊藤公一・前田健一・宮谷真人・中條和光・森田愛子・近藤　綾・水口啓吾・縄中美穂 (2012). ワーキングメモリの小さい子どもに対する学習支援—小学校3年国語科授業における教授方略の効果　広島大学学部・附属学校共同研究機構研究紀要，**40**, 17–22.
Thevenot, C., & Oakhill, J. (2005). The strategic use of alternative representations in arithmetic word problem solving. *The Quarterly Journal of Experimental Psychology*, **58A**, 1311–1323.
Turner, M. L., & Engle, R. W. (1989). Is working memory capacity task dependent? *Journal of Memory and Language*, **28**, 127–154.
Unsworth, N., Heitz, R. P., Schrock, J. C., & Engle, R. W. (2005). An automated version of the operation span task. *Behavior Research Methods*, **37**, 498–505.
Unsworth, N., Redick, T. S., Heitz, R. P., Broadway, J. M., & Engle, R. W. (2009). Complex working memory span tasks and higher-order cognition: A latent-variable analysis of the relationship between processing and storage. *Memory*, **17**, 635–654.
Wechsler, D. (2003). *Administration and scoring manual for the Wechsler Intelligence Scale for Children-Fourth Edition by David Wechsler*. Bloomington, MN: NCS Pearson, Inc.　日本版 WISC-Ⅳ刊行委員会 (訳)　日本版 WISC-Ⅳ 実施・採点マニュアル　日本文化科学社
Wilson, J. T. L., Scott, J. H., & Power, K. G. (1987). Developmental differences in the span of visual memory for pattern. *British Journal of Developmental Psychology*, **5**, 249–255.
Yuill, N., Oakhill, J., & Parkin, A. (1989). Working memory, comprehension ability and the resolution of text anomaly. *British Journal of Psychology*, **80**, 351–361.
湯澤正通・青山之典・伊藤公一・前田健一・中田晋介・宮谷真人・中條和光・杉村伸一郎・森田愛子・山田恭子・近藤　綾・立石泰之・木下美和子・三藤恭弘 (2011). ワーキングメモリの小さい子どもに対する学習支援—ワーキングメモリの相対的に小さい小学校1年生の授業の分析　広島大学学部・附属学校共同研究機構研究紀要，**39**, 39–44.

## ●第5章

Alloway, T. P. (2007). *Automated Working Memory Assessment*. London: Psychological Corporation.
Alloway, T. P. (2010). *Improving working memory: Supporting students' learning*. London: Sage.　湯澤美紀・湯澤正通（訳）(2010). ワーキングメモリと発達障害：教師のための実践ガイド2　北大路書房
Alloway, T. P., & Alloway, R. G. (2010). Investigating the predictive roles of working memory and IQ in academic attainment. *Journal of Experimental Child Psychology*, **106**, 20–29.
Alloway, T. P., Banner, G. E., & Smith, P. (2010). Working memory and cognitive style in adolescents' attainment. *British Journal of Educational psychology*, **80**, 567–581.
Alloway, T. P., Gathercole, S. E., Holmes, J., Place, M., Elliott, J. G., Hilton, K. (2009a). The diagnostic utility of behavioral checklists in identifying children with ADHD and children with working memory deficits. *Child Psychiatry & Human Development*, **40**, 353–366.
Alloway, T. P., Gathercole, S. E., & Kirkwood, H. (2008). *Working memory rating scale manual*. London: Pearson Assessment.
Alloway, T. P., Gathercole, S. E., Kirkwood, H., & Elliott, J. (2009b). The cognitive and behavioral characteristics

# 引用文献

of children with low working memory. *Child Development*, 80, 606-621.
American Psychiatric Association (2000). *Diagnostic and statistical manual of mental disorders fourth edition text revision*. 髙橋三郎・大野　裕・染矢俊幸（訳）(2002). DSM-Ⅳ-TR 精神疾患の診断・統計マニュアル 医学書院
Archibald, L. M. D., & Gathercole, S. E. (2006a). Short-term and working memory in Specific Language Impairment. *International Journal of Language and Communication Disorders*, 41, 675-693.
Archibald, L. M. D., & Gathercole, S. E. (2006b). Visuospatial immediate memory in specific language impairment. *Journal of Speech, Language, and Hearing Research*, 49, 265-277.
Archibald, L. M. D., & Gathercole, S. E. (2006c). Nonword repetition: A comparison of tests. *Journal of Speech, Language, and Hearing Research*, 49, 970-983.
Archibald, L. M. D., & Gathercole, S. E. (2007). The complexities of complex memory span: Storage and processing deficits in specific language impairment. *Journal of Memory and Language*, 57, 177-194.
Baddeley, A. D. (1986). *Working memory*. Oxford: Oxford University Press.
Baddeley, A. D. (2007). *Working memory, thought, and action*. Oxford: Oxford University Press.
Baddeley, A. D., & Hitch, G. (1974). Working memory. In G. A. Bower (Ed.), *The psychology of learning and motivation*. Vol. 8. New York: Academic Press. pp. 47-90.
Barkley, R. A. (1997). Behavioral inhibition, sustained attention, and executive functions: Constructing a unifying theory of ADHD. *Psychological Bulletin*, 121, 65-94.
Benezra, E., & Douglas, V. I. (1988). Short-term serial recall in ADHD, normal, and reading-disabled boys. *Journal of Abnormal Child Psychology*, 16, 511-525.
Cohen, N. J., Vallance, D. D., Barwick, M., Im, N., Menna, R., Horodezky, N. B., & Isaacson, L. (2000). The interface between ADHD and language impairment: An examination of language, achievement, and cognitive processing. *Journal of Child Psychology and Psychiatry*, 41, 353-362.
Cornish, K., Wilding, J., & Grant, C. (2006). Deconstructing working memory in developmental disorders of attention. In S. J. Pickering (Ed.), *Working memory and Education*. London: Academic Press.
Dehn, M. J. (2008). *Working memory and academic learning: Assessment and intervention*. Hoboken, NJ: Wiley.
Elliott, J. G., Gathercole, S. E. Alloway, T. P., Holmes, J., & Kirkwood, H. (2010). An evaluation of a classroom-based intervention to help overcome working memory difficulties and improve long-term academic achievement. *Journal of Cognitive Education and Psychology*, 9, 227-250.
Faraone, S. V., Biederman, J., Lehman, B. K., Spencer, T., Norman, D., Seidman, L. J., Kraus, I., Perrin, J., Chen, W. J., & Tsuang, M. T. (1993). Intellectual performance and school failure in children with attention deficit hyperactivity disorder in their siblings. *Journal of Abnormal Psychology*, 102, 616-623.
Gathercole, S. E. (2006). Nonword repetition and word learning: The nature of the relationship. *Applied Psycholinguistics*, 27, 513-543.
Gathercole, S. E., & Alloway, T. P. (2006). Practitioner review: Short-term and working memory impairments in neurodevelopmental disorders: Diagnosis and remedial support. *Journal of Child Psychology and Psychiatry*, 47, 4-15.
Gathercole, S. E., & Alloway, T. P. (2008). *Working memory and learning: A practical guide for teachers*. London: Sage. 湯澤正通・湯澤美紀（訳）(2009). ワーキングメモリと学習指導　教師のための実践ガイド 北大路書房
Gathercole, S. E., & Baddeley, A. D. (1990). Phonological memory deficits in language disordered children: Is there a causal connection? *Journal of Memory and Language*, 29, 336-360.
Gathercole, S. E., & Baddeley, A. D. (1996). *The Children's Test of nonword Repetition*. The Psychological Corporation, USA.
Gathercole, S. E., Durling, E., Evans, M., Jeffcock, S., & Stone, R. (2008). Working memory abilities and children's performance in laboratory analogues of classroom activities. *Applied Cognitive Psychology*, 22, 1019-1037.
Gathercole, S. E., Lamont, E., & Alloway, T. P. (2006). Working memory in the classroom. In S. J. Pickering (Ed.), *Working memory and Education*. London: Elsevier.

引用文献

Gathercole, S. E., Pickering, S. J., Knight, C., & Stegmann, Z. (2004). Working memory skills and educational attainment: Evidence from national curriculum assessments at 7 and 14 years of age. *Applied Cognitive Psychology*, 18, 1-16.

Hulme, C., Thomson, N., Muir, C., & Lawrence, A. (1984). Speech rate and the development of short-term memory span. *Journal of Experimental Child Psychology*, 38, 241-253.

Jarrold, C., & Baddeley, A. D. (1997). Short-term memory for verbal and visuospatial information in Down's syndrome. *Cognitive Neuropsychiatry*, 2, 101-122.

Jarrold, C., & Baddeley, A. D. (2007). Working memory and Down syndrome. *Journal of Intellectual Disability Research*, 51, 925-931.

Jarrold, C., Baddeley, A. D., & Hews, A. K. (2000). Verbal short-term memory deficits in Down syndrome: A consequence of problems in rehearsal? *Journal of Child Psychology and psychiatry*, 41, 233-244.

Jarrold, C., Purser, H. M., & Brock, J. (2006). Short-term memory in Down syndrome. In T. P. Alloway & S. E. Gathercole (Eds.), *Working memory and neurodevelopmental disorders*. East Sussex, UK: Psychology press.

Kanno, K., & Ikeda, Y. (2002). Word-length effect in verbal short-term memory in individuals with Down's syndrome. *Journal of Intellectual Disability Research*, 46, 613-618.

河村　暁・中川　健・前川久男 (2004). 児童期のLD児におけるワーキングメモリ測定の試み　LD研究, 13, 79-90.

岸　学・上田友美 (2010). 児童の文章聴き取りにおけるワーキングメモリの影響―メモ取りが記憶の補助になるとは限らない　東京学芸大学紀要　総合教育科学系Ⅰ, 61, 145-156.

Kuntsi, J., Oosterlaan, J., & Stevenson, J. (2001). Psychological mechanisms in hyperactivity: Response inhibition deficit, working memory impairment, delay aversion, or something else? *Journal of Child Psychology and Psychiatry*, 42, 199-210.

Laing, E., Hulme, C., Grant, J., & Karmiloff-Smith, A. (2001). Learning to read in Williams syndrome: Looking beneath the surface of atypical reading development. *Journal of Child Psychology and Psychiatry*, 42, 729-739.

Lanfranchi, S., Baddeley, A., Gathercole, S., & Vianello, R. (2012). Working memory in Down syndrome: Is there a dual task deficit? *Journal of Intellectual Disability Research*, 56, 157-166.

Laws, G., MacDonald, J., & Buckley, S. (1996). The effects of a short training in the use of a rehearsal strategy on memory for words and pictures in children with Down syndrome. *Downs Syndrome: Research and Practice*, 4, 70-78.

Mervis, C. B., & Robinson, B. F. (2000). Expressive vocabulary ability of toddlers with Williams syndrome or Down syndrome: A comparison. *Developmental Neuropsychology*, 17, 111-126.

Mervis, C. B., Robinson, B. F., Bertrand, J., Morris, C. A., Klein-Tasman, B. P., & Armstrong, S. C. (2000). The Williams syndrome cognitive profile. *Brain and Cognition*, 44, 604-628.

Montgomery, J. W. (2002). Understanding the language difficulties of children with specific language impairments: Does verbal working memory matter? *American Journal of Speech-Language Pathology*, 11, 77-91.

Munson, B., Kurtz, B. A., & Windsor, J. (2005). The influence of vocabulary size, phonotactic probability, and wordlikeness on nonword repetitions of children with and without specific language impairment. *Journal of Speech, Language, and Hearing Research*, 48, 1033-1047.

中西俊雄・大澤真木子（監）(2010). ウイリアムズ症候群ガイドブック　中山書店

苧阪直行 (2008). ワーキングメモリの脳内表現　京都大学学術出版会

Pickering, S. J., & Gathercole, S. E. (2001). *Working Memory Test Battery for Children*. Hove, UK: Psychological Corporation.

Riding, R. J. (1991). *Cognitive style analysis*. Birmingham: Learning and Training Technology.

Robinson, B. F., Mervis, C. B., & Robinson, B. W. (2003). The roles of verbal short-term memory and working memory in the acquisition of grammar by children with Williams syndrome. *Developmental Neuropsychology*, 23, 13-31.

Roodenrys, S. (2006). Working memory function in attention deficit hyperactivity disorder. In T. P. Alloway & S.

# 引用文献

E. Gathercole (Eds.), *Working memory and neurodevelopmental disorders*. East Sussex, U. K.: Psychology Press.
Roodenrys, S., Koloski, N., & Grainger, J. (2001). Working memory function in attention deficit hyperactivity disordered and reading disabled children. *British Journal of Developmental Psychology*, **19**, 325-337.
Seung, H. K., & Chapman, R. S. (2000). Digit span in individuals with Down syndrome and in typically developing children: Temporal aspects. *Journal of speech, Language, and Hearing Research*, **43**, 609-620.
塩野　寛・門脇純一 (1978). ダウン症候群　南江堂
Snowling, M. J. (1981). Phonemic deficits in Developmental Dyslexia. *Psychological Research*, **43**, 219-234.
Tallal, P., & Piercy, M. (1973). Defects of non-verbal auditory perception in children with developmental aphasia. *Nature*, **241**, 468-469.
Vicari, S., Bellucci, S., & Carlesimo, G. A. (2006). Evidence from two genetic syndrome for the independence of spatial and visual working memory. *Developmental Medicine and Child Neurology*, **48**, 126-131.
Wang, P. P., & Bellugi, U. (1994). Evidence from two genetic syndrome for a dissociation between verbal and visual-spatial short-term memory. *Journal of Clinical and Experimental Neuropsychology*, **16**, 317-322.
湯澤正通・渡辺大介・水口啓吾・森田愛子・湯澤美紀 (2013a). クラスでワーキングメモリの相対的に小さい児童の授業態度と学習支援　発達心理学研究, **24**, 380-390.
湯澤美紀・河村　暁・湯澤正通 (2013b). ワーキングメモリと特別な支援――一人ひとりの学習のニーズに応える　北大路書房
湯澤美紀・湯澤正通 (2013). ワーキングメモリに着目した学習・就労支援の取り組み　第11回ワーキングメモリ学会

## ●第6章

Alloway, T. P., Gathercole, S. E., Willis, C., & Adams, A. M. (2004). A structural analysis of working memory and related cognitive skills in early childhood. *Journal of Experimental Child Psychology*, **87**, 85-106.
Baddeley, A. D., Eldridge, M., & Lewis, V. (1981). The role of subvocalisation in reading. *Quarterly Journal of Experimental Psychology*, **33A**, 439-454.
Baddeley, A. D., Gathercole, S. E., & Papagno, C. (1998). The phonological loop as a language device. *Psychological Review*, **105**, 158-173.
Baddeley, A. D., & Hitch, G. (1974). Working memory. In G. A. Bower (Ed.), *The psychology of learning and motivation*. Vol. 8. New York: Academic Press. pp. 47-90.
Bartholomé, T., & Bromme, R. (2009). Coherence formation when learning from text and pictures: What kind of support for whom? *Journal of Educational Psychology*, **101**, 282-293.
Bowey, J. A. (2001). Nonword repetition and young children's receptive vocabulary: A longitudinal study. *Applied Psycholinguistics*, **22**, 441-469.
Brady, S. A. (1997). Ability to encode phonological representations: An underlying difficulty of poor readers. In B. A. Blachman, (Ed.), *Foundations of reading acquisition and dyslexia*. Mahwah, NJ: Erlbaum.
Cain, K. (2006). Children's reading comprehension: The role of working memory in normal and impaired development. In S. J. Pickering (Ed.), *Working memory and Education*. London: Academic Press. pp. 61-91.
Cain, K., & Oakhill, J. V. (1999). Inference making and its relation to comprehension failure in young children. *Reading and Writing*, **11**, 489-503.
Cain, K., Oakhill, J. V., & Bryant, P. E. (2004a). Children's reading comprehension ability: Concurrent prediction by working memory, verbal ability, and component skills. *Journal of Educational Psychology*, **96**, 31-42.
Cain, K., Oakhill, J. V., & Elbro, C. (2003b). The ability to learn new word meanings form context by school-age children with and without language comprehension difficulties. *Journal of Child Language*, **30**, 681-694.
Cain, K., Oakhill, J. V., & Lemmon, K. (2004b). Individual differences in the inference of word meanings from context: The influence of reading comprehension, vocabulary knowledge, and memory capacity. *Journal of Educational Psychology*, **96**, 671-681.
Castles, A., & Coltheart, M. (2004). Is there a causal link from phonological awareness to success in learning to read. *Cognition*, **91**, 77-111.

# 引用文献

Catts, H. W., Hogan, T. P., & Fey, M. E. (2003). Subgrouping poor readers on the basis of individual differences in reading-related abilities. *Journal of Learning Disabilities*, **36**, 151-164.

Chiat, S., & Roy, P. (2007). The preschool repetition test: An evaluation of performance in typically developing and clinically referred children. *Journal of Speech, Language, and Hearing Research*, **50**, 429-443.

Coltheart, V., Avons, S. E., & Trollope, J. (1990). Articulatory suppression and phonological codes in reading for meaning. *Quarterly Journal of Experimental Psychology*, **42A**, 375-399.

Cutler, A., & Norris, D. (1988). The role of strong syllables in segmentation for lexical access. *Journal of Experimental Psychology: Human Perception and Performance*, **14**, 113-121.

Cutler, A., & Otake, T. (1994). Mora or phoneme? Further evidence for language-specific listening. *Journal of Memory and Language*, **33**, 824-844.

de Jong, P. F. (1998). Working memory deficits of reading disabled children. *Journal of Experimental Child Psychology*, **70**, 75-96.

de Jong, P. F. (2006). Understanding normal and impaired reading development: A working memory perspective. In S. J. Pickering (Ed.), *Working memory and education*. London: Academic Press. pp. 33-60.

de Jong, P. F., van der Leij, A. (1999). Specific contributions of phonological abilities to early reading acquisition: Results from a Dutch latent variable longitudinal study. *Journal of Educational Psychology*, **91**, 450-476.

de Jong, P. F., Seveke, M. J., & van Veen, M. (2000). Phonological sensitivity and the acquisition of new words in children. *Journal of Experimental Child Psychology*, **76**, 275-301.

Elgart, D. B. (1978). Oral reading, silent reading, and listening comprehension: A comparative study. *Journal of Reading Behavior*, **10**, 203-207.

Ewers, C. A., & Brownson, S. M. (1999). Kindergarteners' vocabulary acquisition as a function of active vs. passive storybook reading, prior vocabulary, and working memory. *Reading Psychology*, **20**, 11-20.

Florit, E., Roch, M., Altoè, G., & Levorato, M. C. (2009). Listening comprehension in preschoolers: The role of memory. *British Journal of Developmental Psychology*, **27**, 935-951.

Gathercole, S. E. (2006). Nonword repetition and word learning: The nature of the relationship. *Applied Psycholinguistics*, **27**, 513-543.

Gathercole, S. E., & Baddeley, A. D. (1990). The role of phonological memory in vocabulary acquisition: A study of young children learning new names. *British Journal of Psychology*, **81**, 439-454.

Gathercole, S. E., & Baddeley, A. D. (1993). *Working memory and language*. Hove: Erlbaum.

Gathercole, S. E., & Baddeley, A. D. (1996). *The Children's test of Nonword Repetition*. London: The Psychological Corporation.

Gathercole, S. E., Hitch, G. J., Service, E., & Martin, A. J. (1997). Short-term memory and new word learning in children. *Developmental Psychology*, **33**, 966-979.

Gathercole, S. E., Tiffany, C., Briscoe, J., & Thorn, A. (2005). Developmental consequences of poor phonological short-term memory function in childhood: A longitudinal study. *Journal of Child Psychology and Psychiatry*, **46**, 598-611.

Gathercole, S. E., Willis, C. S., Baddeley, A. D., & Emslie, H. (1994). The Children's Test of Nonword Repetition: A test of phonological working memory. *Memory*, **2**, 103-127.

Gathercole, S. E., Willis, C., Emslie, H., & Baddeley, A. D. (1991). The influence of number of syllables and wordlikeness on children's repetition of nonwords. *Applied Psycholinguistics*, **12**, 349-367.

Gathercole, S., Willis, C. S., Emslie, H., & Baddeley, A. D. (1992). Phonological memory and vocabulary development during the early school years: A longitudinal study. *Developmental Psychology*, **28**, 887-898.

犬塚美輪 (2002). 説明文における読解方略の構造　教育心理学研究, **50**, 152-162.

Kendeou, P., van den Broek, P., White, M. J., & Lynch, J. S. (2009a). Predicting reading comprehension in early elementary school: The independent contributions of oral language and decoding skills. *Journal of Educational Psychology*, **101**, 765-778.

Kendeou, P., Savage, R., van den Broek, P. (2009b). Revising the simple view of reading. *British Journal of Educational Psychology*, **79**, 353-370.

## 引用文献

Kintsch, W. (1998). *Comprehension: A paradigm for cognition*. New York: Cambridge University Press.
Kirby, J. R., & Savage, J. S. (2008). Can the simple view deal with the complexities of reading? *Literacy*, **42**, 75–82.
小坂圭子 (1999). リスニング能力を指標とした就学前児の文章理解―作動記憶容量と既有知識の影響　発達心理学研究, **10**, 77–87.
李　思嫻・湯澤正通・関口道彦 (2009). 日本語母語幼児と中国語母語幼児における英語音韻処理の違い　発達心理学研究, **20**, 289–298.
Markman, E. M. (1979). Realizing that you don't understand: Elementary school children's awareness of inconsistencies. *Child Development*, **50**, 643–655.
Masoura, E. V., & Gathercole, S. E. (1999). Phonological short-term memory and foreign vocabulary learning. *International Journal of Psychology*, **34**, 383–388.
Masoura, E. V., & Gathercole, S. E. (2005). Phonological short-term memory skills and new word learning in young Greek children. *Memory*, **13**, 422–429.
Mayer, R. E. (2003). Memory and information processes. In W. M. Reynolds & G. E. Miller (Eds.), *Educational Psychology*. Vol. 7. in I. B. Weiner (Editor-in-Chief), *Handbook of psychology*. Hoboken, HJ: Wiley.
Mayer, R. E. (2005). Cognitive theory of multimedia learning. In R. E. Mayer, (Ed.), *The Cambridge handbook of multimedia learning*. Cambridge: Cambridge University Press.
Metsala, J. L. (1999). The development of phonemic awareness in reading disabled children. *Applied Psycholinguistics*, **20**, 149–158.
Miller, S. D., & Smith, D. E. P. (1985). Differences in literal and inferential comprehension after reading orally and silently. *Journal of Educational Psychology*, **77**, 341–348.
水口啓吾・湯澤正通・李　思嫻 (2013a). 日本語母語話者における英語の熟達化と中国語母語話者における日本語の熟達化が英単語音声分節化に及ぼす影響　教育心理学研究, **61**, 67–78.
水口啓吾・湯澤正通・李　思嫻 (2013b). 日本語母語幼児における英単語音声分節化傾向―英単語記憶スパンを用いての中国語母語幼児との比較による検討, 発達心理学研究, **24**, 171–182.
Munson, B., Kurtz, B. A., & Windsor, J. (2005). The influence of vocabulary size, phonotactic probability, and wordlikeness on nonword repetitions of children with and without specific language impairment. *Journal of Speech, Language, and Hearing Research*, **48**, 1033–1047.
Oakhill, J., Hartt, J., & Samols, D. (2005). Levels of comprehension monitoring and working memory in good and poor comprehenders. *Reading and Writing*, **18**, 657–686.
Otake, T., Hatano, G., Yoneyama, K. (1996). Speech segmentation by Japanese listeners. In T. Otake & A. Cutler (Eds.), *Phonological structure and language processing: Cross-linguistic studies*. Berlin: Mouton de Gruyter. pp. 183–201.
Pike, M. M., Barnes, M. A., & Barron, R. W. (2010). The role of illustrations in children's inferential comprehension. *Journal of Experimental Child Psychology*, **105**, 243–255.
Roy, P., & Chiat, S. (2004). A prosodically controlled word and nonword repetition task for 2- to 4-year-olds: Evidence from typically developing children. *Journal of Speech, Language, and Hearing Research*, **47**, 223–234.
Service, E. (1992). Phonology, working memory, and foreign-language learning. *Quarterly Journal of Experimental Psychology*, **45A**, 21–50.
Snowling, M., & Frith, U. (1986). Comprehension in "hyperlexic" readers. *Journal of Experimental Child Psychology*, **42**, 392–415.
Stanovich, K. E., & Siegel, L. S. (1994). Phenotypic performance profile of children with reading disabilities: A regression-based test of the phonological-core variable-difference model. *Journal of Educational Psychology*, **86**, 24–53.
Siegel, L. S. (1994). Working memory and reading: A life-span perspective. *International Journal of Behavioral Development*, **17**, 109–124.
Swanson, H. L., & Alloway, T. P. (2012). Working memory, learning, and academic achievement. In K. R. Harris, S. Graham, & T. Urdan, (Editor-in-Chiefs), C. B. McCormick, G. M. Sinatra, & J. Sweller, (Associate

Eds.), *APA educational psychology handbook*. Vol. 1. *Theories, constructs, and critical issues*. Washington, DC: APA. pp.327-366.

Swanson, H. L., & Ashbaker, M. (2000). Working memory, short-term memory, articulation speed, word recognition, and reading comprehension in learning disabled readers: Executive and/or articulatory system? *Intelligence*, **28**, 1-30.

Swanson, H. L., & Howell, M. (2001). Working memory, short-term memory, and speech rate as predictors of children's reading performance at different ages. *Journal of Educational Psychology*, **93**, 720-734.

Swanson, H. L., & Jerman, O. (2007). The influence of working memory on reading growth in subgroups of children with reading disabilities. *Journal of Educational Psychology*, **96**, 249-283.

Swanson, H. L., Zheng, X., & Jerman, O. (2009). Working memory, short-term memory, and reading disabilities: A selective meta-analysis of the literature. *Journal of Learning Disabilities*, **42**, 260-287.

高橋麻衣子 (2007). 文理解における黙読と音読の認知過程―注意資源と音韻変換の役割に注目して 教育心理学研究, **55**, 538-549.

Tamaoka, K., & Makioka, S. (2004). Frequency of occurrence for units of phonemes, morae, and syllables appearing in a lexical corpus of a Japanese newspaper. *Behavior Research Method, Instruction, & Computer*, **36**, 531-547.

Thorn, A. S. C., Gathercole, S., & Frankish, C. R. (2005). Redintegration and the benefits of long-term knowledge in verbal short-term memory: An evaluation of Schweickert's (1993) multinomial processing tree model. *Cognitive Psychology*, **50**, 133-158.

内田伸子 (1983). 絵画ストーリィの意味的統合化における目標構造の役割 教育心理学研究, **31**, 303-313.

Vitevitch, M. S., Luce, P. A. (2005). Increases in phonotactic probability facilitate spoken nonword repetition. *Journal of Memory and Language*, **52**, 193-204.

Vosniadou, S., Pearson, P. D., & Rogers, T. (1988). What causes children's failures to detect inconsistencies in text? Representation versus comparison difficulties. *Journal of Educational Psychology*, **80**, 27-39.

Wagner, R. K., Torgesen, J. K., Rashotte, C. A., Hechit, S. A., Barker, T. A., Burgess, S. R., Donahue, J., & Garon, T. (1997). Changing relations between phonological processing abilities and word-level reading as children develop from beginning to skilled readers: A 5-year longitudinal study. *Developmental Psychology*, **33**, 468-479.

由井久枝 (2002). 幼児の物語理解に影響する要因―作動記憶容量と意図情報の役割に注目して 教育心理学研究, **50**, 421-426.

Yuill, N., & Oakhill, J. (1988). Understanding anaphoric relations in skilled and less skilled comprehenders. *British Journal of Psychology*, **79**, 173-186.

Yuzawa, M., Saito, S., Gathercole, S., Yuzawa, M., & Sekiguchi, M. (2011). The Effects of prosodic features and wordlikeness on nonword repetition performance. *Japanese Psychological Research*, **53**, 53-64.

湯澤正通・関口道彦・李 思嫻・湯澤美紀 (2011). 日本人幼児における英語構成音素の知覚と発声 教育心理学研究, **59**, 441-449.

湯澤正通・湯澤美紀・関口道彦・李 思嫻 (2012). 日本人幼児における英語音韻習得能力―英語非単語反復による検討 教育心理学研究, **60**, 491-502.

湯澤美紀 (2002). 幼児による音韻情報の短期的な保持に及ぼすピッチアクセントの効果 心理学研究, **73**, 258 - 263.

湯澤美紀 (2010). 幼児の音韻的短期記憶に関する研究 風間書房

Yuzawa, M., & Saito, S. (2006). The role of prosody and long-term phonological knowledge in Japanese children's nonword repetition performance. *Cognitive Development*, **21**, 146-157.

湯澤美紀・湯澤正通・渡辺大介・牧 亮太・水口啓吾 (準備中). 絵本とワーキングメモリ―幼児は絵本をいかに理解し、いかに語るか

## ●第7章

Anderson, U. (2007). The contribution of working memory to children's mathematical word problem solving. *Applied Cognitive Psychology*, **21**, 1201-1216.

引用文献

Anderson, U. (2010). Skill development in different components of arithmetic and basic cognitive functions: Findings from a 3-Year longitudinal study of children with different types of learning difficulties. *Journal of Educational Psychology*, 102, 115-134.
Andersson, U., & Lyxell, B. (2007). Working memory deficits in children with mathematical difficulties: A general or specific deficit? *Journal of Experimental Child Psychology*, 96, 197-228.
Berch, D. B. (2008). Working memory and mathematical cognitive development: Limitations of limited-capacity resource models. *Developmental Neuropsychology*, 33, 427-446.
Berg, D. H. (2008). Working memory and arithmetic calculation in children: The contributory roles of processing speed, short-term memory, and reading. *Journal of Experimental Child Psychology*, 99, 288-308.
Blair, C., & Razz, R. P. (2007). Relating effortful control, executive function, and false belief understanding to emerging math and literacy ability in kindergarten. *Child Development*, 78, 647-663.
Brannon, E. M. (2002). The development of ordinal numerical knowledge in infancy. *Cognition*, 83, 223-240.
Bull, R., & Espy, K. A. (2006). Working memory, executive functioning, and children's mathematics. In S. J. Pickering (Ed.), *Working memory and Education*. London: Academic Press. pp. 93-123.
Bull, R., Espy, K. A., & Wiebe, S. A. (2008). Short-term memory, working memory, and executive functioning in preschoolers: Longitudinal predictors of mathematical achievement at age 7 years. *Developmental Neuropsychology*, 33, 205-228.
Bull, R., & Johnston, R. S. (1997). Children's arithmetical difficulties: Contributions from processing speed, item identification, and short-term memory. *Journal of Experimental Child Psychology*, 65, 1-24.
Bull, R., & Scerif, G. (2001). Executive functioning as a predictor of children's mathematics ability: Inhibition, switching, and working Memory. *Developmental Neuropsychology*, 19, 273-293.
Carpenter, T. P., & Moser, J. M. (1983). The acquisition of addition and subtraction concepts. In R. Lesh & M. Landau (Eds.), *Acquisition of mathematical concepts and processes*. New York: Academic Press. pp. 7-44.
Carpenter, T. P., & Moser, J. M. (1984). The acquisition of addition and subtraction concepts in grades one through three. *Journal for Research in Mathematics Education*, 15, 179-202.
Carey, S. (2009). *The origin of concepts*. Oxford: Oxford University Press
Case, R., & Okamoto, Y. (1996). The role of central conceptual structures in the development of children's thought. *Monographs of the Society for Research in Child Development*, 61 (1-2, Serial No. 246).
Cowan, R., Donlan, C., Shepherd, D., Coke-Fletcher, R., Saxton, M., & Hurry J. (2011). Basic calculation proficiency and mathematics achievement in elementary school children. *Journal of Educational Psychology*, 103, 786-803.
De Rammelaere, S., Stuyven, E., & Vandierendonck, A. (2001). Verifying simple arithmetic sums and products: Are phonological loop and the central executive involved? *Memory and Cognition*, 29, 267-273.
DeStefano, D., & LeFevre, J. (2004). The role of working memory in mental arithmetic. *European Journal of Cognitive Psychology*, 16, 353-386.
遠藤 愛 (2010). 境界領域の知能を有する発達障害生徒に対する算数文章題解決のための学習支援―認知特性とつまずいている解決課程の分析から 教育心理学研究, 58, 224-235.
Feigenson, L., & Carey, S. (2003). Tracking individuals via object files: Evidence from infants' manual search. *Developmental Science*, 6, 568-584.
Feigenson, L., & Carey, S. (2005). On the limits of infants' quantification of small objects arrays. *Cognition*, 97, 295-313.
Feigenson, L., Carey, S., & Hauser, M. D. (2002a). The representation underlying infants' choice of more: Object files versus analog magnitudes. *Psychological Science*, 13, 150-156.
Feigenson, L., Carey, S., & Spelke, E. (2002b). Infants' discrimination of number vs. continuous extent. *Cognitive Psychology*, 44, 33-66.
Fuchs, L. S., Compton, D. L., Fuchs, D., Paulsen, K., Bryant, J. D., & Hamlett, C. L. (2005). The Prevention, identification, and cognitive determinants of math difficulty. *Journal of Educational Psychology*, 97, 493-513.
Fuchs, L. S., Compton, D. L., Fuchs, D., Powell, S. R., Schumacher, R. F., Hamlett, C. L., Vernier, E., Namkung,

J. M., & Vukovic, R. P. (2012). Contributions of domain-general cognitive resources and different forms of arithmetic development to pre-algebraic knowledge. *Developmental Psychology*, **48**, 1315–1326.

Fuchs, L. S., Fuchs, D., Compton, D. L., Powell, S. R., Seethaler, P. M., Capizzi, A. M. et al. (2006). The cognitive correlates of third-grades skill in arithmetic, algorithmic computation, and arithmetic word problems. *Journal of Educational Psychology*, **98**, 29–43.

Fuchs, L. S., Fuchs, D., Craddock, C., Hollenbeck, K. N., Hamlett, C. L., & Schatschneider, C. (2008). Effects of small-group tutoring with and without validated classroom instruction on at-risk students' math problem solving: Are two tiers of prevention better than one? *Journal of Educational Psychology*, **100**, 491–509.

Fuchs, L. S., Fuchs, D., Prentice, K., Burch, M., Hamlett, C. L., Owen, R., Hosp, M., & Jancek, D. (2003). Explicitly teaching for transfer: Effects on third-grade students' mathematical problem solving. *Journal of Educational Psychology*, **95**, 293–304.

Fuchs, L. S., Fuchs, D., Prentice, K., Hamlett, C. L., Finelli, R., & Courey, S. J. (2004). Enhancing mathematical problem solving among third-grade students with schema-based instruction. *Journal of Educational Psychology*, **96**, 635–647.

Fuchs, L. S., Fuchs, D., Stuebing, K., Fletcher, J. M., Hamlett, C. L., & Lambert, W. (2008). Problem solving and computational skill: Are they shared or distinct aspects of mathematical cognition? *Journal of Educational Psychology*, **100**, 30–47.

Fuchs, L. S., Geary, D. C., Compton, D. L., Fuchs, D., Hamlette, C. L., Seethaler, P. M., Bryant, J. D., & Schatschneider, C. (2010). Do different types of school mathematics development depend on different constellations of numerical versus general cognitive abilities? *Developmental Psychology*, **46**, 1731–1746.

Fuchs, L. S., Powell, S. R., Seethaler, P. M., Cirino, P. T., Fletcher, J. M., Fuchs, D., Hamlett, C. L., & Zumeta, R. O. (2009). Remediating number combination and word problem deficits among students with mathematics difficulties: A randomized control trial. *Journal of Educational Psychology*, **101**, 561–576.

Fuson, K. C. (1982). An analysis of the counting-on solution procedure in addition. In T. P. Carpenter, J. M. Moser, & T. A. Romberg (Eds.), *Addition and subtraction: A cognitive perspective*. Hillsdale, NJ: Erlbaum. pp. 67–81.

Frydman, O., & Bryant, P. E. (1988). Sharing and the understanding of number equivalence by young children. *Cognitive Development*, **3**, 323–339.

García, A. I., Jiménez, J. E., & Hess, S. (2006). Solving arithmetic word problems: An analysis of classification as a function of difficulty in children with and without arithmetic LD. *Journal of Learning Disability*, **39**, 270–281.

Geary, D. C. (1990). A Componential analysis of an early learning deficit in mathematics. *Journal of Experimental Child Psychology*, **49**, 363–383.

Geary, D. C. (2011). Cognitive predictors of achievement growth in mathematics: A 5-Year longitudinal study. *Developmental Psychology*, **47**, 1539–1552.

Geary, D. C., Hamson, C. O., & Hoard, M. K. (2000). Numerical and arithmetical cognition: A longitudinal study of process and concept deficits in children with learning disability. *Journal of Experimental Child Psychology*, **77**, 236–263

Geary, D. C., Hoard, M. K., Byrd-Craven, J., & DeSoto, M. C. (2004). Strategy choices in simple and complex addition: Contributions of working memory and counting knowledge for children with mathematical disability. *Journal of Experimental Child Psychology*, **88**, 121–151.

Geary, D. C., Hoard, M. K., Byrd-Craven, J., Nugent, L., & Numtee, C. (2007). Cognitive mechanisms underlying achievement deficits in children with mathematical learning disability. *Child Development*, **78**, 1343–1359.

Geary, D. C., Hoard, M. K., Nugent, L., & Bailey, D. H. (2012). Mathematical cognition deficits in children with learning disabilities and persistent low achievement: A five-year prospective study. *Journal of Educational Psychology*, **104**, 206–223.

Gelman, R., & Gallistel, C. R. (1978). *The children's understanding of number*. Cambridge, MA: Harvard University Press.

Gelman, R., & Meck, E. (1983). Preschoolers' counting: Principles before skill. *Cognition*, **13**, 343–359.

## 引用文献

Halberda, J., Mazzocco, M. M. M., & Feigenson, L. (2008). Individual differences in non-verbal numerical acuity correlate with maths achievement. *Nature*, **455**, 665–669.

Hanich, L. B., Jordan, N. C., Kaplan, D., & Dick, J. (2001). Performance across different areas of mathematical cognition in children with learning difficulties. *Journal of Educational Psychology*, **93**, 615–626.

Hecht, S. A. (2002). Counting on working memory in simple arithmetic when counting is used for problem solving. *Memory & Cognition*, **30**, 447–455.

Hitch, G. J., & McAuley, E. (1991). Working memory in children with specific arithmetical learning difficulties. *British Journal of Psychology*, **82**, 375–386.

Hoard, M. K., Geary, D. C., Byrd-Craven, J., & Nugent, L. (2008). Mathematical cognition in intellectually precocious first graders. *Developmental Neuropsychology*, **33**, 251–276.

市川伸一・南風原朝和・杉澤武俊・瀬尾美紀子・清河幸子・犬塚美輪・村山航・植阪友理・小林寛子・篠ヶ谷圭太 (2009). 数学の学力・学習力診断テスト COMPASS の開発　認知科学, **16**, 333–347.

Imbo, I., & Vandierendonck, A. (2007a). The role of phonological loop and executive working memory resource in simple arithmetic strategies. *European Journal of Cognitive Psychology*, **19**, 910–933.

Imbo, I., & Vandierendonck, A. (2007b). The development of strategy use in elementary school children: Working memory and individual differences. *Journal of Experimental Child Psychology*, **96**, 284–309.

Jitendra, A. K., DiPipi, C. M., & Perron-Jones, N. (2002). An exploratory study of schema-based word-problem-solving instruction for middle school students with learning disabilities: An emphasis on conceptual and procedural understanding. *Journal of Special Education*, **36**, 23–38.

Jitendra, A. K., Griffin, C. C., Haria, P., Leh, J., Adams, A., & Kaduvettoor, A. (2007). A comparison of single and multiple strategy instruction on third-grade students' mathematical problem solving. *Journal of Educational Psychology*, **99**, 115–127.

Jitendra, A. K., Griffin, C. C., McGoey, K., Gardill, M. C., Bhat, P., & Riley, T. (1998). Effects of mathematical word problem solving by students at risk or with mild disabilities. *Journal of Educational Research*, **91**, 345–355.

Jitendra, A. K., & Hoff, K. (1996). The effects of schema-based instruction on mathematical word-problem-solving performance of students with learning disabilities. *Journal of Learning Disabilities*, **29**, 421–431.

Jordan, N. C., Hanich, L. B., & Kaplan, D. (2003a). Arithmetic fact mastery in young children: A longitudinal investigation. *Journal of Experimental Child Psychology*, **85**, 103–119.

Jordan, N. C., Hanich, L. B., & Kaplan, D. (2003b). A longitudinal study of mathematical competencies in children with specific mathematics difficulties versus children with comorbid mathematics and reading difficulties. *Child Development*, **74**, 834–850.

Jordan, N. C., & Montani, T. O. (1997). Cognitive arithmetic and problem solving: A comparison of children with specific and general mathematics difficulties. *Journal of Learning Disabilities*, **30**, 624–634.

Landerl, K., Bevan, A., & Butterworth, B. (2004). Developmental dyscalculia and basic numerical capacities: A study of 8–9-year-old students. *Cognition*, **93**, 99–125.

Lee, K., & Kang, S. (2002). Arithmetic operation and working memory: Differential suppression in dual tasks. *Cognition*, **83**, B63–B68.

Lee, K., Ng, E. L., & Ng, S. F. (2009). The contributions of working memory and executive functioning to problem representation and solution generation in algebraic word problems. *Journal of Educational Psychology*, **101**, 373–387.

Lee, K., Ng, S. F., Bull, R., Pe, M. L., & Ho, R. H. M. (2011). Are patterns important? An investigation of the relationships between proficiencies in patterns, computation, executive functioning, and algebraic word problems. *Journal of Educational Psychology*, **103**, 269–281.

Lipton, J. S., & Spelke, E. S. (2003). Origins of number sense: Large-number discrimination in human infants. *Psychological Science*, **14**, 396–401.

Mabbott, D. J., & Bisanz, J. (2008). Computational skills, working memory, and conceptual knowledge in older children with mathematics learning disabilities. *Journal of Learning Disabilities*, **41**, 15–28.

Mayer, R. E. (1992). *Thinking, problem solving, cognition*. 2nd ed. New York: Freeman.

Mazzocco, M. M. M., Devlin, K. T., & McKenney, S. J. (2008). Is it a fact? Timed arithmetic performance of children with mathematical learning disabilities (MLD) varies as a function of how MLD is defined. *Developmental Neuropsychology*, **33**, 318–344.

McKenzie, B., Bull R., & Gray, C. (2003). The effects of phonological and visuospatial interference on children's arithmetical performance. *Educational and Child Psychology*, **20**, 93–108.

McCrink, K., & Wynn, K. (2004). Large-number addition and subtraction by 9-month old infants. *Psychological Science*, **15**, 776–781.

Mix, K. S. Huttenlocher, J., & Levine, S. C. (2002). *Quantitative development in infancy and early childhood*. New York: Oxford University Press.

Noël, M.-P. (2009). Counting on working memory when learning to count and to add: A preschool study. *Developmental Psychology*, **45**, 1630–1643.

Noël, M.-P., Seron, X., & Trovarelli, F. (2004). Working memory as a predictor of addition skills and addition strategies in children. *Current Psychology of Cognition*, **22**, 3–25.

Passolunghi, M. C., & Cornoldi, C. (2008). Working memory failures in children with arithmetical difficulties. *Child Neuropsychology*, **14**, 387–400.

Passolunghi, M. C., Mammarella, I. C., & Altoè, G. (2008). Cognitive abilities as precursors of the early acquisition of mathematical skills during first through second grades. *Developmental Neuropsychology*, **33**, 229–250.

Passolunghia, M. C., & Siegel, L. S. (2001). Short-term memory, working memory, and inhibitory control in children with difficulties in arithmetic problem solving. *Journal of Experimental Child Psychology*, **80**, 44–57.

Passolunghia, M. C., & Siegel, L. S. (2004). Working memory and access to numerical information in children with disability in mathematics. *Journal of Experimental Child Psychology*, **88**, 348–367.

Pickering, S. J., & Gathercole, S. E. (2001). *Working Memory Test Battery for Children*. Hove, UK: Psychological Corporation.

Riley, M. S., & Greeno, J. G., & Heller, J. I. (1983). Development of children's problem-solving ability in arithmetic. In H. P. Ginsburg (Ed.), *The development of mathematical thinking*. New York: Academic Press. pp. 153–196.

Raghubar, K. P., Barnes. M. A., & Hecht, S. A. (2010). Working memory and mathematics: A review of developmental, individual difference, and cognitive approaches. *Learning and Individual Differences*, **20**, 110–122.

瀬尾美紀子 (2010). 数学的問題解決とその教育　市川伸一（編）現代の認知心理学5　発達と学習　北大路書房 pp.227-251.

Shinskey, J. L., Chan, C. H., Coleman, R., Moxom, L., & Yamamoto, E. (2009). Preschoolers' nonsymbolic arithmetic with large sets: Is addition more accurate than subtraction? *Journal of Experimental Child Psychology*, **103**, 409–420.

Siegler, R. S. (1987). The perils of averaging data over strategies: An example from children's addition. *Journal of Experimental Psychology: General*, **116**, 250-264.

Siegler, R. S., & Booth, J. L. (2004). Development of numerical estimation in young children. *Child Development*, **75**, 428–444.

Siegler, R. S., & Opfer, J. (2003). The development of numerical estimation: Evidence for multiple representations of numerical quantity. *Psychological Science*, **14**, 237–243.

Siegel, L. S., & Ryan, E. B. (1989). The development of working memory in normally achieving and subtypes of learning disabled children. *Child Development*, **60**, 973–980.

Starkey, P. (1992). The early development of numerical reasoning. *Cognition*, **43**, 93–126.

Starkey, P., & Cooper, R. G. Jr. (1980). Perception of numbers by human infants. *Science*, **210**, 1033–1035.

Swanson, H. L. (2011). Working memory, attention, and mathematical problem solving: A longitudinal study of elementary school children. *Journal of Educational Psychology*, **103**, 821–837.

Swanson, H. L., & Beebe-Frankenberger, M. (2004). The relationship between working memory and

引用文献

mathematical problem solving in children at risk and not at risk for serious math difficulties. *Journal of Educational Psychology*, **96**, 471-491.
Swanson, H. L., & Jerman, O. (2006). Mathematical difficulties: A selective meta-analysis of the literature. *Review of Educational Research*, **76**, 249-274.
Swanson, H. L., Jerman, O., & Zheng, X. (2008). Growth in working memory and mathematical problem solving in children at risk and not at risk for serious math difficulties. *Journal of Educational Psychology*, **100**, 343-379.
Swanson, H. L., & Sachse-Lee, C. (2001). Mathematical problem solving and working memory in children with learning disabilities: Both executive and phonological processes are important. *Journal of Experimental Child Psychology*, **79**, 294-321.
van der Sluis, S., van der Leij, A., & de Jong, P. F. (2005). Working memory in Dutch children with reading- and arithmetic-related LD. *Journal of Learning Disabilities*, **38**, 207-221.
Wood, J. N., & Spelke, E. S. (2005). Infants' enumeration of actions: Numerical discrimination and its signature limits. *Developmental Science*, **8**, 173-181.
湯澤正通 (2012). 幼児の数量概念の発達とプロジェクト学習　湯澤正通・杉村伸一郎・前田健一（編）．心理学研究の新世紀3　教育・発達心理学　ミネルヴァ出版　pp. 335-358.
湯澤正通・湯澤美紀 (2011). 乳幼児期の数量概念の変化　心理学評論，**54**, 283-295.
Xin, P. X., Jitendra, A. K., & Deatline-Buchman, A. (2005). Effects of mathematical word problem-solving instruction on middle school students with learning problems. *Journal of Special Education*, **39**, 181-192.
Xu, F., & Spelke, E. S. (2000). Large number discrimination in 6-month-old infants. *Cognition*, **74**, B1-B11.
Xu, F., Spelke, E. S., & Goddard, S. (2005). Number sense in human infants. *Developmental Science*, **8**, 88-101.

● 第8章

Alloway, T. P. (2012). *Automated working memory assessment* Ⅱ. London: Pearson Assessment.
藤田和弘・青山真二・熊谷恵子（編著）(1998). 長所活用型指導で子どもが変わる　図書文化社
Holmes, J., Gathercole, S. E., & Dunning, D. L. (2009). Adaptive training leads to sustained enhancement of poor working memory in children. *Developmental Science*, **12**(4), F9-15.
Jorm, A. F. (1983). Specific reading retardation and working memory: A review. *British Journal of Psychology*, **74**, 311-342.
河村　暁・中山　健・前川久男 (2004). 児童期のLD児におけるワーキングメモリ測定の試み　LD研究，**13**, 79-90.
河村　暁・新妻由希枝・益田　慎・中山　健・前川久男 (2007). ワーキングメモリに困難のあるLD児の漢字の読み書き学習における単語の熟知度と漢字の画数・複雑性の影響　LD研究，**16**, 49-61.
河村　暁 (2010). 読み書きに困難のある子どもへの漢字書字学習支援　第7回日本ワーキングメモリ学会大会抄録集
河村　暁 (2011a). LD児の漢字熟語読み学習における単語の知識と意味学習の効果　第8回日本ワーキングメモリ学会大会抄録集
河村　暁 (2011b). 単語の書き学習における文字配列の分割の効果　第9回日本ワーキングメモリ学会大会抄録集
河村　暁 (2012). 読解の困難を主訴とする児童における読解学習支援の効果　第10回日本ワーキングメモリ学会大会抄録集
河村　暁 (2013). 語彙学習の長期的な効果と読み速度に及ぼす効果　第11回日本ワーキングメモリ学会大会抄録集
文部科学省 (2003). 今後の特別支援教育の在り方について（最終報告）
文部科学省 (2012). 通常の学級に在籍する発達障害の可能性のある特別な教育的支援を必要とする児童生徒に関する調査結果について
Pickering, S. J., & Gathercole, S. E. (2001). *The Working Memory Test Battery for Children*. London: Psychological Corporation.
齊藤　智 (2000). 作動記憶　太田信夫・多鹿秀継（編著）記憶研究の最前線　第2章　北大路書房　pp. 15-44.
佐々木正美・上野一彦・中川克子 (1990). ぼくのことわかって　LD（学習障害）児への手引き　朝日新聞厚生文化事業団

Siegel, L. S. (1994). Working memory and reading: A Life-span Perspective. *International Journal of Behavioral Development*, **17**, 109–124.
Swanson, H. L. (1995). *S-Cognitive Processing Test*. Austin, TX: Pro-Ed.
Torgesen, J. K.(1978). Performance of reading disabled children on serial memory tasks: a selective review of recent research. *Reading Research Quarterly*, **14**(1), 57-87.
柘植雅義 (2013). 特別支援教育　中公新書
湯澤正通・渡邊大介・水口啓吾・森田愛子・湯澤美紀 (2013a). クラスでワーキングメモリの相対的に小さい児童の授業態度と学習支援　発達心理学研究 , **24**, 380–390.
湯澤美紀・河村　暁・湯澤正通（編著）(2013b). ワーキングメモリと特別な支援――一人ひとりの学習のニーズに応える　北大路書房
上田　敏 (1983). リハビリテーションを考える　青木書店
Wechsler, D. (2003). *Wechsler intelligence scale for children-fourth edition*. San Antonio, TX: Harcourt Assessment, Inc.

## ●第 9 章

Alloway, T. P. (2007). *Automated working memory assessment*. London: Psychological Corporation.
Alloway, T. P. (2010). *Improving working Memory: Supporting students' learning*. London：Sage Publications. 湯澤美紀・湯澤正通（訳）(2011). ワーキングメモリと発達障害――教師のための実践ガイド 2　北大路書房
Elliot, J. G., Gathercole, S. E., Alloway, T. P., Holmes, J., & Kirkwood, H. (2010). An evaluation of a classroom-based intervention to help overcome working memory difficulties and improve long-term academic achievement. *Journal of Cognitive Education and Psychology*, **9**, 227–250.
Friedman, N. P., Miyake, A., Corley, R. P., Young, S. E., DeFries, J. C., & Hewitt, J. K. (2006). Not all executive functions are related to intelligence. *Psychological Science*, **17**, 172-179.
Gathercole, S. E., & Alloway, T. P. (2008). *Working Memory and Learning: A Practical Guide for Teachers*. London: Sage Publications.　湯澤正通・湯澤美紀（訳）(2009). ワーキングメモリと学習指導――教師のための実践ガイド　北大路書房
市川伸一・鏑木良夫（編）(2009). 教えて考えさせる授業 小学校――新学習指導要領対応　図書文化社
小貫　悟 (2013). 通常の学級における授業改善――すべての子にわかる授業の構成　LD 研究 , **22**, 132-140.
鏑木良夫 (2012). わかる授業の指導案 55――予習から習得そして活用へ　芸術新聞社
鏑木良夫（編著）(2013). わかる授業の指導案 80――先行学習で習得から活用へ　芸術新聞社
Miyake, A., Friedman, N. P., Emerson, M. J., Witzki, A. H., Howerter, A., & Wager, T. D. (2000). The unity and diversity of executive functions and their contributions to complex "Frontal Lobe" tasks: A latent variable analysis. *Cognitive Psychology*, **41**, 49-100.
Paas, F., Renkl, A., & Sweller, J. (2003). Cognitive load theory and instructional design: Recent Development. *Educational Psychologist*, **38**, 1–4.
立石泰之・湯澤正通・青山之典・渡辺大介・伊藤公一・前田健一・宮谷真人・中條和光・杉村伸一郎・森田愛子・近藤　綾・水口啓吾・縄中美穂 (2012). ワーキングメモリの小さい子どもに対する学習支援――小学校 3 年国語科授業における教授方略の効果――広島大学　学部・附属学校共同研究機構研究紀要 , **40**, 17-22.
立石泰之・湯澤正通・蔵永　瞳・伊藤公一・宮崎理恵・前田健一・宮谷真人・中條和光・森田愛子・水口啓吾・縄中美穂 (2013). ワーキングメモリの小さい子どもに対する学習支援――小学校 4 年国語科授業におけるマトリックス法の効果　広島大学　学部・附属学校共同研究機構研究紀要 , **41**.
湯澤正通・渡邊大介・前田健一・宮谷真人・中條和光・杉村伸一郎・森田愛子・近藤　綾 (2012). ワーキングメモリプロフィールに応じた特別支援データベースの開発　広島大学大学院教育学研究科共同研究プロジェクト報告書（第 10 巻）pp.129-141.
湯澤正通・渡邊大介・水口啓吾・森田愛子・湯澤美紀 (2013a). クラスでワーキングメモリの相対的に小さい児童の授業態度と学習支援　発達心理学研究 , **24**, 380–390.
湯澤美紀 (2011). ワーキングメモリと発達障害――支援の可能性を探る　心理学評論 , **54**, 76-94.
湯澤美紀・河村　暁・湯澤正通（編著）(2013b). ワーキングメモリと特別な支援――一人ひとりの学習のニーズに応える　北大路書房

# ■人名索引■■■

## ●A
Ackerman, P. L.　72,73
Alloway, R. G.　40,74,77,85
Alloway, T. P.　40,62,63,66,68,70-74,76-78,
　83-85,92-95,100,105,151-154
Anderson, U.　120,125,128,129
Archibald, L. M. D.　89,91
Ashbaker, M.　105
Atkinson, R. C.　13
Awh, E.　58
Ayres, P.　20,23,25

## ●B
Baddeley, A. D.　3-6,12,13,22,25,28,34,51,
　52,57,61,62,64,78,81-83,85,90,99,100,109,113
Banich, M. T.　27
Barkley, R. A.　92
Barrouillet, P.　9-13,24,25
Bartholome, T.　111
Bayliss, D. M.　62
Beebe-Frankenberger, M.　128
Beilock, S. L.　18
Bellugi, U.　88
Benezra, E.　92
Berch, D. B.　125
Berg, D. H.　123,124
Bisanz, J.　120
Blair, C.　129
Boot, W. R.　39
Booth, J. L.　119
Bowey, J. A.　100
Brady, S. A.　103
Brannon, E. M.　118
Brodmann, K.　49
Bromme, R.　111
Brownson, S. M.　106
Bnyant, P. E.　118
Bull, R.　35,77,117,120,123
Byrd-Craven, J.　119

## ●C
Cain, K.　107
Camos, V.　9,10,12
Carey, S.　118
Carlson, S. M.　29-31

Carpenter, P. A.　60,62
Carpenter, T. P.　130,131
Case, R.　60,61,119
Castles, A.　100
Cattell, R. B.　72
Catts, H. W.　104
Chandler, P.　22
Chapman, R. S.　86,87
Chase, W. G.　14
Chatham, C. H.　37
Chiat, S.　102
Chooi, W.-T.　41
Christal, R. E.　72
Cohen, G. L.　18
Cohen, N. J.　58,92
Colom, R.　73
Coltheart, M.　100
Coltheart, V.　109
Conway, A. R. A.　60,72,73
Cooper, R. G. Jr.　117
Cornish, K.　88
Cornoldi, C.　124
Cowan, R.　74,120,121
Craddock, C.　131
Cutler, A.　114

## ●D
D'Esposito, M.　55,62
大六一志　72
Daneman, M.　60-62,77
De Rammelaere, S.　122
De Renzi, E.　65
de Jong, P. F.　100,103,105,108
Dehn, M. J.　94
Delaney, P. F.　14
Della Sala, S.　62
DeStefano, D.　122
Diamond, A.　29,30,32,40,43
Domin, D. S.　24
Douglas, V. I.　92
Dubé, A. K.　38
Duckworth, A. L.　33
Duncan, J.　27,31
Dunning, D. L.　41

## ●E
Ecker, U. K. H.　38
Elgart, D. B.　109
Elliot, J. G.　95,167,170

195

Else-quest, N.   43
遠藤　愛   131
Engle, R. W.   4,7,8,12,13,16,25,42,60-62,72,73
Ericsson, K. A.   14,22
Espy, K. A.   117
Ewers, C. A.   106

● F
Farah, M. J.   37
Faraone, S. V.   92
Farran, D.   44
Feigenson, L.   118
Fernyhough, C.   43
Firth, U.   104
Florit, E.   105
Friedman, N. P.   27,29,32-38,157
Frydman, O.   118
Fuchs, D.   129,131
Fuchs, L. S.   123,125,129,131
藤田和弘   75,134
Fuson, K. C.   119
Fuster, J. M.   50

● G
Gallistel, C. R.   118
García, A. I.   131
Gathercole, S.   59,102
Gathercole, S. E.   61-65,69,73,77,78,84,85,
　　89-92,94,95,99,101,105,106,112,124,151-154
Geary, D. C.   119-121,123-126
Gelman, R.   118,121
Gerstadt, C. L.   32
Gersten, R.   77
Gioia, G. A.   33
Golman-Rakic, P. S.   49
Guy, S. C.   33

● H
Halberda, J.   126
Hale, J. B.   78
Hallett, P.   33
Hamilton, C. J.   69
Hanich, L. B.   120,121
Hantley, J. R.   62
Hechit, S. A.   122
Hicks, K. L.   42
Hitch, G. J.   57,61,81-83,109,124,125
Ho, R. M. H.   35
Hoard, M. K.   123

Hodson, D.   24
Hoff, K.   130
Hofmann, W.   27
Holmes, J.   39,134
Hong, Y. J.   32
Horn, J. L.   72
Howell, M.   108
Hughes, C.   37
Hulme, C.   39,40-42,64,86

● I
市川伸一   127,170
Ikeda, Y.   85,86
Imbo, I.   122
犬塚美輪   110
石王敦子   61
Isquith, P. K.   33

● J
Jacobsen, C. F.   48
Jaeggi, S. M.   39,40,42
Jarrold, C.   60,85-87
Jarvis, H. L.   69,73
Jerman, O.   108,124
Jitendra, A. K.   130
Johns, M.   17
Johnston, R. S.   120
Jones, D. M.   33
Jonides, J.   53,58,62
Jorm, A. F.   133
Just, M. A.   62

● K
鏑木良夫   170
門脇純一   85
Kane, M. J.   14-16,34,73
Kang, S.   122
Kanno, K.   85,86
河村　暁   96,135,137,139,141,143,145
Kendeou, P.   104
Kenworthy, L.   33
Kern, M. L.   33
Kintsch, W.   14,22,107
Kirby, J. R.   104
Kirchner, W. K.   33
岸　学   93
Kliegl, R.   33
Klingberg, T.   39,47
Kolkman, M. E.   38

小貫 悟　157,158
小坂圭子　61,105,106
Kray, J.　40
Kuntsi, J.　92
Kyllonen, P. C.　72

## L
Laing, E.　88
Landerla, K.　125
Lanfranchi, S.　87
Laws, G.　86
Lee, K.　35,43,122,123,128,129
LeFevre, J.　122
Lillard, A.　43
Lipton, J. S.　118
Logan, G. D.　33
Logie, R. H.　53,73
Low, R.　22
Luce, P. A.　102
Lyxell, B.　125

## M
Mabbott, D. J.　120
前川久男　75
Makioka, S.　102
Markman, E. M.　108
Masoura, E. V.　112
Mayer, R. E.　109-111,127
Mayr, U.　33
Mazzocco, M. M. M.　120
McAuley, E.　124
McCrink, K.　118
McDaniel, M. A.　24
McKenzie, B.　122
McNamara, D. S.　24
McVay, J. C.　15,16
Meck, E.　121
Melby-Lervåg, M.　39-42
Meltzer, L.　38,45
Merikle, P. M.　62,77
Mervis, C. B.　85,88
Metsala, J. L.　100
Miller, D. C.　78
Miller, S. D.　109
Minear, M.　40
Mischel, W.　37
Mix, K. S.　118
三宅　晶 (Miyake, A.)　3,4,13,18,19,27-29,31-36,
　38,60,62,157

水口啓吾　114,115
Moffitt, T. E.　37
Monsell, S.　32,33
Montani, T. O.　121
Montero, I.　43
Montgomery, J. W.　89,90
Moreno, R.　20,21
森田愛子　32
Morris, N.　33
Moser, J. M.　130,131
Moulton, S. T.　16
Munakata, Y.　36,37
Munson, B.　89

## N
中西俊雄　88
Nichelli, P.　65
Noel, M.-P.　123
Norris, D.　114

## O
Oakhill, J.　77
Okamoto, Y.　119
Olesen, P. J.　39
大澤真木子　88
Opfer, J.　121,125
苧阪満里子 (Osaka, M.)　57,61
苧阪直行 (Osaka, N.)　47-50,57,81
Otake, T.　114

## P
Paas, F.　20,23,25,155
Park, B.　20,21
Passingham, R. E.　50
Passolunghi, M. C.　77,123
Passolunghia, M. C.　120,124
Paulesu, E.　52
Petrides, M.　56
Petty, R. E.　17
Pickering, S.　66
Pickering, S. J.　59,61,63,65,73,83,124
Piercy, M.　89
Pike, M. N.　111
Prifitera, A.　75

## R
Raghubar, K. P.　117,125
Razz, R. P.　129
Redick, T. S.　41,60

Reuhkala, M.　77
李　思嫻　114
Riding, R. J.　94
Riley, M. S.　131
Risko, E. F.　17
Robinson, B. F.　85,88
Robinson, K. M.　38
Rogers, R. D.　33
Roodenrys, S.　92
Rose, S. A.　35,37
Roy, P.　102
Russell, J.　69
Ryan, E. B.　124
Rypma, B.　54,55

● S
Sachse-Lee, C.　124
齊藤　智 (Saito, S.)　3,13,59,102,148,149
佐々木正美　135
Scerif, G.　77,123
Schacter, D. L.　16
Schmader, T.　17-19
瀬尾美紀子　130
Service, E.　112
Seung, H. K.　86,87
Shah, P.　3,4,40,42,60,62
Sherman, D. K.　18
Shiffrin, R. M.　13
Shinskey, J. L.　118
塩野　寛　85
Shipstead, Z.　39-42
Siegel, L. S.　105,124,133
Siegler, R. S.　119,120,125
Skuballa, I. T.　22,24
Smallwood, J.　16
Smith, D. E. P.　109
Smith, E. E.　58,62
Snowling, M.　104
Snowling, M. J.　89
Snyder, H. R.　37
Spelke, E. S.　118
Spillers, G. J.　8,13
Stanovich, K. E.　33
Stanowich, K. E.　105
Starkey, P.　117,118
Stauffer, J. M.　73
Stroop, J. R.　33
Stuebing, K.　129
Swanson, H. L.　73,105,108,124,128,129,215

Sweller, J.　20-23
Szpunar, K. K.　16,17

● T
高橋麻衣子　109
Tallal, P.　89
Tamaoka, K.　102
立石泰之　66,167-169
Thevenot, C.　77
Thompson, L. A.　41
Thorell, L. B.　40
Thorn, A. S. C.　102
Toplack, M. E.　33
Torgesen, J. K.　133
Towse, J. N.　60
柘植雅義　133
Turner, M. L.　60,62

● U
内田伸子　107
上田　敏　134,135,147,148
上田友美　93
Unsworth, N.　8,12,13,60

● V
van der Leij, A.　103
van der Sluis, S.　125
Vicari, S.　89
Vitevitch, M. S.　102
Vosniadou, S.　108
Vygotsky, L. S.　43

● W
Wagner, R. K.　103
Wang, P. P.　88
Wechsler, D.　75-77
West, R. F.　33
Westerberg, H.　39
Wheeler, S. C.　17
Wiebe, S. A.　33,35
Williamson, V.　5
Willoughby, M. T.　33,35
Wilson, J. T. L.　65
Winsler, A.　43
Wise, S. P.　50
Wood, J. N.　118
Wynn, K.　118

## X

Xin, P. X.　130
Xu, F.　118

## Y

山崎　晃　61
Yeniad, N.　38
Yntema, D. B.　33
Young, S. E.　38
由井久枝　105,106
Yuill, N.　65,108
湯澤正通(Yuzawa, M.)　66,95,97,102,106,113-115, 117,135,152,154,161,163-165,170
湯澤美紀　96,97,102,133,136,137,146,148,149, 157-159

## Z

Zelazo, P. D.　29,30,32

# ■事項索引■■

## ●あ
analog-magnitude system　118
アンチサッケード課題　32

## ●い
遺伝的要因　37

## ●う
WISC-Ⅳ（Wechsler Intelligence Scale for Children-Fourth Edition）　75,133
ウイリアムズ症候群　88
ウェクスラー児童用知能検査（WISC: Wechsler Intelligence Scale for Children）　74
ウェルニッケ領　52

## ●え
n-バック課題　38,58
エピソード・バッファ　5,83
fMRI　50

## ●お
object-file or event-file system　118
音韻習得能力　113
音韻ストア　4,82
音韻的貯蔵仮説　100
音韻的敏感性仮説　100
音韻認識　100
音韻ループ（PL）　4,52,61,82
音節　114
音素　103
音読　109

## ●か
外在的負荷　20
カウンティングスパン　65,67
カウンティングスパンテスト　61
書き学習支援　141
書き困難　141
学習障害（LD: Learning Disability）　96,133
学習遅滞　151
下前頭回（IFG: inferior frontal gyrus）　49
課題関連負荷　21
課題不純問題　33
課題無関連思考　14
課題目標　27

課題目標の保持　31,34
環境改善的アプローチ　134

## ●き
記憶更新課題　32
記憶スパン　59
記憶方略　160
記憶補助ツール　156
共通実行機能　35
禁止課題　36

## ●く
空間スパンテスト　60

## ●け
K-ABC　75
経験サンプリング法　15
計算スキル　123
計数の方略　119
系列逆行再生課題　65,67
系列再生課題　59,64
結晶性知能　72
言語性ワーキングメモリ　62
言語的短期記憶　62
検索構造　14
検索手がかり　14

## ●こ
語彙学習　135
語彙学習支援　135
語彙習得　99
構音コントロール過程　4,82
構音抑制　52,109
更新　28
Cogmed　38
語長効果　86
固有実行機能　35
コルシブロック　65
COMPASS　127

## ●さ
最小方略　119
再鮮化　9
サブボーカル　86
サポートブック　97
算数学力　123
算数障害　120,125,130
算数の学習困難　124
算数文章題解決　127

200

## 事項索引

### ●し
CNRep　83
時間のコントロール　158
視空間スケッチパッド　4,53,61,82
視空間性ワーキングメモリ　63
視空間的短期記憶　62
自己価値肯定法　18
自己制御　27,160
自己制御学習　97
自己調整　27
自己理解　96
実行機能　27,81,157
自動化ワーキングメモリアセスメント（AWMA: Automated Working Memory Assessment battery）　66
AWMA（Automated Working Memory Assessment）　83,153
シフティング　28
時分割型リソース共有モデル　9
自閉症スペクトラム　157
社会脳　47
授業方略　161
熟達化交互作用効果　22
消去　29
状況モデル　107,168
冗長性効果　22
情報の構造化　158
情報の統合　158
初期の読み　103

### ●す
数字スパン　59
数量概念　117
スキーマ　131
ステレオタイプ脅威　17
ストループ課題　32
ストレス　114
スモールステップ　158

### ●せ
先行学習　170
前頭前野（PFC: prefrontal cortex）　48
前頭前野背外側領域（DLPFC: dorsolateral personal cortex）　49
DLPFC　56
前頭葉　47
前部帯状皮質（ACC: BA32: Anterior cingulate gyrus）　49

### ●た
大脳基底核（basal ganglia）　48
大脳辺縁系（limbic system）　47
ダウン症　85
多重符号化　158
タスクスイッチング　32
WMTB-C（Working Memory Test Battery for Children）　63,83
短期記憶　13
単語スパン　59
単語らしさ　102

### ●ち
遅延課題　36
知覚的干渉制御　29
知的障害　85
知能指数（IQ: intelligence quotient）　73
注意欠如・多動性障害（ADHD: Attentinal Dificit with Hyperactivity Disorder）　91,157
注意制御モデル　7
注意離断効果　22
中央実行系　4,30,56,61,82
中央実行形　51
長期的知識　13
治療的アプローチ　134

### ●て
DN-CAS　75
適応的アプローチ　134

### ●と
Tools of the Mind　43
特異性言語障害　89
読解学習支援　145
読解困難　104,145
読解の単純モデル　104
読解方略　110
トレーニング　39

### ●な
内在的負荷　20
内側前頭前野（MPFC: medial PFC）　49

### ●に
二重課題　121
二重課題法　56
認知的柔軟性　29
認知的負荷理論　155
認知負荷　10

201

事項索引

認知負荷理論　20

●ね
ネガティブプライミング　29

●は
発達障害　89,157
perallel individuation　118

●ひ
非単語反復　99,101,105,112

●ふ
付加　29
複数成分モデル　4
復帰抑制　29
プライベートスピーチ　43
ブローカ領　52
プロソディ　102
文章題　130
文章理解　104,107
文法照応形　108

●へ
PET　50

●ほ
方略の使用　93

●ま
マインド・ワンダリング　14
マルチメディア学習理論　109

●も
モーラ　103,114
黙読　109
文字の複合化　104
モダリティ効果　22
モニタリング　29

●ゆ
ユニバーサルデザイン　158

●よ
抑制　28
抑制制御　29
読み学習支援　137
読み困難　137

●り
リヴォイシング　166
リスニングスパン　65,67,106
リスニングスパンテスト　57,61
リスニング理解　104
リーディングスパン　60
リーディングスパンテスト　57,61
リハーサル　86,101
流動性知能　72

●わ
ワーキングメモリ（作動記憶）　3
ワーキングメモリエラー　156
ワーキングメモリ評定尺度（WMRS: Working Memory Rating Scale）　71

【編者紹介】

**湯澤正通**（ゆざわ・まさみち）

1961 年　栃木県に生まれる
1992 年　広島大学大学院教育学研究科博士課程修了　博士（心理学）
現　在　広島大学大学院教育学研究科教授
主著・論文
　　日本語母語幼児による英語音声の知覚・発声と学習—日本語母語話者は英語音声の知覚・発声がなぜ難しく，どう学習すべきか（共著）　風間書房　2013 年
　　ワーキングメモリと特別な支援——人ひとりの学習のニーズに応える（共著）　北大路書房　2013 年
　　Working memory: Developmental differences, component processes, and improvement mechanisms（共著）　NOVA publishers.　2013 年
　　クラスでワーキングメモリの相対的に小さい児童の授業態度と学習支援　発達心理学研究　2013 年
　　ワーキングメモリと発達障害—教師のための実践ガイド 2 —（共訳）　北大路書房　2011 年


**湯澤美紀**（ゆざわ・みき）

1971 年　大分県に生まれる
2001 年　広島大学大学院教育学研究科博士課程単位取得満了
現　在　ノートルダム清心女子大学准教授　博士（心理学）
主著・論文
　　授業の心理学（共著）　福村出版　印刷中
　　ワーキングメモリと発達障害—支援の可能性を探る—　心理学評論　2011 年
　　子どもの育ちを支える絵本（共著）　岩波書店　2011 年
　　ワーキングメモリと発達障害—教師のための実践ガイド 2 —（共訳）　北大路書房　2011 年
　　幼児の音韻的短期記憶に関する研究（単著）　風間書房　2010 年
　　The Role of prosody and long-term phonological knowledge in Japanese children's nonword repetition performance（共著）. Cognitive Development, 21 巻, 146-157.　2006 年

【執筆者一覧】（執筆順，＊は編者）

齊藤　智（京都大学大学院）　　　　　　　　1, 2
三宅　晶（コロラド大学）　　　　　　　　　1, 2
苧阪　直行（京都大学）　　　　　　　　　　3
大塚　一徳（長崎県立大学）　　　　　　　　4
湯澤　美紀＊（ノートルダム清心女子大学）　5
湯澤　正通＊（広島大学大学院）　　　　　　6, 7, 9
河村　暁（広島女学院大学）　　　　　　　　8
青山　之典（比治山大学）　　　　　　　　　9
伊藤　公一（広島大学附属三原小学校）　　　9
立石　泰之（糸島市立深江小学校）　　　　　9
中田　晋介（広島市教育委員会）　　　　　　9
渡辺　大介（比治山大学）　　　　　　　　　9
蔵永　瞳（広島大学）　　　　　　　　　　　9
水口　啓吾（広島大学）　　　　　　　　　　9

## ワーキングメモリと教育

| 2014年5月10日 | 初版第1刷印刷 |
|---|---|
| 2014年5月20日 | 初版第1刷発行 |

定価はカバーに表示してあります。

編著者　湯　澤　正　通
　　　　湯　澤　美　紀

発行所　(株)北大路書房

〒603-8303　京都市北区紫野十二坊町12-8
　　　　　　電　話　(075) 431-0361 (代)
　　　　　　FAX　(075) 431-9393
　　　　　　振　替　01050-4-2083

印刷／製本　モリモト印刷(株)

©2014
検印省略　落丁・乱丁はお取り替えいたします。
　　　　　ISBN978-4-7628-2859-1　Printed in Japan

・ |JCOPY| 〈(社)出版者著作権管理機構　委託出版物〉
　本書の無断複写は著作権法上での例外を除き禁じられています。
　複写される場合は，そのつど事前に，(社)出版者著作権管理機構
　(電話 03-3513-6969, FAX 03-3513-6979, e-mail: info@jcopy.or.jp)
　の許諾を得てください。